REGULAÇÃO ECONÔMICA DO ESPAÇO URBANO E APROPRIAÇÃO DO EXCEDENTE

CONTRACORRENTE

Rodrigo Oliveira Salgado

REGULAÇÃO ECONÔMICA DO ESPAÇO URBANO E APROPRIAÇÃO DO EXCEDENTE

SÃO PAULO
2022

CONTRACORRENTE

Alameda Itu, 852 | 1º andar |
CEP 01421 002
www.loja-editoracontracorrente.com.br
contato@editoracontracorrente.com.br

EDITORES
Camila Almeida Janela Valim
Gustavo Marinho de Carvalho
Rafael Valim
Walfrido Warde
Silvio Almeida

EQUIPE EDITORIAL
COORDENAÇÃO DE PROJETO: Juliana Daglio
REVISÃO: Graziela Reis
PREPARAÇÃO DE TEXTO: Amanda Dorth
REVISÃO TÉCNICA: Douglas Magalhães
DIAGRAMAÇÃO: Pablo Madeira
CAPA: Gustavo André

EQUIPE DE APOIO
Fabiana Celli
Carla Vasconcellos
Fernando Pereira
Valéria Pucci
Regina Gomes
Nathalia Oliveira

Dados Internacionais de Catalogação na Publicação (CIP)
(Câmara Brasileira do Livro, SP, Brasil)

Salgado, Rodrigo Oliveira
Regulação econômica do espaço urbano e apropriação do excedente / Rodrigo Oliveira Salgado. -- São Paulo, SP : Editora Contracorrente, 2022.

Bibliografia.
ISBN 978-65-5396-030-5

1. Direito econômico 2. Direito urbanístico 3. Espaços urbanos 4. Zoneamento - Leis e legislação I. Título.

22-113482 CDU-34:71(81)

Índices para catálogo sistemático:
1. Brasil : Direito urbanístico 34:71 (81)
Eliete Marques da Silva - Bibliotecária - CRB-8/9380

@editoracontracorrente
Editora Contracorrente
@ContraEditora

Para Francisco, com todo o amor do mundo.

SUMÁRIO

AGRADECIMENTOS

Escrever uma nota de agradecimento é sempre um problema. O cansaço da fase final da redação causa ao menos dois esquecimentos: o primeiro, das pessoas. O segundo, das palavras.

Assim, na certeza de que vários nomes serão esquecidos, aproveito este espaço para tentar homenagear aqueles que estiveram próximos deste problema que se formou hipótese e se espera que, após a banca, se torne tese.

Em primeiro lugar, à Ana. Obrigado, meu amor. Obrigado pelo seu amor, pela sua paciência. Obrigado pelo incentivo, pela compreensão. Espero que quando chegar a sua vez eu seja capaz de corresponder minimamente ao que você fez por mim. Não só. Obrigado pelo Chico. Ver vocês dormindo, todas as madrugadas em que chegava em casa, me ajudou a ter forças para seguir. Te amo.

Depois, devo agradecer aos meus pais e ao meu irmão. Obrigado por tudo. Esse trabalho é também furto do esforço de vocês. Espero poder estar mais próximo depois que esse processo acabar.

É também fundamental agradecer ao Professor Gilberto Bercovici e à Milene Chavez. A disponibilidade de vocês superou qualquer definição de orientação e apoio. Apoio, inclusive, que já vem de tempos. Espero que um dia eu possa dar de volta só um pouco do que fizeram por mim.

Não só, é preciso lembrar todas e todos que de alguma forma me ajudaram. Dentro do caos no qual este trabalho foi gerado, pessoas como Luciana Royer, Luis Massonetto, Danilo Tavares, Ester Gammardella, todas as bibliotecárias e bibliotecários da USP e do Mackenzie, Siqueira Neto, Caio Yamaguchi, Silvio Almeida. São tantos que é difícil neste momento me lembrar de todos. À Ida, pelo suporte. Aos amigos de São José, de São Paulo. Muito obrigado.

PREFÁCIO

O Direito Econômico, como disciplina jurídica da organização do processo econômico, possui as mais variadas dimensões, inclusive a dimensão espacial, a dimensão das políticas de desenvolvimento territorial. Afinal, além dos seus princípios estruturantes (artigos 170 a 181), a ordem econômica da Constituição de 1988 engloba dispositivos que tratam também da ordem econômica no espaço. A ordem econômica no espaço está configurada nas disposições sobre política urbana (artigos 182 e 183) e sobre política agrícola e fundiária e reforma agrária (artigos 184 a 191). Estes artigos versam, essencialmente, sobre a projeção da ordem econômica e seus conflitos no espaço, prevendo reformas estruturais profundas na organização socioeconômica.

É justamente nesta dimensão espacial do Direito Econômico que podemos compreender o livro que nos oferece Rodrigo Oliveira Salgado. Ao eleger o instituto do zoneamento urbano como núcleo central de sua argumentação, Rodrigo nos mostra a evolução da legislação urbana e como são incorporadas as contradições e tensões nas relações entre Estado, proprietários, construtores e a população na estruturação do espaço urbano.

O tema central do Direito Urbanístico, como parcela integrante do Direito Econômico, é a apropriação do excedente. Ao contrário do que defende a perspectiva liberal, o fundamento da economia não é a escassez, mas sim a geração de excedente. Se a sociedade, na sua reprodução material, não gera excedente, ela não sobrevive, ela não subsiste, ela não existe. O fundamento da organização social econômica é, portanto, a produção e a geração de excedente e a decisão de como esse excedente vai ser distribuído. O Direito Econômico, como o Direito da organização econômica, tem por objeto justamente a organização do processo de geração, de distribuição e apropriação do excedente em todas as suas dimensões, inclusive a espacial e urbana.

Fruto de sua tese de doutorado, que tive a honra e o prazer de orientar na Faculdade de Direito da Universidade de São Paulo, as reflexões de Rodrigo são essenciais para superar a doutrina brasileira do Direito Urbanístico, cuja principal característica é o apego ao formalismo vazio das clássicas fórmulas do Direito Administrativo. Sejam autores defensores de uma visão mais tradicional, sejam autores que se autointitulam “pragmáticos” ou “consequencialistas” por sua perspectiva voltada aos negócios, os doutrinadores brasileiros do Direito Urbanístico não conseguem se dar conta da real dimensão das relações urbanas e da dinâmica político-econômica do nosso processo de urbanização. Rodrigo busca superar essas visões insuficientes do Direito Urbanístico brasileiro, desenvolvendo e ampliando os passos pioneiros dados por Luís Fernando Massonetto na linha de um Direito Urbanístico metodologicamente muito mais estruturado e coeso como parcela importantíssima da reflexão sobre o Direito Econômico e sobre a estruturação da nossa sociedade.

GILBERTO BERCOVICI

Professor Titular de Direito Econômico e
Economia Política da Faculdade de Direito da
Universidade de São Paulo

INTRODUÇÃO

No início desta pesquisa, a pergunta que a guiava dizia respeito sobre a ligação entre a regulação do espaço urbano e o Direito Econômico. Comumente ligado à dogmática publicista tradicional, o Direito Urbanístico é envolto pela objetividade da metodologia jurídica, que costuma ignorar fatores externos à própria norma como condicionantes de sua aplicação. Assim, a questão inicial que guiou esta pesquisa seria explicar as relações entre o campo do Direito que instrumentaliza a política econômica do Estado – o Direito Econômico – e os instrumentos jurídicos de regulação do espaço urbano constantes no Direito Urbanístico. Dentro da infinidade de instrumentos possíveis, escolheu-se a Lei de Zoneamento. À época, a noção de que uma norma poderia em alguma medida definir como se age economicamente sobre o espaço urbano provocava a curiosidade suficiente sobre este interlocutor. No caso, dado que a cidade de São Paulo adota sua primeira Lei de Zoneamento geral em 1972, surgia outro questionamento: por que só em 1972?

A questão é que no processo de qualificação desta tese, não só a ideia de que a regulação do espaço urbano tem um claro viés econômico – há muito tempo detectado pelo urbanismo e pela geografia – se confirmou óbvia, como surge a perspectiva de que a Lei de Zoneamento poderia ser estudada sob um viés macrojurídico: a definição de uso e ocupação do solo tem tanto um caráter regulatório das relações microeconômicas – entre agentes específicos – como está inserida em um contexto mais amplo: ela auxilia a realização local de proposições da política econômica. Ou seja, a Lei de Zoneamento instrumentaliza em nível local determinadas relações que são operadas em nível macro.

Do ponto de vista da economia política crítica, observar as relações econômicas "macro" significa analisar o conteúdo social das relações de produção. Por isso, dentro de um Direito Econômico que adota esta perspectiva, há de se observar a norma como reguladora dos produtos excedentários. Em outros termos, as normas imbricadas no Direito Econômico (este ramo do Direito que analisa o direito sobre a macrojuridicidade das relações sociais) definem onde e como o excedente econômico (socialmente criado) será apropriado.

A partir destes termos, configurou-se nova pergunta: se a norma de zoneamento pode ser estudada como norma de Direito Econômico e este ramo do Direito pode ser entendido como aquele que define a apropriação do excedente, qual é o papel da Lei de Zoneamento para definir como o excedente econômico é apropriado no espaço urbano?

Mantendo o mesmo objeto previamente selecionado – a L. 7.805/72 do Município de São Paulo – conhecida como Lei Geral de Zoneamento da cidade de São Paulo (LGZ), passou-se então a estudar o percurso histórico-geográfico do instrumento: as origens do zoneamento e como ele foi transposto à cidade. Antes de tudo, tomou-se o zoneamento esta como o sistematizado por Sarah Feldman[1] a partir de Edward Bassett:[2] a divisão abrangente ao conjunto da cidade e que divide o território urbano em zonas, nas quais se articulam diferentes parâmetros urbanísticos. A ideia

1 FELDMAN, Sarah. *Planejamento e Zoneamento, São Paulo 1947-1972*. São Paulo: Edusp, 2005, p. 26.

2 BASSETT, Edward Murray. *Zoning*. Nova York: National Municipal League, 1922, pp. 321 e ss.

é simplesmente diferenciar o zoneamento parcial do que ficou conhecido como zoneamento geral.

Visto isso, a hipótese que se passou a trabalhar nesta pesquisa foi: a LGZ cumpriu um papel específico, qual seja, regular como o excedente econômico socialmente criado seria apropriado na produção espacial da cidade.

Para esta empreitada, destacaram-se primeiramente os pressupostos teóricos: a produção social do meio urbano industrial; as articulações locais das frações de classe que operam a produção deste meio; como o modo de produção capitalista está organizado e regulado nesta quadra histórica na periferia do capitalismo; como o Estado atua sobre a produção do espaço neste mesmo período e quais são os pressupostos jurídicos de observação do objeto de estudo.

Pela quantidade do instrumental, optou-se em separar este ponto em uma primeira parte, intitulado pressupostos teóricos.

Após, partiu-se para um segundo momento que consistiu em duas fases. A primeira foi contextualizar o nascimento do zoneamento, em Frankfurt no ano de 1891. Neste capítulo se tentou aprofundar as relações da primeira Lei de Zoneamento geral com o contexto político ao qual ela estava inserida. Baseando-se na obra de Franco Mancuso, procuramos correlacionar a lei de Frankfurt com o que se chamou na Alemanha de *política de terras de Adickes* (prefeito da cidade à época). Mais ainda, buscou-se, na medida do possível, demonstrar as peculiaridades da normatização municipal na Alemanha e as eventuais influências que atores externos à cidade – o governo prussiano e a política de Bismark para o período – tiveram sobre a lei.

Dado que a discussão paulista sobre o zoneamento foi fortemente influenciada pelo debate norte-americano sobre a lei, fez-se nos capítulos seguintes uma segunda fase da análise do zoneamento. Aqui, mais do que entender a primeira Lei Geral de Zoneamento estadunidense – de Nova York de 1916 – buscou-se relacionar a questão do instrumento dentro da construção de uma política federal de promoção da casa própria naquele país a partir do início da década de 1920. Em 1922, Herbert Hoover, então Secretário de Comércio dos Estados Unidos, passa uma série de medidas para estimular o mercado imobiliário residencial dos EUA. Entre as medidas, destacamos a aprovação de duas leis federais e o apadrinhamento de um movimento de moradias conhecido como *Better Homes in America*. Do que importa agora, a principal norma é a *Standard Zoning Enabling Act*, passada em 1922 com o fito de incentivar os estados a criarem normativas vinculantes de zoneamento em seus municípios. O que se vê ali é não só a federalização do instrumento como a adoção dele dentro de uma política macroeconômica específica, dentro de um quadro específico do capitalismo.

Dado que o final daquela década desemboca na maior crise econômica vivida pelo mundo até então, passa-se, ainda que de forma superficial, sobre a política de moradia do *New Deal* e suas relações com a Lei de Zoneamento. Como se verá, desde Frankfurt a moradia da classe trabalhadora é uma das principais questões endereçadas na discussão sobre as zonas urbanas. Neste contexto, alguns pontos são levantados: o zoneamento racial, os pontos convergentes do plano de Roosevelt com o espaço urbano e, principalmente, do que foi levantado, quais as relações entre o modo de regulação fordista e o zoneamento.

Por fim, passa-se à última parte: visto as questões do modo fordista, a tese analisa agora o fordismo periférico e suas relações com a Lei de Zoneamento. Desce-se então a São Paulo da ditadura militar, no ano de 1972. Contextualizando o período e a política econômica adotada pelo regime de exceção, o trabalho fará algumas considerações sobre os impactos do modelo de financiamento habitacional na cidade e as relações com a Lei de Zoneamento.

Após, além de algumas considerações sobre o papel articulado ao zoneamento paulistano de 1972, o que se fez foi tentar articular a LGZ dentro do contexto macrojurídico do período. Não só, ao final, restando a impressão de que, como qualquer outro, o quadro brasileiro é dotado de peculiaridades das quais a simples transposição de ferramentas de análise é incapaz de dar conta das complexidades que nos cercam, sugere-se o óbvio: é preciso que criemos as nossas.

Com base no que foi levantado e na disponibilidade de informações e novos estudos sobre o instrumento do zoneamento e as relações que a ciência da geografia estabeleceu a partir das proposições de autores como David Harvey, o que se tem aqui é um início de conclusão. A meta, caso seja possível, é seguir estudando alguns dos pontos levantados aqui. Não só, dar mais coesão teórica ao levantado.

Porém, dado que aqui se inicia a descrição da pesquisa, que se comece pelo começo.

PARTE I

PRESSUPOSTOS TEÓRICOS

CAPÍTULO I

PRESSUPOSTOS TEÓRICOS

O objeto de estudo desta tese é a Lei n. 7.805, de 1º de novembro de 1972, a primeira Lei de Zoneamento da cidade de São Paulo. O zoneamento, cuja primeira formulação nos termos aqui propostos se deu em Frankfurt-am-Main, em 1891, regula o uso e a ocupação do espaço físico de uma cidade. Este espaço, denominado no Direito Urbanístico de espaço urbano, compreende o que se pode chamar de limites físicos da cidade. Assim, uma Lei de Zoneamento, via de regra, tem como objeto o território de uma determinada cidade.

A questão que se coloca, então, é que a cidade não é um fenômeno humano que tenha existido sempre da mesma maneira, sendo possível afirmar que, do ponto de vista histórico, a cidade existiu e existe de diferentes formas.

Assim, este livro parte do pressuposto de que a cidade é categoria que se enquadra em tempos históricos. Isso significa que, ao se debruçar sobre o fenômeno humano *cidade*, deve-se agrupá-lo em categorias de acordo com suas características análogas. Por isso, comparar a regulação de uso do espaço de Mohenjo-Daro,[3]

---

3 Localizada no atual Paquistão.

conhecida por ser a cidade mais antiga a usar o sistema de grelha urbana, com a São Paulo do início da década de 1970 é impossível. A concepção de uso do espaço é totalmente diversa, assim como, por conseguinte, sua regulação.

A análise categorial da cidade demanda que ela seja separada de acordo com características análogas. E para estudar a norma reguladora da cidade de São Paulo é necessário, então, buscar a categoria correta, que, conforme Henri Lefebvre,[4] é a cidade industrial. Em *O Direito à Cidade*, o autor percorre o caminho de transformação deste espaço. Conforme indica, até a ascensão do modo de produção capitalista, o aglomerado urbano era mais obra do que produto. Ou seja, para Lefebvre, o capitalismo explora o espaço urbano mais em seu valor de troca do que em seu valor de uso. A produção da cidade é então mais um *locus* de reprodução do sistema produtivo, ou seja, vai além de ser o espaço que garante utilidade à reprodução da vida social.

Como aponta Braudel,[5] sabe-se que as grandes cidades derivadas do florescimento do capitalismo comercial serão as difusoras deste modo de produção pelo Estado nacional. Dadas as suas características, o equilíbrio econômico advindo de seus gastos só poderá ser criado externamente aos seus limites: seja dentro do território da nação ou fora dele. Já a cidade industrial, conforme Mumford,[6] existe com outras peculiaridades. Mantém-se a lógica iniciada ao longo do período do capitalismo comercial, porém, a migração populacional em massa para os centros urbanos industriais, em busca de emprego, ocorrerá não sem um forte inchaço do

---

4 LEFEBVRE, Henri. *O Direito à Cidade*. 5ª ed. São Paulo: Centauro, 2001, p. 6.

5 BRAUDEL, Fernand. *Civilização Material, Economia e Capitalismo, Séculos XV – XVIII. vol. 1*: As Estruturas do Cotidiano. 1ª ed. São Paulo: Martins Fontes, 2005, p. 483.

6 MUMFORD, Lewis. *The Culture of Cities*. Orlando: Harcourt Brace Jovanovich Publishers, 1970, pp. 155 e ss.

tecido urbano. Como disse Patrick Geddes, as cidades se tornariam *slums, semi-slums* e *super-slums*. Ou seja, mesmo dentro do modo de produção capitalista, sob o signo de ser produto das relações de produção, a cidade existirá e será produzida de formas distintas.

É preciso então entender que as relações sociais e políticas que viabilizam a existência da Lei de Zoneamento se dão sob o capitalismo industrial. É nele que a propriedade privada imobiliária será progressivamente negociada e é dentro das relações sociais de produção da indústria que a regulação do espaço urbano ocorrerá. Lembra Lefebvre, citando W. W. Rostow, que a cidade industrial é o *locus* do *take off* da indústria.

O espaço urbano fornece, assim, os *meios* para que haja a produção industrial, e se ocupa também em produzir a cidade. O modo de produção capitalista produz *a* cidade e *na* cidade, ou seja, ao longo do firmamento da indústria, a cidade será não apenas o local onde as relações se desenvolvem, mas também o produto de tais relações. Porém, mais uma vez, há de se ter em mente que o capitalismo industrial ocorrerá de formas distintas, no tempo e no espaço. Temporalmente, há de se falar nas relações sociais diretamente ligadas à produção, como a especialização taylorista. Mais do que isso, neste contexto é preciso também analisar outras questões, tais como relações salariais e comportamento de consumo de massas. Desta forma, o fordismo operará a especialização proposta por Taylor, mas inserindo na discussão sobre a produtividade industrial questões extra fabris.

Já sob o aspecto espacial, o capitalismo industrial se comporta de diferentes formas pelo globo. A indústria nos países periféricos está organizada sob parâmetros distintos dos vistos nas ditas economias centrais. Portanto, o fordismo periférico, parte integrante da mundialização do fordismo, é portador de características do modelo encontrado nas economias centrais – notadamente as europeias e a norte-americana –, sem, contudo, estar organizado sob os mesmos parâmetros sociais.

Desta feita, no interior do modo de produção capitalista são observáveis formas distintas de sua manifestação, tais como o capitalismo comercial e o industrial. Mas mesmo internamente a essas formas também se observam, em seus pormenores, diferentes configurações no tempo e no espaço, tornando-se mandatório entender que a regulação do espaço urbano também está sujeita a tais variações.

Desta forma, parte da hipótese aqui verificada é de que as relações estabelecidas entre as normas jurídicas nacionais e municipais se interligam de forma distinta sob o signo do modo de regulação fordista. A cidade industrial aqui analisada é também uma cidade industrial fordista. No caso paulistano, o que se verá é que as relações socioeconômicas, nas quais se engendra a Lei de Zoneamento, correspondem ao fordismo periférico, ou subfordismo.

Outro ponto a ser observado é a questão jurídico-teórica. A análise da Lei de Zoneamento proposta aqui é realizada sob a perspectiva do Direito Econômico. Como se verá neste capítulo, admite-se que as normas inscritas no campo do Direito Econômico são também reguladoras da apropriação do excedente econômico. Valendo-nos do Direito Econômico, alguns marcos deverão ser estabelecidos.

O primeiro é que o zoneamento é mera técnica juridicamente regulada. Não se trata de um instituto jurídico em nenhuma acepção possível que se possa dar ao termo. É técnica jurídica de parcelamento e uso do solo. Fato que se dá sob signo ideológico, como qualquer outra construção normativa. Não se trata de uma instituição do Direito, sujeita a uma análise categorial específica, e sim de um instrumento, um aparato juridicamente suportado.

O segundo marco a ser estabelecido é que este instrumento é um regulador de como a apropriação do excedente se dá no espaço. A regulação da ocupação do meio urbano em seus diferentes eixos – tradicionalmente, uso, altura e densidade – traz consigo diferentes consequências para a apropriação do excedente gerado a partir da produção da cidade (e da produção *na* cidade).

Porém, como visto, tal instrumento está inserido em um momento histórico específico, qual seja, o do capitalismo industrial. Mais ainda, em um momento específico deste capitalismo, denominado como fordismo. Assim, esta tese aborda o momento fordista tanto no aspecto produtivo, quanto – e principalmente – sob seu quadro regulatório. Ou seja, o modo de regulação fordista é a perspectiva na qual se insere a análise da norma jurídica de zoneamento.

Há ainda outro aspecto a ser levado em consideração. Ao organizar o modo de regulação fordista, os chamados estados keynesiano-fordistas estabeleceram formas específicas de atuar sobre o espaço. A análise aqui proposta da Lei de Zoneamento de São Paulo, inserida no debate do fordismo periférico, deve então ser considerada sob o signo do chamado keynesianismo espacial. Isso significa que a centralização do planejamento – característica dos estados keynesianos (que operam o modo de regulação fordista) – atua de forma específica sob o espaço. Dentro da perspectiva nacionalizante do Estado keynesiano-fordista, a norma de regulação espacial local (como a Lei de Zoneamento) é então redimensionada para atender aos desígnios deste modo de regulação.

Ou seja, a Lei de Zoneamento sob o fordismo – periférico ou não – deve atender a padrões específicos de regulação, viabilizando o chamado keynesianismo espacial. O aspecto macroeconômico proposto por Keynes induz a uma análise macrojurídica, inter-relacionando a produção normativa regulatória do espaço local com a política econômica do Estado nacional.

Dado que tais categorias e conceitos foram e são estudados e propostos por uma gama de autoras e autores, torna-se necessário apresentar, ainda que de forma breve, os pressupostos teóricos que embasam a presente tese. Optamos por separar esta parte da introdução pela extensão textual que o tópico demanda. Uma vez que o referencial teórico será citado ao longo de toda a tese, preferimos apresentá-lo em capítulo distinto, evitando, assim, a interrupção do texto para elucidações de cunho teórico. Ressalta-se que as teses aqui propostas não passam perto de esgotar a discussão sobre o assunto. Trata-se apenas de amarração de conceitos para que, ao final, as conclusões correspondam tanto ao problema de pesquisa apresentado quanto à hipótese formulada.

1.1 Cidade industrial e a produção capitalista do espaço

Lefebvre afirma que no capitalismo a cidade é integrada ao processo produtivo, no sentido de que o espaço urbano deixa de compor apenas uma utilidade à reprodução social e torna-se produto do modo de produção. Usando o quadro analítico marxista, o autor francês pode ser considerado vanguarda do pensamento crítico ao estudar a cidade inserida no modo de produção capitalista. E, como se sabe, ele não está sozinho. Entre inúmeras autoras e autores que se debruçaram sobre a matriz marxista para estudar o espaço urbano, é possível citar Edward Soja, Milton Santos, Ermínia Maricato, Jean Lojkine, Christian Topalov, Manuel Castells e David Harvey.

Nesta tese, foram escolhidas algumas das proposições de David Harvey como articuladoras da análise em razão de alguns fatores. O primeiro é a densidade de sua pesquisa. Nas palavras de Logan e Molotch,[7] Harvey é hoje o mais importante *marxian urban scholar*. A completude de seu trabalho dispensa maiores apresentações. O segundo fator, ligado ao primeiro, é a popularização de seus escritos. Aliadas à sua persistência militante, sua disponibilidade e a facilidade em encontrar sua produção permitem aos estudiosos de sua obra entrar em contato direto com suas ideias, o que facilita sobremaneira o estudo.

---

7 LOGAN, John R.; MOLOTCH, Harvey L. *Urban Fortunes*: The Political Economy of Space. Berkley: University of California Press, 2007, p. 11.

O terceiro fator, não menos importante, é a precisão do encaixe teórico entre seu conceito de produção do espaço e a proposta de entender a norma de Direito Urbanístico como reguladora da distribuição (e da produção) dos recursos excedentários no ambiente urbano. Esta tese se propõe a balizar tais normas do ponto de vista da canalização dos recursos excedentários na produção da cidade. Porém, há de se ter em mente que tal regulação também condiciona a reprodução do excedente no tempo, tanto na produção do espaço quanto nas relações de produção desenvolvidas a partir do espaço construído. Nestes termos, será visto que a forma como David Harvey estabelece a questão da construção do espaço é precisa para o que se propõe aqui.

Em outra medida, apresenta-se a proposição de Harvey Molotch sobre a *cidade enquanto uma máquina de crescimento*. Primeiramente, cumpre apontar que a proposição é referenciada ao menos duas vezes na bibliografia do autor que foi utilizada nesta tese. O primeiro texto, de 1976, inaugura a discussão sobre o tema nos Estados Unidos e é referência histórica na sociologia urbana norte-americana. O outro, de 2007, está incluído na edição de aniversário de 20 anos da obra *Urban Fortunes: The Political Economy of Place*, publicado originalmente em 1987 em conjunto com John R. Logan. Os dois textos serão aqui mencionados, distinguidos pela data e autoria. Ainda que o segundo seja assinado em coautoria com Logan, o tópico dedicado a essa discussão é intitulado "Molotch", dado que o conceito foi inicialmente forjado por esse autor.

Molotch se referencia principalmente em Harvey. Também se valendo do arsenal teórico de Marx, o autor procura pensar a produção da cidade nos termos de uma sociologia urbana marxista. Seu texto *The City as Growth Machine*, publicado originalmente em 1976, nos serve aqui por ao menos duas razões. Como será melhor apresentado a seguir, o primeiro ponto que justifica sua utilização é a ajustada resposta dada à pergunta formulada no terceiro parágrafo do texto de 1987: "para que as elites locais governam?"[8] A tese de Molotch é: as oligarquias locais se organizam em torno do crescimento de suas localidades. A ideia de crescimento opera como ideologia, no sentido marxista do termo.

Este ponto é importante para este trabalho, dado que auxilia na explicação de que a Lei de Zoneamento traz em si um componente de ajuste de tensões locais. Primeiramente, entre as frações de classe das elites locais. Proprietários de imóveis operam em sentidos diferentes, de acordo com seus interesses. Em suas localidades, podem querer o crescimento urbano ou não. Caso seja seu local de residência, é comum que o proprietário se torne avesso ao crescimento urbano. Caso esteja se valendo do espaço enquanto *commodity* – em seu valor de troca –, o proprietário tende a estimular medidas que permitam o crescimento urbano, podendo estar incluída aí a Lei de Zoneamento. Esta posição pode entrar em conflito com a fração de classe que opera a indústria da construção civil ou o mercado imobiliário, por exemplo. Desta forma, a coordenação de interesses intraelite deve existir para que a máquina de crescimento funcione. Esta tese também indica que há na Lei de Zoneamento um componente neste sentido.

No mais, há de se considerar as relações entreclasses. Desde Frankfurt, a Lei de Zoneamento é utilizada pelas elites locais para garantir o crescimento *ordenado* das cidades. Por *ordenado* entende-se a expulsão das classes subalternas das áreas de interesse das elites. Interesse que pode ser realizar o espaço urbano enquanto valor de uso ou de troca.

Há ainda uma segunda razão para o uso do conceito de *growth machine* de Molotch neste trabalho. Ao descrever as coordenações de interesses que as elites devem operar para manter o crescimento das cidades, o autor impõe a necessidade histórica,

---

8 LOGAN, John R.; MOLOTCH, Harvey L. *Urban Fortunes*: The Political Economy of Space. Berkley: University of California Press, 2007, p. 11.

especialmente no caso dos Estados Unidos, do alinhamento das políticas extraurbanas – como as da administração central – aos interesses locais para que a máquina de crescimento funcione.

Este ponto, aliado à ideia de *keynesianismo espacial* de Neil Brenner, ajuda a explicar como no modo de regulação fordista a centralização da política de produção do espaço nas nações foi realizada em nível local. Dado que o objeto aqui estudado é a Lei de Zoneamento de 1972 da cidade de São Paulo, é preciso ter em conta as contradições do Estado subfordista, ainda mais sob o regime de exceção.

Seja como for, a norma de zoneamento sofre influência do meio externo à localidade à qual se refere, sem, contudo, perder sua dimensão de regulação espacial local. Esta questão pode ser embasada pelas proposições de Molotch.

Por fim, é importante ressaltar que a noção de *growth machine* proposta por esse autor está plenamente alinhada à ideia de David Harvey sobre a necessidade de canalização de excedente econômico – na matriz marxista, a mais-valia – para seguir na tentativa de crescimento infinito do capitalismo que o modo de regulação fordista tenta garantir, evitando os tradicionais percalços, como as crises.

1.1.1 David Harvey – produção da cidade e *spatial fix*

Harvey não é propriamente um discípulo de Lefebvre, no sentido comum do termo. A trajetória do geógrafo inglês começa em Cambridge, onde seus estudos inicialmente se dirigem à geologia. Será apenas após sua ida para a Universidade Johns Hopkins – já como professor, que ele se aproximará do marxismo. Posteriormente, aprofunda seus estudos sobre o marxismo francês, passando inclusive algum tempo em Paris. Foi possivelmente neste momento que estabeleceu uma análise mais aprofundada do trabalho de Lefebvre. Em seu epílogo ao *Direito à cidade*, do filósofo francês, David Harvey demonstra seu conhecimento sobre a vida e a obra de Lefebvre. Todavia, o pensamento do autor inglês, como se sabe, é perniciosamente original, sendo a matriz marxista talvez a principal ligação entre ambos.

Rendendo homenagem a Henri Lefebvre, David Harvey publica, em 2008, artigo homônimo ao livro de 1968 do autor francês. Em seu *Direito à Cidade*, Harvey toma o nome da obra francesa para examinar o papel desempenhado pelo espaço urbano como canal para a absorção do excedente de capital ao longo da história. Ao fazer isso, afirma que busca incorporar ao conceito lefebrviano novos conteúdos de natureza política.[9]

O autor inglês aponta que o surgimento das cidades demandou concentração social e geográfica do produto excedente, caracterizando, assim, a urbanização enquanto um fenômeno de classe, dado que este excedente deve necessariamente ter sido extraído de algum lugar e de alguém.[10] Sob o capitalismo, diz Harvey, esta regra geral persiste, mas com alterações. Uma vez que a urbanização depende da mobilização de excedente, há então uma relação entre o processo de desenvolvimento deste modo de produção e a urbanização. A necessidade perene de que a mais-valia seja reinvestida para gerar mais-valia fará com que a produção do espaço urbano seja progressivamente inserida no circuito de reprodução do capital.

Mas tal produção não se dá sem conflitos. A produção da cidade ocorre da mesma forma que se estabelecem as demais relações sociais. Sob o capitalismo, aponta Harvey,

> [o]s conflitos no espaços de vivência são meros reflexos da tensão subjacente entre o capital e o trabalho. Apropriadores

---

9 HARVEY, David. "The right to the city". *New Left Review*, nº 53, setembro-outubro, 2008.

10 HARVEY, David. "The right to the city". *New Left Review*, nº 53, setembro-outubro, 2008, p. 24.

> e a facção da construção mediam as formas de conflito – eles se posicionam entre o capital e o trabalho e assim protegem a fonte real de ser observada. A aparência superficial dos conflitos ao redor do ambiente construído – a luta contra o senhorio ou contra a renovação urbana – esconde a essência oculta, que nada mais é do que a luta entre o capital e o trabalho.[11] [12]

Tudo porque, conforme aponta o geógrafo inglês, citando Marx, a circulação e a acumulação de capital não toleram limites. Uma vez que o capital não é algo, e sim um processo desenvolvido através de relações sociais, o reinvestimento do lucro ocorre para a sua manutenção no tempo. Desta forma, toda vez que o capital encontra algum limite, ele trabalhará para converter tais limites em barreiras que poderão ser transcendidas ou contornadas, garantindo sua reprodução *ad infinitum*.

O que David Harvey procura demonstrar é como tais relações se dão não apenas temporalmente, mas também espacialmente. Em seu *Os limites do Capital*, o autor descreve como o modo de produção capitalista necessita de uma aceleração permanente no tempo de rotação do capital, além da quebra sistêmica das barreiras

---

11 HARVEY, David. *Consciousness and the Urban Experience*: Studies in the History and Theory of Capitalist Urbanization. Baltimore: The Johns Hopkins University Press, 1985, p. 57, tradução nossa.

12 No original: "Conflicts in the living place are, we can conclude, mere reflections of the underlying tension between capital and labor. Appropriators and the construction faction mediate the forms of conflict – they stand between capital and labor and thereby shield the real source of tension from view. The surface appearence of conflicts around the built environment – the struggles against the landlord or against urban renewal – conceals a hidden essence that is nothing more than struggle between capital and labor". Posteriormente, em seu *Os Limites do Capital*, Harvey parece mediar sua posição com a sociologia urbana de matriz marxista. O autor irá apontar que a localidade é um atributo material fundamental da atividade humana, reconhecendo também que é socialmente produzida (HARVEY, David. *Limits to Capital*. Nova York: Verso, nova edição ampliada pelo autor, 2006, p. 374). Para maiores discussões, ver LOGAN, John R.; MOLOTCH, Harvey L. *Urban Fortunes*: The Political Economy of Space. Berkley: University of California Press, 2007, pp. 11/12.

espaciais. É o que Marx chama de aniquilação do espaço pelo tempo: a criação de tecnologias de comunicação e transporte atende, assim, à necessidade do capital para seguir enquanto processo.[13]

É nesta dinâmica de aniquilação da espacialidade como barreira à reprodução do capital que está inserida, segundo o autor, a intensificação da urbanização vivida sob o modo de produção capitalista. As cidades pré-capitalistas, ou mesmo sob o capitalismo comercial, argumenta Harvey, deveriam ser necessariamente sustentáveis. A restrita malha de transportes e a perecibilidade dos produtos necessários à subsistência social obrigavam os centros urbanos a manterem uma relação metabólica com seu interior próximo.[14]

Nesta linha, o capital age sempre para aumentar a sua velocidade de rotação[15] e, por isso, necessita diminuir – ou aniquilar – a barreira que o espaço representa neste processo. É neste signo que o transporte de mercadorias e mão de obra, por exemplo, está inserido. Conforme o capitalismo vence tais barreiras, em seus diferentes processos de produção de mercadorias, contorna-se a necessidade de os centros urbanos manterem tal relação metabólica com o seu *hinterland*,[16] decaindo, assim, os limites de expansão geográfica impostos àquela forma urbana. Por isso, a cidade industrial, livre do cordão umbilical que a prendia à expansão ilimitada, poderá crescer indefinidamente. As grandes manchas urbanas – as megalópoles das nações, desenvolvidas ou não – estão inseridas neste quadro.

---

13 HARVEY, David. *Limits to Capital*. Nova York: Verso, nova edição ampliada pelo autor, 2006, pp. 378/379.

14 HARVEY, David. "Cities or urbanization?" *City*, vol. 1, 2007, p. 44. DOI: 10.1080/13604819608900022.

15 O tempo de rotação do capital é o tempo necessário para que o capital atravesse seu circuito, tornando-se valor valorizado.

16 A melhor tradução encontrada é "interior". Em razão de a discussão ser a respeito das cercanias do espaço urbano, optou-se pela tradução "interior próximo".

Há também as questões de transmissão do capital financeiro no espaço. A sua portabilidade, antes completamente física (hoje quase que completamente imaterial), também será um empecilho à produção da cidade. Conforme o modo de produção capitalista encontra formas de contornar os limites impostos à transmissão desta forma de capital, a inversão de somas cada vez maiores será sistematicamente facilitada, regionalmente, nacionalmente e, por fim, de forma global.

É então nesta dinâmica que a cidade estará inserida. O processo de aniquilação do espaço pelo tempo demandado pelo capital inserirá a produção do meio urbano em seu contexto. A valorização do valor no espaço exige que novos ambientes sejam permanentemente construídos e, conforme a necessidade, destruídos. Produzir a cidade é, então, algo intrínseco ao capitalismo.

É por isso que a produção da cidade, sob a batuta do capitalismo, apresenta características próprias.[17] Segundo Harvey, "o urbano possui um significado específico sob o modo de produção capitalista", devendo ser interpretado sob os temas gêmeos *acumulação* e *luta de classes*.[18]

A questão imediatamente levantada pelo autor diz respeito ao comportamento da produção do espaço dentro de uma perspectiva de crise sistêmica. Ele resume a inerente tendência do modo de produção capitalista à crise em três recortes.[19] Os dois primeiros são uma sistematização do pensamento marxiano: superacumulação e desvalorização do capital, e a relação entre a produção, o

---

17 HARVEY, David. *The Urbanization of Capital*: Studies in the History and Theory of Capitalist Urbanization. Oxford: Basil Blackwell, 1985; HARVEY, David. *Spaces of Capital*: towards a critical geography. Nova York: Routledge, 2001.

18 HARVEY, David. *The Urbanization of Capital*: Studies in the History and Theory of Capitalist Urbanization. Oxford: Basil Blackwell, 1985, p. 12.

19 HARVEY, David. *Limits to Capital*. Nova York: Verso, nova edição ampliada pelo autor, 2006.

dinheiro e as finanças. Já o terceiro, que talvez seja a principal tese de Harvey, diz respeito aos aspectos geográficos da crise.

O ponto central da teoria da crise em Marx, segundo Harvey,[20] é a superacumulação, como visto em 1930. A mais virulenta das formas, diz ele, manifesta-se quando são registrados excedentes de trabalho e capital lado a lado, sem, aparentemente, nenhuma maneira de uni-los em formas produtivas (lucrativas) e socialmente úteis. No caso do *crash* de 1929, a expansão do capital fictício gerou também uma disfuncionalidade nas relações entre produção e setor financeiro.

A questão é que, do ponto de vista geográfico, novos espaços e relações espaciais estão sendo constantemente produzidos,[21] fazendo parte do processo de reprodução do capital. Por isso, uma das formas que o autor indica para a solução dos momentos de crise – caso não seja contornada – é a desvalorização tanto do capital quanto do trabalho, que pode, no limite, levar à destruição de ambos (inclusive da mão de obra).

É necessário ter em conta que o autor adverte que este quadro se dá no contexto de um desenvolvimento geográfico desigual. Tal consideração deve ser observada em todas as suas formas: absorção de mão de obra, produção do espaço urbano, manutenção do ambiente construído, padrões de consumo etc.[22] A concorrência intercapitalista, as questões relativas ao custo de produção e mão de obra e a acumulação primitiva são as condicionantes para tal desenvolvimento desigual. Assim, alega Harvey,[23] entre as con-

---

20 HARVEY, David. "Globalization and the 'spatial fix'". *Geographische Revue*, 2, 2001, p. 26.

21 HARVEY, David. *O Enigma do Capital*. São Paulo: Boitempo, 2011, p. 120.

22 HARVEY, David. "Globalization and the 'spatial fix'". *Geographische Revue*, 2, 2001; HARVEY, David. *Limits to Capital*. Nova York: Verso, nova edição ampliada pelo autor, 2006; HARVEY, David. *O Enigma do Capital*. São Paulo: Boitempo, 2011.

23 HARVEY, David. "Globalization and the 'spatial fix'". *Geographische Revue*, 2, 2001, p. 29.

sequências deste desenvolvimento desigual está a manutenção de espaços desiguais: as regiões ricas enriquecem, enquanto as regiões pobres crescem relativamente pobres.

No mais, David Harvey compreende a produção do espaço através da urbanização como *locus* da existência das contradições do capital, que arrastam o modo de produção às suas "crises sistêmicas". É dele a ideia de que uma das características deste modo de produção é o *spatial fix* (ajuste espacial), ou seja, o ímpeto insaciável do capitalismo em resolver suas tendências a crises internas através da expansão e reestruturação espacial.

Tomando os escritos de Hegel, Von Thünen e Karl Marx, a teoria do ajuste espacial leva em conta que a concorrência intracapitalista força os capitalistas a realizar ajustes tecnológicos, destruindo a possibilidade de uma acumulação de capital equilibrada, ameaçando, assim, tanto a classe capitalista quanto a trabalhadora. Este processo leva a uma condição de superacumulação de capital que o autor define como excesso de capital em relação às oportunidades de empregá-lo rentavelmente, podendo existir enquanto excedente monetário, de mercadorias ou capacidade produtiva. Gera, também, um excedente de mão de obra. Suas soluções passam ou pela inflação (desvalorização da moeda), nos casos de superabundância de mercadorias e deflação dos preços, a desvalorização da capacidade produtiva (instalações, equipamentos, infraestruturas físicas), ou pela desvalorização da força de trabalho, por meio de decrescentes padrões reais de vida do trabalhador.[24] Resolve-se também, afirma, através do ajuste espacial.

Assim, o *spatial fix* é uma das formas encontradas pelo capitalismo para lidar com suas contradições internas. Essa noção deriva da análise de Marx sobre o processo de colonização, que, como indica Harvey, pavimenta a crítica ao modelo smithiano,

---

24 HARVEY, David. *A Produção Capitalista do Espaço*. 2ª ed. São Paulo: Annablume, 2006, pp. 114/115.

que via no livre mercado a solução para os conflitos sociais. Se para o liberalismo o comércio edulcora as relações sociais,[25] Marx propõe que a mão invisível do mercado é, na verdade, indutora das contradições do sistema, que encontra na expansão e reestruturação espacial uma das formas de lidar com suas crises, consequência destas contradições.[26]

Em outros termos, o ajuste espacial surge como forma de lidar com as consequências da tortuosa relação entre o capital e o trabalho. A premente necessidade de criação de mais capital para que se crie mais capital traz ao mundo a força imperativa do ajuste espacial: para evitar as crises econômicas, expande-se o emprego de capital no espaço. Para lidar com crises estabelecidas, reestrutura-se o espaço.

A criação do espaço urbano e sua transformação são para Harvey faces do próprio modo de produção. A superacumulação leva à expansão da produção capitalista do espaço, que, quando insuficiente ou impossibilitada, leva à crise. Na crise, a solução passa também por soluções espacialmente dadas. A reestruturação de áreas urbanas ou a simples destruição de capital no espaço são exemplos de como este ajuste ocorre.

Faz-se aqui apenas uma ressalva. Como visto, o termo *spatial fix* foi traduzido para o português como *ajuste espacial*. Em que pese à literatura lusófona se valer desta tradução – e este trabalho a mantém –, ressalta-se que o termo traduzido não dá conta plenamente do significado do conceito. No caso, a noção de *spatial fix* é explicitada pelo próprio autor[27] em mais de uma acepção. O uso

---

25 MONTESQUIEU, Charles de Secondat, Baron de. *O Espírito das Leis*. 2ª ed. São Paulo: Martins Fontes, 2000, p. 344.

26 HARVEY, David. *A Produção Capitalista do Espaço*. 2ª ed. São Paulo: Annablume, 2006.

27 HARVEY, David. “Globalization and the ‘spatial fix’”. *Geographische Revue*, 2, 2001, p. 24.

do termo enquanto *ajuste espacial* pode limitar a compreensão do conceito original a apenas uma das faces analisadas por Harvey. Conforme o autor:

> In my own work, globalization has largely been interpreted in terms of a theory of "the spatial fix". This term (and the theory it centers) is in need of clarification, however, since different interpretations have been offered leading to confusions if not serious errors. In part the differences reflect an ambiguity of language. In English, the word "fix" has multiple meanings. One meaning, as in "the pole was fixed in the hole", refers to something being pinned down and secured in a particular locus. The Idea is that something is secured in space: it cannot be moved or modified. Another, as in "fix a problem", is to resolve a difficulty, take care of a problem. Again, the sense is that things are made secure, but by returning things to normal functioning again (as in "He fixed the car's engine so that it ran smoothly"). **This second meaning has a metaphorical derivative, as in "the drug addict needs a fix", in which it is the burning desire to relieve a chronic or pervasive problem that is the focus of meaning. Once the "fix" is found or achieved then the problem is resolved and the desire evaporates. But, as in the case of the drug addict, it is implied that the resolution is temporary rather than permanent, since the craving soon returns. It is sometimes said, for example, that "technological fixes" have counteracted the Malthusian dilemma of population growth out running resources. The implication is that continuous technological progress and rising productivity are necessary conditions to prevent the dismal Malthusian scenario of mass starvation and social disruption becoming a reality. It was primarily in this last sense that I first deployed the term "spatial fix" to describe capitalism's insatiable drive to resolve its inner crisis tendencies by geographical expansion and geographical restructuring.** The parallel with the Idea of a "technological fix" was deliberate. Capitalism, we might say, is addicted to geographical expansion much as it is addicted to technological change and endless expansion

> through economic growth. Globalization is the contemporary version of capitalism's long-standing and never-ending search for a spatial fix to its crisis tendencies. Since there is a long history to these spatial fixes, there is a deep continuity (as I and many others have insisted) in the production of space under capitalist social relations and imperatives. There is, from this perspective, nothing particularly new or surprising about globalization since it has been going on since at least 1492 if not before. **While these disparate meanings of "to fix" appear contradictory, they are all internally related by the idea that something (a thing, a problem, a craving) can be pinned down and secured. In my own use of the term, the contradictory meanings can be played out to reveal something important about the geographical dynamics of capitalism and the crisis tendencies that attach there to. In particular, I use it to focus on the particular problem of "fixity" (in the first sense of being secured in place) versus motion and mobility of capital.**
>
> I note, for example, that capitalism has to fix space (in immoveable structures of transport and communication nets, as well as in built environments of factories, roads, houses, water supplies, and other physical infrastructures) in order to overcome space (achieve a liberty of movement through low transport and communication costs). This leads to one of the central contradictions of capital: that it has to build a fixed space (or "landscape") necessary for its own functioning at a certain point in its history only to have to destroy that space (and devalue much of the capital invested therein) at a later point in order to make way for a new "spatial fix" (openings for fresh accumulation in new spaces and territories) at a later point in its history.[28]

Nota-se que o termo é utilizado por ele em dois sentidos. O primeiro diz respeito ao ímpeto do capitalismo em resolver suas

---

28 HARVEY, David. "Globalization and the 'spatial fix'". *Geographische Revue*, 2, 2001, p. 24 (grifo nosso).

contradições através da reestruturação e expansão espacial. É consequência de suas contradições internas e, por isso, temporário. Este ajuste se repetirá indefinidamente, de acordo com a necessidade apresentada pelo modo de produção.

O segundo sentido diz respeito à amarração e fixação de capital através da produção de capital fixo e imóvel no ambiente construído, como, por exemplo, os sistemas rodoviários necessários para facilitar a suburbanização.[29] E aqui o autor apresenta mais uma contradição do capitalismo, agora em relação ao espaço. Ao mesmo tempo em que o modo de produção depende de que o capital seja fixado espacialmente para garantir sua reprodução, ele depende também de que este capital seja ajustado no tempo. Assim, cria-se espaço urbano para destruí-lo posteriormente. Ou seja, este vício do modo de produção em expandir-se demanda a fixação de capital, ao mesmo tempo em que exige que o espaço construído seja permanentemente alterado.

Esta é a condição para a produção das cidades sob o capitalismo, segundo Harvey. Por exemplo, ao analisar os subúrbios norte-americanos, ele aponta que o crescimento destas localidades aumentou vividamente entre as décadas de 1950 e 1960 e tem relação com a absorção de excedente de capital e mão de obra, inicialmente mobilizados pela economia de guerra e que precisarão ser para evitar (ou ao menos postergar) uma crise.

Considerar esta dupla acepção do termo ajuda a entender uma das várias faces da norma de zoneamento. Ao definir zonas de uso, volume e altura das construções, o que se faz é normatizar a produção e canalização de excedente de capital para a produção da cidade. Dentre outras características, a Lei de Zoneamento urbano é reguladora do ajuste espacial, seja como mediadora do modo como a reestruturação da cidade irá ocorrer, seja como

---

29 HARVEY, David. "Globalization and the 'spatial fix'". *Geographische Revue*, 2, 2001, p. 28.

organizadora da própria cidade, que condiciona a fixação de capital no espaço. Assim, a canalização de excedente de capital dentro do espaço urbano tem como reguladora a Lei de Zoneamento.

Ao que se pode ver, David Harvey expõe que a produção da cidade ocorre sob tensões entre o capital e o trabalho. Entretanto, ao analisar de forma detida tais relações, percebe-se que no interior da classe dos que definem como o espaço urbano será produzido não há necessariamente um alinhamento natural. Ou seja, nas relações dos que controlam a aplicação do capital excedente existem frações de classe. Tais frações, sabe-se, podem não ter interesses idênticos sobre como o ajuste espacial deve ocorrer em determinada localidade. Entre a infraestrutura que oferece as precondições à produção do espaço e as normativas para a reestruturação do ambiente construído é necessário existir confluência de interesses.

Exatamente por isso, toma-se aqui a análise de Harvey Molotch sobre a cidade enquanto uma máquina de crescimento (*growth machine*). Esse autor fornece o aparato teórico que auxilia a entender como os interesses das elites locais confluem para a reprodução do capital no espaço. Compreender e utilizar a cidade como uma máquina de crescimento é a saída encontrada pelas elites locais para dirimir seus conflitos internos.

1.1.2 Harvey Molotch – a cidade como máquina de crescimento

Primeiramente, é necessário lembrar que a noção de *growth machine* é construída através de dois textos, um de 1976 e outro de 1987 (o segundo foi republicado em 2007 dentro da obra *Urban Fortunes*). Visto isso, cumpre ressaltar que o texto de 1976 é introduzido sobre uma premissa: a essência política e econômica de praticamente qualquer localidade naquele contexto dos Estados Unidos é o crescimento. É o crescimento que garante às elites locais politicamente mobilizadas a motivação operativa por um consenso.

No texto republicado em *Urban Fortunes*, em outra medida, a discussão parte de outro ponto. Ao mesmo tempo em que aponta que a análise das relações urbanas proposta por David Harvey é fonte direta de suas formulações, Molotch admite que a colocação das relações sociais estabelecidas no meio urbano nos termos de uma luta entre capital e trabalho pode ser excessivamente reducionista para o estudo das relações entre as elites locais.[30] Segundo ele, pouca atenção é dada ao estudo sociológico do funcionamento de tais elites, especialmente no que diz respeito ao uso de terras, ao orçamento público e à vida urbana. Para Molotch, em geral, as análises detêm-se à pergunta "quem governa?" (ou "quem manda?"). Ele indica, porém, que, juntamente com esta questão, outra deve ser levantada: "para quê?"[31]

Segundo esse autor, entre as questões que geram um consenso consistente entre as frações das elites locais está o *crescimento*. Aos que importam,[32] diz, a cidade é uma máquina de crescimento, algo que pode aumentar a renda agregada e aprisionar riqueza relativa para os que estão na posição de se beneficiar de tal feito.[33]

Apesar de poderem divergir em outras questões, membros das elites locais têm no crescimento o ponto que os une. Ao que interessa a estes grupos, a indicação de crescimento é o aumento constante da população urbana de uma determinada cidade, que, conforme Molotch, é sintoma de um padrão comum que passa inicialmente pela expansão da indústria básica, seguida pelo aumento da mão de obra. Dentro deste padrão, ele alega que na sequência ocorre um aumento na escala de vendas do comércio no atacado

---

30 LOGAN, John R.; MOLOTCH, Harvey L. *Urban Fortunes*: The Political Economy of Space. Berkley: University of California Press, 2007, p. 12.

31 LOGAN, John R.; MOLOTCH, Harvey L. *Urban Fortunes*: The Political Economy of Space. Berkley: University of California Press, 2007, p. 50.

32 Aos que importam significa, na terminologia marxista, aqueles que controlam o capital, os capitalistas.

33 LOGAN, John R.; MOLOTCH, Harvey L. *Urban Fortunes*: The Political Economy of Space. Berkley: University of California Press, 2007, p. 50.

e varejo, assim como, mais tardiamente – e de forma progressiva –, um aumento do desenvolvimento imobiliário, maior densidade populacional e níveis mais altos de atividade financeira. Em suma, organizar esta corrente de fenômenos é o ponto central para as elites locais. Assim, nos termos do autor, a cidade é, "para os que interessam, uma máquina de crescimento".[34]

No que interessa a esta pesquisa, destacam-se ainda alguns outros elementos levantados por Molotch em seus textos. O primeiro diz respeito às relações de propriedade e valorização fundiária. Se não há conflitos de interesse, o simples aumento do potencial de lucro garantido a uma porção de terra significa, necessariamente, um aumento da riqueza de seu proprietário.

Mas, em outra medida, pode ocorrer, no caso de aumento de riqueza de um, o prejuízo de outro. Um uso nocivo do terreno pode significar a desvalorização do espaço vizinho. Mais sutil ainda pode ser a relação estabelecida a partir do surgimento do interesse de um agregado de parcelas do solo. Conforme aponta o autor,[35] há de se ter em mente que, por vezes, a valorização da parcela pertencente a determinado indivíduo está condicionada ao futuro dado ao conjunto de parcelas ao seu entorno.

A proposta de Molotch é indicar que, ao invés de analisar cada mapa geográfico – seja um pequeno grupo de lotes, uma cidade, região ou país – como simplesmente uma demarcação de características políticas, legais ou geográficas, deve-se enxergá-lo como um mosaico de interesses imobiliários que competem entre si, capazes de desenvolver ações e coligações estratégicas.[36]

---

34 MOLOTCH, Harvey. "The City as a Growth Machine". *American Journal of Sociology*, vol. 82, nº 2, 1976, pp. 309/310.

35 MOLOTCH, Harvey. "The City as a Growth Machine". *American Journal of Sociology*, vol. 82, nº 2, 1976, p. 312.

36 MOLOTCH, Harvey. "The City as a Growth Machine". *American Journal of Sociology*, vol. 82, nº 2, 1976, p. 311.

Nota-se que a abordagem sugerida pelo autor inclui no debate não apenas os marcos políticos, legais e geográficos que organizam a espacialidade urbana, mas também as relações entre indivíduos capazes de se coligar e agir em conjunto para um objetivo comum: o crescimento. E aqui é importante levar em consideração que, no campo jurídico, a articulação política entre esse mosaico de interesses passa pela Lei de Zoneamento. Essa questão será retomada mais à frente, ainda neste tópico.

Tal mosaico, porém, não diz respeito apenas aos proprietários de imóveis. Grupos de interesses como a mídia, por exemplo, podem contribuir e se beneficiar da organização ideológica da cidade como máquina de crescimento. Cita-se também o sistema universitário, que pode se beneficiar por estar localizado em uma região metropolitana maior. Todavia, interessa mostrar que nem toda atividade comercial pode estar interessada na máquina de crescimento. Enquanto bancos e o sistema de crédito imobiliário têm particular interesse no aumento da malha urbana, comerciantes locais tendem a não querer o crescimento, ao menos na prática. Isso porque estes modelos comerciais são geralmente substituídos com o aparecimento de grandes cadeias comerciais.

Outro elemento levantado por Molotch no texto de 1976 diz respeito às relações políticas estabelecidas com a cidade tomada pela ideia do crescimento. Inicialmente, isso se dá pela captura natural da administração local por membros do setor imobiliário. Com o aumento da participação política de membros desse setor na administração local, têm-se como consequência, segundo Molotch,[37] gestões cujo administrador não está ligado a um segmento majoritário da população ou que tem como direcionamento político instituir ações para grupos étnicos desfavorecidos, como

37 MOLOTCH, Harvey. "The City as a Growth Machine". *American Journal of Sociology*, vol. 82, nº 2, 1976, p. 320.

afro-americanos. Em geral, a liderança política representa frações de classe – da elite – com condição financeira de disputar eleições.

Ao acomodar os interesses das elites que dominam a *máquina*, surge também outra consequência. Crescer, alega, implica em lidar com disfuncionalidades urbanas, como por exemplo, o congestionamento de veículos e a poluição das águas. Agindo sob a premissa de que o crescimento trará a toda a comunidade o aumento da qualidade de vida, o que se percebe é o contrário. Há na verdade a transferência de qualidade de vida para os setores favorecidos pelo crescimento. Na prática, há a transferência de bem-estar de um grupo a outro, ou seja, do público em geral para determinados segmentos da elite local.

Outra questão observada por Molotch é o benefício da criação de empregos que o crescimento urbano traz consigo. O que ele demonstra, ao menos para a economia norte-americana do período, é que o crescimento urbano se apropria de um *quantum* de empregos que seriam criados por todo o território do país. O que a máquina de crescimento faz é distribuir empregos, não os criar. Ele admite, então, que a Constituição da força de trabalho se dá em nível nacional, restando às localidades disputar sua alocação.[38]

Há ainda outro elemento importante a se ressaltar neste esquema criado por Harvey Molotch: as relações governamentais. Como mostra esse autor, as ações estatais capazes de aumentar a riqueza dos interessados que operam a máquina de crescimento costumam ser realizadas em um nível superior aos interesses envolvidos: se há interesse em determinado bairro, a municipalidade oferecerá os instrumentos. Caso o interesse se localize entre duas municipalidades, como a construção de uma estrada, será em nível estadual que as ações necessárias deverão ser tomadas.

---

38 MOLOTCH, Harvey. "The City as a Growth Machine". *American Journal of Sociology*, vol. 82, nº 2, 1976; LOGAN, John R.; MOLOTCH, Harvey L. *Urban Fortunes*: The Political Economy of Space. Berkley: University of California Press, 2007.

Ainda, por mais que existam ações privadas capazes de operar a máquina de crescimento, dada a escassez de recursos para o desenvolvimento, o governo torna-se a arena onde os grupos de interesses imobiliários competem pelo orçamento público e se esforçam para moldar decisões cujos resultados afetarão o uso da terra. A infraestrutura urbana, condicionante da valorização da terra, é, em geral, conseguida através do investimento estatal.

A importância da proposta de Molotch para a análise desenvolvida nesta tese se dá por algumas razões. De início, pela questão do crescimento. Elemento central para a discussão da cidade industrial, a ideia de *growth machine* proposta pelo autor é o esmiuçar das relações inicialmente estabelecidas por David Harvey. Ou seja, a aliança para o crescimento que o autor explora se dá no contexto da cidade industrial, mais precisamente a cidade industrial fordista.

Assim, dentro do modo de regulação fordista, o keynesianismo espacial age em consonância com as elites locais, dependendo simbioticamente da máquina de crescimento. Sem essa relação, a política fordista para o espaço está comprometida.

Essa ponderação auxilia esta pesquisa em ao menos outros dois pontos. O primeiro é a disputa local de interesses, importante para o entendimento do instrumento do zoneamento. A norma, como se verá, é produto destas relações e visa mediar as tensões entre parcelas das elites locais, notadamente os proprietários de imóveis – construídos ou não – e aqueles indivíduos ligados ao setor da produção da cidade: construtoras, incorporadoras, agentes imobiliários etc. Os interesses de ambos diferem de acordo com o momento, podendo se formar ou não alianças entre tais frações, a depender dos ganhos relativos ao interesse do crescimento. Este item é especialmente importante no caso paulistano. Ao prefeito Figueiredo Ferraz, autor da primeira Lei de Zoneamento, atribui-se a frase "São Paulo precisa parar". Em razão do processo de verticalização em curso na cidade, o então prefeito entendia que apenas com o refreamento deste processo é que a cidade poderia novamente ser organizada. Assim, na metrópole sub-fordista a Lei de Zoneamento realiza também a tarefa de mediar conflitos entre as parcelas da elite, porém, de outra forma.

A ponderação de Molotch é importante também por seu aspecto nacional. Ao caracterizar o governo como arena de disputa das elites que varia conforme os grupos envolvidos, Molotch dá mais sustentação ao argumento de que há uma relação entre os entes da federação na produção do espaço local. A disputa pelo orçamento público, em todos os níveis, será uma das causas da união das elites locais em prol da máquina de crescimento. Ainda, ao situar o contexto analisado nas décadas de 1950 e 1970, Molotch indica que a disputa orçamentária entre os agrupamentos das elites locais para que o investimento público incorpore suas riquezas (principalmente imobiliária) faz parte da organização estatal para a produção do espaço sob o fordismo.

O keynesianismo espacial, como diz Neil Brenner,[39] centraliza o planejamento espacial na esfera federal, fazendo com que os poderes locais sejam em alguma medida correias de transmissão do planejador central. Talvez este seja o complemento necessário à proposição da máquina de crescimento. O objeto em disputa – o orçamento público – talvez não possa ser diretamente conquistado sem que os interesses locais percorram o caminho de captura dos recursos públicos em todas as esferas necessárias e de todas as *formas* necessárias.

Nesta pesquisa, o foco está nas relações entre o nacional e o local na produção da norma de zoneamento. Além de verificar a disputa dos interesses locais através da produção normativa, o que se demonstra é que a cidade, enquanto máquina de crescimento, deve equacionar os interesses nacionais ou, ainda, mediar os interesses locais e nacionais de expansão do meio urbano.

---

39 BRENNER, Neil. *New State Spaces*: Urban Governance and the Rescaling of Statehood. Oxford: Oxford University Press, 2004.

1.2 Modo de regulação fordista, fordismo periférico e urbanização

Se Montesquieu afirmou que o comércio edulcora os costumes e estabelece a paz, a matriz marxista por sua vez adota a premissa de que o modo de produção capitalista não apenas não ameniza os conflitos sociais como os impulsiona. Todavia, ao tomarmos a premissa derivada de Marx, dela emerge uma questão que nos interessa aqui: como o capitalismo pode sobreviver se as relações promovidas pelo próprio capital geram antagonismos e crises que tornam improvável a continuidade do processo de acumulação?

Esta é, segundo Bob Jessop,[40] a pergunta que levou teóricos franceses a formularem a *teoria da regulação*. A crise, como se sabe, é parte inerente do modo de produção, sendo há muito objeto de estudos de diversas correntes teóricas. Os liberais clássicos, os marxistas, a escola neoclássica e o pensamento neoliberal dedicam inúmeros estudos a procurar entender quais são as relações entre o capitalismo e a crise econômica.

Por isso, a dúvida levantada acima toma contornos mais específicos: seriam todas as crises iguais? É possível desenhar um quadro geral sobre as crises, conformando uma teoria a respeito?

Para os regulacionistas, a resposta repousa sobre a concepção de mecanismos regulatórios, tais como formas institucionais, normas sociais e padrões de conduta estratégica, que expressam com sucesso e regulam tais conflitos até que a acumulação inevitável de tensões e disparidades entre as várias formas de regulação leva a uma situação de crise. Neste momento, haveria então um período experimental, do qual um novo regime de acumulação e uma forma de regulação correspondente poderiam ou não emergir.

---

40 JESSOP, Bob. *State Theory*. Cambridge: Polity Press, 1990, p. 308.

A *Escola da Regulação* se forma, então, através de dois conceitos principais: o *regime de acumulação* e o *modo de regulação*. A depender da linha adotada, podem ser somados outros dois: o *paradigma industrial* e o *modelo de desenvolvimento*.[41]

Segundo Jessop,[42] entende-se por *paradigma industrial* o modelo que governa a técnica e a divisão social do trabalho. Trata-se de conceito microeconômico cujo exemplo, dado por esse autor, é a produção em massa. Já o *regime de acumulação* seria um padrão complementar de produção e consumo que pode ser reproduzido por longos períodos. Nas palavras de Robert Boyer,[43] tal regime é o "conjunto das regularidades que garante uma progressão geral e relativamente coerente da acumulação do capital, isto é, que permite incorporar e desdobrar no tempo as distorções e os desequilíbrios que nascem permanentemente do próprio processo".

A teoria estudada estabelece ainda que a articulação entre o modo de regulação e um determinado regime de acumulação é perceptível pela análise de cinco principais *formas institucionais*, a saber: forma e regime monetários; forma da relação salarial; a relação concorrencial intercapitalista; a forma de adesão ao regime internacional; e a forma do Estado.

Para explicar a reprodução regular de relações sociais dentro de um regime de acumulação, a teoria da regulação faz uso do que

---

41 Dado que a esta tese interessa apenas a análise do *modo de regulação fordista*, admite-se a Escola da Regulação como una. Porém, como já destacou Jessop (1990, p. 3; 1997, p. 290), há ao menos sete linhas diferentes que se organizam em torno da teoria da regulação. Para todos os efeitos, tomam-se aqui principalmente os trabalhos de Robert Boyer, Alain Lipietz e Michel Aglietta, autores que Bob Jessop conforma dentro da escola parisiense.

42 JESSOP, Bob. "The Regulation Approach". *The Journal of Political Philosophy*, vol 5, nº 3, 1997, p. 291.

43 BOYER, Robert. *Teoria da Regulação*: Os Fundamentos. São Paulo: Estação Liberdade, 2009, p. 81.

chama de *modo de regulação*. Conforme aponta Boyer,[44] o modo de regulação tem como propriedade reproduzir as relações sociais fundamentais por meio da combinação de formas institucionais que são historicamente determinadas. Deve, assim, manter e *pilotar* o regime de acumulação vigente, garantindo a compatibilidade dinâmica de um conjunto de decisões descentralizadas, em que é necessário que os atores econômicos internalizem os princípios de ajuste do conjunto do sistema. Em outros termos, o modo de regulação garante a permanência temporal do regime de acumulação. Como apontou Boyer, ele pilota tal regime, reproduzindo as relações sociais necessárias para a produção de excedente no tempo.

Todas as vezes que um paradigma industrial, um determinado regime de acumulação e um modo de regulação se complementam ao ponto de garantir uma onda longa de desenvolvimento capitalista, o complexo resultante desta articulação é o que se chamou de *modelo de desenvolvimento*. Conforme aponta Jessop,[45] trata-se de conceito holístico, no sentido de analisar a economia de forma mais integral e inclusiva. Sob este aspecto, seria um conceito metaeconômico.

Apesar de não ser objeto do estudo aqui proposto, é importante apontar que, ao mesmo tempo em que se propõe a entender o interior de cada regime do modo de produção capitalista, a teoria da regulação fornece bom aparato para o entendimento e funcionamento das crises econômicas e sociais.

Robert Boyer aponta que "os conceitos da teoria da regulação foram elaborados a fim de darem conta tanto dos fatores referentes à *existência* de um modo de regulação e de um regime de acumulação

---

44 BOYER, Robert. *Teoria da Regulação*: Os Fundamentos. São Paulo: Estação Liberdade, 2009, p. 81.

45 JESSOP, Bob. "The Regulation Approach". *The Journal of Political Philosophy*, vol 5, nº 3, 1997, p. 291.

quanto dos fatores que contribuem para sua *desestabilização*".[46] Assim, é visível que, concomitantemente à elaboração analítica sobre o funcionamento das variadas apresentações do capitalismo, se encontra também a necessária – e decorrente – análise sobre as crises econômicas ao longo da história.

Do que foi apresentado até aqui, percebe-se que a teoria da regulação dá destaque ao aparato jurídico de uma nação. Jessop lembra que esta teoria não sugere que a economia seja regulada apenas pelo Direito e o Estado, sendo a tradução mais desejável de *régulation* como regularização ou normalização.[47]

De qualquer forma, é dado que exista em um regime de acumulação, tanto no interior de suas formas institucionais quanto dentro do próprio Estado, uma coerência necessária em suas ações. Assim, não é incomum que dentro do plano legal coexistam legislações que preservem direitos dos trabalhadores e um arcabouço legislativo que privilegie a atividade empresária em detrimento de seus empregados. Segundo esse autor, a "forte interdependência entre as formas institucionais e o papel do Estado é senão a imbricação das esferas políticas e econômicas".[48] Ou seja, é compatível, apesar de não necessariamente desejável, que a reprodução do capital seja mediada por normas jurídicas e políticas de Estado conflitantes entre si.

Por isso, um primeiro aspecto a se observar é que na teoria da regulação há espaço para lidar com conflitos no interior do Estado, corroborando as premissas de Brenner[49] que serão vistas

---

46 BOYER, Robert. *Teoria da Regulação*: Os Fundamentos. São Paulo: Estação Liberdade, 2009, p. 105, grifo nosso.

47 JESSOP, Bob. "The Regulation Approach". *The Journal of Political Philosophy*, vol 5, nº 3, 1997, p. 288.

48 BOYER, Robert. *Teoria da Regulação*: Os Fundamentos. São Paulo: Estação Liberdade, 2009, p. 52.

49 BRENNER, Neil. *New State Spaces*: Urban Governance and the Rescaling of Statehood. Oxford: Oxford University Press, 2004.

oportunamente. A discussão sobre os conflitos realizados no interior do Estado será colocada mais à frente. Agora, cumpre analisar dois conceitos apresentados neste tópico que são fundamentais para esta tese: o regime de acumulação e seu correspondente modo de regulação. Assim, para efeito desta pesquisa, importa assentar como se deu o regime de acumulação e seu correspondente modo de regulação sob o fordismo.

Destaca David Harvey[50] que o fordismo deve ser visto menos como um mero sistema de produção em massa do que como um modo de vida total. É por isso que Aglietta[51] irá chamar o fordismo de um novo estágio da regulação do capitalismo, no qual os capitalistas procuram reger a reprodução da classe trabalhadora assalariada por um ajuste fino entre as relações de produção e as relações mercantis pelas quais os assalariados compram seus meios de consumo.

Quanto ao chamado regime de acumulação dentro do fordismo, a Escola da Regulação o caracteriza como intensivo. Conforme indica José Eli da Veiga,[52] isso significa que há uma rápida e concomitante mudança do processo de trabalho e das condições de existência dos assalariados. Em seus termos:

> [e]nquanto predominava a mais-valia absoluta, o regime de acumulação era extensivo. Quando essa acumulação passou a se dar essencialmente pela redução do valor da força de trabalho – isto é, pela redução do tempo de trabalho

---

50 HARVEY, David. *A Condição Pós-Moderna*. 15ª ed. São Paulo: Loyola, 2006, p. 131.

51 AGLIETTA, Michel. *A Theory of Capitalist Regulation. The US Experience*. Nova York: Verso, 2015, p. 10.

52 VEIGA, José Eli. "O 'fordismo' na acepção regulacionistas". *Revista de Economia Política*, vol. 17, nº 3 (67), julho-set., 1997.

> socialmente necessário – tanto a produção quanto o consumo foram massificados e o regime tornou-se intensivo.[53]

Aponta-se ainda que o regime de acumulação fordista segue as seguintes regularidades sociais e econômicas: a produção é organizada dentro do fordismo (enquanto método produtivo), possui um horizonte temporal de longo prazo, visto que se foca na produção, e um padrão distributivo progressivo, visto que o Estado é organizado sob o *welfare state*. Finalmente, a composição da demanda social é focada no consumo de massas.[54]

O modo de regulação fordista diz respeito não só ao modelo de produção fabril inaugurado por Henry Ford. Mais do que isso, representa um modelo de desenvolvimento em que se estabeleceu um círculo virtuoso que combina *potencial de progressão da produtividade, estabilidade do compromisso capital/trabalho* e *fraca abertura internacional.* Ainda, a lógica concorrencial opera sob forte *regime monopolista* ou *oligopolista.* Essas são as cinco formas institucionais do modo de regulação que, articuladas, formam o chamado modo de regulação fordista.

Esse esquema foi inicialmente proposto por Michel Aglietta,[55] conformando um processo que integra dois pólos: a regulação e a crise. O objeto de sua tese de doutoramento refere-se a um país específico, em um momento específico: os Estados Unidos da América, no período que vai do início do século XX até meados da década de 1970. Este é o período de análise do seu trabalho, que inclui a formulação acerca do modo de regulação fordista.

---

53 VEIGA, José Eli. "O 'fordismo' na acepção regulacionistas". *Revista de Economia Política*, vol. 17, nº 3 (67), julho-set., 1997, p. 65.

54 BOYER, Robert. *Teoria da Regulação*: uma Análise Crítica. São Paulo: Nobel, 1990.

55 AGLIETTA, Michel. *A Theory of Capitalist Regulation. The US Experience.* Nova York: Verso, 2015.

Ao longo do tempo, o esquema proposto pela teoria da regulação será aplicado a outras nações e o fordismo será então entendido como o regime de acumulação (com seu correspondente modo de regulação) que se desenvolveu na maior parte dos países integrantes da Organização para a Cooperação e Desenvolvimento Econômico (OCDE) após a Segunda Guerra Mundial.[56]

Como colocado, percebe-se que o fordismo diz respeito a um regime de acumulação e a um modo de regulação desenvolvidos nas chamadas economias centrais. Ou seja, há uma determinação econômico-geográfica para seu desenvolvimento. Isso significa que é necessário observar se existe em nações não centrais algo próximo do fordismo.

Nesta tese, adota-se a posição defendida por Alain Lipietz, que parece corroborar o proposto por Francisco de Oliveira,[57] como veremos adiante. Para Lipietz,[58] deve-se diferenciar o fordismo central do que ele chama de fordismo periférico (ou subfordismo). A busca das nações subdesenvolvidas, a partir dos anos 1930, por se industrializar e ingressar no regime fordista não obterá o devido êxito, criando, assim, um fordismo periférico, derivação fracassada da primeira política de substituição de importações. Para esse autor, o fordismo periférico caracteriza-se por ser um fordismo incompleto, em que os ciclos de industrialização não foram capazes de remover totalmente a lógica *centro-periferia* de transferências de recursos naturais ou bens semiacabados dos países periféricos para as economias centrais.[59]

---

56 LIPIETZ, Alain. "Fordismo, fordismo periférico e metropolização". *Ensaios FEE,* vol. 10, nº 2, 1989, p. 304.

57 OLIVEIRA, Francisco. *A Economia da Dependência Imperfeita.* 5ª ed. Rio de Janeiro: Graal, 1989.

58 LIPIETZ, Alain. "Fordismo, fordismo periférico e metropolização". *Ensaios FEE,* vol. 10, nº 2, 1989.

59 LIPIETZ, Alain. "Le fordisme périphérique étranglé par Le monétarisme central". *Revue D'analyse Économique,* vol. 60, nº 1, março, 1984.

Lipietz afirma também que, seja por herança desta primeira política de substituição de importações, pela existência pretérita de um capitalismo mercantil periférico, ou, ainda, pela promoção das exportações de matérias-primas ou pela imposição de uma *taylorização primitiva*, surge em certos países, ao longo da década de 1970, a conjunção de um capital local autônomo com classes médias urbanas relativamente abundantes e embriões significativos de uma classe operária experiente.[60] Esta é a conjunção de fatores que, segundo esse autor, conforma o chamado *fordismo periférico*.

Trata-se, segundo Lipietz, de um regime de acumulação periférico porque os postos de trabalho e a produção correspondente aos níveis de fabricação qualificada permanecem largamente externos às nações onde esse regime está inserido. Do ponto de vista do consumo, o fordismo periférico tem em seu mercado "uma combinação específica do consumo das classes médias modernas locais, com acesso parcial dos operários do setor fordista aos bens duráveis das famílias".[61]

Tais regimes se desenvolveram em países que, de alguma forma, completaram o ciclo da primeira revolução industrial. Em alguns casos, como o brasileiro, o fordismo periférico inseriu-se em um contexto de indústria mais avançada, que completou em alguma medida a segunda revolução industrial.

Toma-se a ideia de fordismo periférico, então, como referência teórica para a análise do modo de regulação desenvolvido no Brasil durante o regime de exceção iniciado em 1964. Nesta linha, cumpre diferenciar apenas que, mesmo entre as nações periféricas, as relações entre classes e a forma de colonização (no caso das ex-colônias), além de outras características, conformam

60 LIPIETZ, Alain. "Fordismo, fordismo periférico e metropolização". *Ensaios FEE*, vol. 10, nº 2, 1989, p. 317.

61 LIPIETZ, Alain. "Fordismo, fordismo periférico e metropolização". *Ensaios FEE*, vol. 10, nº 2, 1989.

peculiaridades que obrigam a análise do caso concreto a diferenciar, sempre que possível, uma nação da outra.

Em nosso país, há uma profusão de autores que de alguma forma discutiram o processo de urbanização inserido em um escopo de análise mais amplo, nacional. Dentre as possíveis matrizes de análise para o caso brasileiro, destacamos duas: Francisco de Oliveira e Milton Santos.

Esses autores servem aqui de suporte não apenas pela originalidade de suas propostas. Em alguma medida, ainda que não sob os mesmos termos, Milton Santos e Francisco de Oliveira concordam com o que propõe Lipietz: a industrialização nacional está inserida num contexto subfordista, ensejando uma urbanização de tipo próprio, que guarda características com outras nações subdesenvolvidas, não sendo delas siamesa. Mais ainda, conformam a tese de que o subdesenvolvimento é uma condição, não um estágio.

Dissecando o quadro socioeconômico do país entre 1950 e 1975, Francisco de Oliveira aponta que, na primeira metade dos anos 1950, o padrão de acumulação estava fundado na expansão do setor produtor de bens de produção, que poderia estabelecer as bases para uma expansão industrial mais equilibrada entre o próprio setor de bens de produção, o setor de produção de bens de consumo duráveis e o setor de não duráveis.[62] Aqui, segundo esse autor, estão inseridos os empreendimentos estatais como a Petrobras, a Eletrobras etc. Ele alega que durante esse período o financiamento de acumulação de capital fundava-se em uma política de confisco cambial, na nacionalização dos setores básicos (bens de produção) e em uma política de contenção relativa de salários.[63] No que tange à política de confisco cambial, Oliveira descreve

62 OLIVEIRA, Francisco. *A Economia da Dependência Imperfeita*. 5ª ed. Rio de Janeiro: Graal, 1989, p. 77.

63 OLIVEIRA, Francisco. *A Economia da Dependência Imperfeita*. 5ª ed. Rio de Janeiro: Graal, 1989, p. 79.

como a política de exportação de *commodities* irá financiar a industrialização. Já sobre a política salarial, ele lembra que esta contenção era mitigada pelos preços subsidiados de certos bens e serviços, notadamente dos empreendimentos estatais.

Francisco de Oliveira ressalta, ainda, que o quadro de ampliação dos bens de produção não consegue se concretizar totalmente, especialmente quando Eugênio Gudin – alinhado à escola neoliberal – toma a frente do Ministério da Fazenda, rearticulando por completo esse quadro. Nesse momento retoma-se, segundo Oliveira, o padrão de acumulação do governo Getúlio Vargas da década de 1950, mas com alterações. Sob Juscelino Kubitschek, a acumulação de capital orienta-se de forma distinta do governo Dutra, redefinindo o Estado em relação à sociedade civil. Oliveira aponta ao menos três fatores que garantirão a Juscelino alguma folga para reorientar o padrão de acumulação de capital.

O primeiro diz respeito ao excedente econômico gerado nos anos Vargas e que se encontrava na mão da iniciativa privada. Ainda que incipiente, o ganho de produtividade, sem o respectivo repasse salarial e com o devido subsídio estatal, que foi visto naquele período, trará alguma concentração de capital aos capitalistas. O segundo fator é o fim da Segunda Guerra, que irá demandar uma industrialização periférica, nos moldes descritos por Lipietz. Agora, a produção industrial será externalizada das economias centrais, propiciando que o capital industrial do fordismo central se dirija às periferias.[64] O terceiro fator é que a prática populista vista no modelo varguista irá criar uma espécie de fetichização do Estado pelas classes populares.

Este padrão de acumulação verificado nos anos de Kubitschek será financiado por déficits externos, culminando em uma

---

64 LIPIETZ, Alain. "Fordismo, fordismo periférico e metropolização". *Ensaios FEE*, vol. 10, nº 2, 1989, pp. 318-323; OLIVEIRA, Francisco. *A Economia da Dependência Imperfeita*. 5ª ed. Rio de Janeiro: Graal, 1989, p. 83.

crise que se estenderá de 1962 a 1967. A retomada do crescimento que se vivenciará nos anos do milagre econômico é, em alguma medida, a retomada do padrão de acumulação anterior. Porém, como ressalta Oliveira, sob o regime de exceção haverá uma repressão violenta aos ganhos salariais, aumentando, assim, a taxa de transferência de mais-valia para o setor produtivo, especialmente as empresas estrangeiras.

O modo de regulação sob o fordismo periférico no país articula então uma relação salarial repressiva (do ponto de vista da classe trabalhadora), uma relação concorrencial monopolista ou oligopolista, uma adesão periférica ao capitalismo industrial em nível mundial e um estado ditatorial que orienta suas ações dentro da perspectiva desenvolvimentista internacionalista, ou seja, dentro de um desenvolvimento associado.

Durante o período analisado temos, então, o quadro acima descrito. Resta enfrentar a questão urbana, visto que o objeto de estudo aqui proposto é a norma de regulação do espaço urbano.

Ao longo deste trabalho veremos que o fordismo traz várias consequências à produção do espaço. O consumo em massa demanda uma nova habitação, que terá implicações sobre a própria produção do espaço urbano. Nos Estados Unidos, o que se verifica é uma expansão contínua do tamanho das residências, aliada a uma expansão dos bairros residenciais. O subúrbio norte-americano é, em alguma medida, consequência do fordismo. Mais ainda, a política de consumo transformará a casa própria em uma *commodity*: a residência passa a ser um produto de suma importância na reprodução do capitalismo. E o espaço urbano, enquanto valor de troca, terá um papel fundamental no regime de acumulação fordista.

Se no fordismo central a construção do espaço será de suma importância para a manutenção do capitalismo central, é possível dizer que algo semelhante acontecerá nas economias periféricas. Porém, no subfordismo, as contradições do regime de acumulação ficarão ainda mais evidentes.

Ademais, conforme indica Lipietz,[65] a metropolização que os países organizados sob o fordismo periférico vivenciarão possui ao menos três pontos fundamentais: a explosão demográfica vivenciada por tais nações; a falta de condição para a manutenção das populações camponesas no campo, expulsando-as para o meio urbano; e o fato de o fordismo, quando periférico, instalar-se apenas nas metrópoles.

O caso brasileiro é bem descrito por Francisco de Oliveira em seu *Crítica à Razão Dualista*.[66] Nesse livro o autor ilustra que a industrialização no Brasil se dá sobre uma base de acumulação razoavelmente pobre, uma vez que o meio agrário subsiste em grande medida sob uma acumulação primitiva. Isso significa, argumenta, que a infraestrutura urbana necessária para acomodar a expansão da indústria não existirá de forma satisfatória antes de 1930.[67] Por este motivo, a primeira onda industrializante do Brasil criaria consigo unidades industriais autárquicas, já que, da energia à moradia da classe trabalhadora, não havia suporte urbano em condições necessárias para dar conta do processo de industrialização.

O argumento central de Oliveira perpassa a falsa dualidade que se apresenta nas estruturas teórico-analíticas de matriz neoclássica. Sem deixar de negar o valor da contribuição desenvolvimentista cepalina, Francisco de Oliveira denuncia que há um abandono analítico de uma das principais condicionantes do subdesenvolvimento. Este quadro geral impingido a determinadas nações é verificado não como estágio anterior ao mundo desenvolvido – as economias centrais –, ao contrário, parte da tradição cepalina inclui o subdesenvolvimento de uns como condição para

---

65 LIPIETZ, Alain. "Fordismo, fordismo periférico e metropolização". *Ensaios FEE,* vol. 10, nº 2, 1989, p. 329.

66 OLIVEIRA, Francisco. *Crítica à Razão Dualista/O Ornitorrinco*. São Paulo: Boitempo, 2003.

67 OLIVEIRA, Francisco. *Crítica à Razão Dualista/O Ornitorrinco*. São Paulo: Boitempo, 2003, p. 55.

o desenvolvimento de outros. O subdesenvolvimento, como disse Celso Furtado, não é uma condição histórica, e sim uma formação capitalista específica. Assim, o *modo de produção subdesenvolvido* diz respeito não apenas às relações entre nações, mas também às questões de classe internas, dentro do país.

Do ponto de vista urbano, Oliveira estende esta discussão em dois níveis. Primeiramente, em razão da expansão industrial que o país verá, especialmente a partir da década de 1950. Àquele momento, era condição para a continuidade da expansão do capitalismo internacional a transferência de capital industrial das economias centrais às periféricas. A indústria, como se sabe, desenvolve-se no meio urbano e demanda sua expansão. Assim, a urbanização acentuada que se vê no país naquele período tem relação com a condição estabelecida no quadro geral do subdesenvolvimento, em uma escala internacional. Ou seja, a urbanização é parte das relações centro-periferia.

Além disso, há um nível de proposição sobre o meio urbano brasileiro entre classes. A presença do aparato industrial demandará que sua mão de obra absorva uma série de serviços. A necessidade, ou mesmo a possibilidade, de consumo por meio dos ganhos salariais criará uma demanda por serviços. Assim, o processo de industrialização exigirá a expansão do tecido urbano. O oferecimento de serviços de toda sorte, por parte dos "setores atrasados", para aqueles que estão dentro do "setor moderno" vem para dar conta de uma infraestrutura urbana (em termos de serviços) que deveria existir previamente, mas dadas as relações sociais estabelecidas no campo, ela não existia.

Ou seja, a urbanização sem indústria, também chamada de urbanização com marginalização, não conforma moedas distintas – duas cidades apartadas. Trata-se de faces da mesma moeda, o subdesenvolvimento. A concentração da renda num polo depende da não apropriação de excedente em outro.

Em alguma medida, a explicação de Oliveira dialoga com a tese do fordismo periférico, como já mencionamos. Lipietz indica que o processo de urbanização e a consequente criação de um cenário fordista em um país como o Brasil (ou em uma cidade como São Paulo) têm origem, no período analisado, na decisão de empresas multinacionais que queiram realizar o que chamou de *taylorização primitiva*: a deslocalização de segmentos precisos e limitados de circuitos e ramos de atividades com altas taxas de exploração (salário, duração e intensidade do trabalho) de economias centrais para periféricas.[68]

Ao dialogar com o descrito pelo autor francês, proposta de Oliveira, então, é que nesse período se opera uma mundialização do fordismo, que se manifesta de um modo nas economias centrais e de outro nas periféricas. Entretanto, o que se vê é um único fenômeno: a expansão do fordismo sob o signo da desigualdade combinada.

Da mesma maneira, Francisco de Oliveira aponta que a industrialização no Brasil ocorre na chave da *ação desigual e combinada*. Para o autor, a partir de 1964, a exclusão – marca crescente do nosso processo de expansão – torna-se elemento vital do dinamismo do modo de produção capitalista no Brasil.[69]

Oliveira não está sozinho. Em alguma medida, Milton Santos,[70] defende teoria semelhante sobre a formação do espaço urbano brasileiro. Admitindo que o subdesenvolvimento é condição e não um momento histórico de um determinado país, Santos propõe uma análise mais detida dos centros urbanos subdesenvolvidos.

Primeiro, ele indica que as cidades das nações que hoje são consideradas desenvolvidas não se encontravam em situação

---

68 LIPIETZ, Alain. "Fordismo, fordismo periférico e metropolização". *Ensaios FEE*, vol. 10, nº 2, 1989, p. 315.

69 OLIVEIRA, Francisco. *Crítica à Razão Dualista/O Ornitorrinco*. São Paulo: Boitempo, 2003, p. 118.

70 SANTOS, Milton. *O Espaço Dividido*: Os Dois Circuitos da Economia Urbana. 2ª ed. São Paulo: Edusp, 2004.

semelhante, especialmente antes do processo de industrialização.[71] Como apontou David Harvey, a desconexão entre a área rural e a urbana das cidades europeias se dá pela substituição da produção e a possibilidade de escoamento do produto agrícola pelo espaço nacional. Já nos países periféricos, o que há é uma sucessão de modernizações[72] que procuram atender sempre ao funcionamento do modo de produção como um todo. Ou seja, o inchaço urbano vem na esteira do processo de modernização vivido pelas nações periféricas para atender às necessidades do mercado internacional.

Esta chave também será utilizada para compreender o fenômeno da urbanização paulistana. A produção da cidade atende aos anseios deste desenvolvimento desigual, ou seja, do subfordismo de Lipietz. A produção desigual do meio urbano no Brasil é, então, uma condição da expansão do sistema e não um obstáculo a ele.

Por tudo isso, apesar de a teoria da regulação usar de um arcabouço específico e por vezes tortuoso para demonstrar as relações sociais, ela traz à baila o papel do Estado em articular tais relações. O modo de regulação fordista, por exemplo, demanda uma articulação de ações e políticas de governo que engendram políticas públicas e uma forte produção legislativa.

Nesta discussão, deve-se ter em mente que o Estado não é um espaço único e coordenado, o que significa que sua participação na regulação do fordismo não é nem uniforme, nem necessariamente coordenada. Tanto em sua dimensão vertical – União, estados e municípios – quanto na horizontal – políticas estabelecidas dentro de um mesmo ente, mas por órgãos, secretarias ou ministérios distintos –, as ações estatais não compreendem um bloco monolítico.

---

71 SANTOS, Milton. *O Espaço Dividido*: Os Dois Circuitos da Economia Urbana. 2ª ed. São Paulo: Edusp, 2004, p. 55.

72 SANTOS, Milton. *O Espaço Dividido*: Os Dois Circuitos da Economia Urbana. 2ª ed. São Paulo: Edusp, 2004, p. 32.

Ao que nos parece, o grau de coesão das formas institucionais que moldam o modo de regulação de um país está diretamente relacionado à complexidade de seu meio produtivo. Quanto mais articulado é o processo de reprodução do capital, maior será a necessidade de uma articulação firme entre as instituições que organizam seu modo de regulação. Ou, nos termos dos regulacionistas, a capacidade de prolongar no tempo determinada onda de crescimento econômico é dada pela articulação do regime de acumulação com seu modo de regulação. A imbricação entre o político e o econômico, como ressaltou Boyer,[73] se dá através do Estado.

Em outros termos, o Estado é também um campo geral da luta de classes,[74] motivo pelo qual suas ações podem nem sempre corresponder a uma única necessidade de reprodução do capital. David Harvey apresenta esta discussão em sua análise sobre a territorialidade das estruturas sociais, admitindo que, ao se constituírem enquanto classe, os capitalistas se valem de ações do Estado, que, por sua vez, como já dito, é um campo da luta de classes. Isso quer dizer que, na prática, as ações do Estado podem nem sempre corresponder às necessidades de reprodução direta do capital, o que não significa que seu padrão de acumulação seja necessariamente prejudicado. Infraestruturas sociais típicas do estado de bem-estar, tais como moradia e atenção médica, garantem de alguma forma a reprodutibilidade do capital.

Ao que nos interessa aqui, resta apontar que, se o Estado é juridicamente uno,[75] politicamente se constitui através de um

---

73 BOYER, Robert. *Teoria da Regulação*: Os Fundamentos. São Paulo: Estação Liberdade, 2009.

74 HARVEY, David. *Limits to Capital*. Nova York: Verso, nova edição ampliada pelo autor, 2006, p. 401.

75 No sentido de Kelsen (KELSEN, Hans. *Teoria Geral do Direito e do Estado*. São Paulo: Martins Fontes, 2005, pp. 261 e 273), que vê o Estado juridicamente enquanto uma corporação, uma pessoa jurídica, acima dos indivíduos, por ser dotado de força coercitiva.

feixe de interesses, tomando emprestada a expressão de Weber.[76] Porém, enquanto na visão weberiana tais interesses se configuram individualmente, admite-se aqui que pode existir nas ações estatais um viés classista, ou, pelo menos, de frações de classe.

Assim, podemos afirmar que, se é possível admitir que o Estado não age sempre de forma coesa, é possível também estender esta análise para a produção jurídica que influi sobre a produção do espaço. Ou seja, as ações e normas que emanam do Estado e que exercem influência sobre a produção espacial podem se comunicar em maior ou menor medida.

Sobre o tema da concatenação das relações intraestado para a produção do espaço, apresenta-se aqui as ideias de Neil Brenner.[77] Sua explicação sobre o keynesianismo espacial fornece as condições de análise para relacionar a produção do espaço pelo Estado, na matriz keynesiana, como parte integrante do modo de regulação fordista.

1.3 O keynesianismo espacial – Neil Brenner

Admitiu-se aqui, inicialmente, que o Estado está inserido na produção capitalista do espaço. Primeiro, com Harvey, dado que o *spatial fix* demanda a fixação de infraestrutura para a reprodução do capitalismo, que tem o Estado como agente ativo. Depois, em Molotch, ao analisar que a disputa dos rumos do orçamento

---

76 Conforme ensina Alvaro Bianchi (BIANCHI, Alvaro. "O Conceito de Estado em Max Weber". *Lua Nova*, São Paulo, 2014, p. 86), Weber "apresenta o Estado como uma forma social não individualizável, ou seja, não como um ente e sim como um feixe de ações protagonizadas por indivíduos". O autor se vale da proposição de Weber na qual ele admite que o Estado "nada mais é para a Sociologia do que desenvolvimentos e concatenações e ações específicas de pessoas individuais, pois só estas são portadoras compreensíveis para nós de ações orientadas por um sentido". WEBER, Max. *Economia e Sociedade*. 4ª ed. Brasília: Editora UnB, 2004, p. 9.

77 BRENNER, Neil. *New State Spaces*: Urban Governance and the Rescaling of Statehood. Oxford: Oxford University Press, 2004.

público é fundamental para ativar a cidade enquanto máquina de crescimento. Do ponto de vista regulacionista, vimos que o Estado fornece o suporte legal e político para a implementação de determinado modo de regulação.

A questão agora é buscar demonstrar de que forma, em determinado modo de regulação – o fordismo – o Estado age sobre o espaço. Tomando por pressuposto as ideias de Bob Jessop,[78] que afirma que "a forma Estado tomada enquanto relação social não o traduz em um quadro de atividades concretas coerentes, coordenadas ou reproduzíveis". Neil Brenner irá descrever o que chamou de *keynesianismo espacial*.

O keynesianismo espacial, como aponta Brenner,[79] faz parte do que Sassen[80] chamou de *fordismo do Atlântico Norte*. Brenner indica que o keynesianismo espacial foi um amálgama contraditório, multiescalar e multifacetado, de *projetos* e *estratégias* espaciais construído para enfrentar alguns dos principais dilemas associados à urbanização fordista do pós-guerra.[81] Enquanto os *projetos espaciais do Estado* tentariam estabelecer estruturas relativamente centralizadas e uniformes de organização territorial, as *estratégias espaciais do Estado* objetivariam canalizar capital privado e investimento público em infraestrutura para a crescente malha urbana que se espalhava por áreas subdesenvolvidas ou periferias rurais das economias centrais.[82]

---

78 JESSOP, Bob. *State Theory*. Cambridge: Polity Press, 1990, pp. 148/149 e 206.

79 BRENNER, Neil. *New State Spaces*: Urban Governance and the Rescaling of Statehood. Oxford: Oxford University Press, 2004, p. 117.

80 SASSEN, Saskia. *The Global City*. Princeton: Princeton University Press, 1991.

81 BRENNER, Neil. *New State Spaces*: Urban Governance and the Rescaling of Statehood. Oxford: Oxford University Press, 2004, p. 115.

82 BRENNER, Neil. *New State Spaces*: Urban Governance and the Rescaling of Statehood. Oxford: Oxford University Press, 2004, p. 116.

A prática do modelo de ocupação do espaço consistiu em uma intensificação da intervenção estatal no processo de desenvolvimento urbano e regional. Há no período uma intensa racionalização, homogeneização e padronização das estruturas subnacionais. Há também uma intensa mobilização de políticas públicas e ações de Estado com o objetivo de facilitar a expansão econômica e a reprodução social.[83]

Quanto aos *projetos espaciais do Estado*, Brenner[84] afirma que o keynesianismo espacial procurará estabelecer padrões nacionais, uniformes e centralizados de organização territorial. Nesta linha, privilegia-se a centralização intergovernamental, com o Estado central garantindo sua prevalência sobre a governança subnacional. Em outros termos, trata-se da imposição de políticas socioeconômicas nacionais sobre as locais ou regionais. Mas não só. Este modelo opera uma reorganização do governo local, transformando os estados-membros em correias de transmissão de determinadas políticas nacionais. É neste quadro que se percebe a consolidação de uma governança metropolitana, na qual iniciativas de reforma territorial terão o condão de diminuir as unidades subterritoriais, particularmente na Europa ocidental, favorecendo, assim, a desburocratização e simplificação de divisões territoriais internas.

As *estratégias espaciais do Estado* manifestam-se em ações como políticas de compensação regional, tais como financiamentos e investimentos em infraestrutura; estabilizadores espaciais automáticos, como transferências de renda e políticas fiscais compensatórias; indústrias nacionais – a monopolização do processo produtivo; novas políticas urbanas, como a regulação das atividades metropolitanas; o urbanismo gerencial, que, conforme descrito por

---

83 BRENNER, Neil. *New State Spaces*: Urban Governance and the Rescaling of Statehood. Oxford: Oxford University Press, 2004, p. 160.

84 BRENNER, Neil. *New State Spaces*: Urban Governance and the Rescaling of Statehood. Oxford: Oxford University Press, 2004, p. 135.

Harvey,[85] é a utilização dos estados-membros ou municipalidades como o *longo braço* das políticas nacionais, tentando garantir a reprodução das políticas de bem-estar em nível local; e, finalmente, a criação de sistemas de planejamento espacial em nível nacional.

A nacionalização do planejamento de ocupação espacial é uma das marcas do chamado keynesianismo espacial, sendo, não apenas nos Estados Unidos, mas em todo o chamado fordismo do Atlântico Norte, uma de suas principais marcas. É neste quadro que a normatização local irá acompanhar os desígnios da política espacial keynesiana.[86]

Reproduzimos a seguir (Quadro 1) o esquema proposto por Brenner para a inserção do keynesianismo espacial no modo de produção vivido sob o fordismo. Entre as principais consequências da adoção desta forma de ação estatal sobre o espaço, o autor ressalta a subordinação crescente de cidades e regiões ao controle regulatório do Estado central; a tendência ao alívio do desenvolvimento desigual vivido nas economias nacionais sob o capitalismo industrial; a estabilização gradual dos padrões de desenvolvimento urbano e regional; e a tendência de convergirem os diferentes níveis de renda *per capita* dentro do território nacional.[87]

---

85 HARVEY, David. *A Produção Capitalista do Espaço*. 2ª ed. São Paulo: Annablume, 2006.

86 BRENNER, Neil. *New State Spaces*: Urban Governance and the Rescaling of Statehood. Oxford: Oxford University Press, 2004, pp. 136/137.

87 BRENNER, Neil. *New State Spaces*: Urban Governance and the Rescaling of Statehood. Oxford: Oxford University Press, 2004, p. 134.

Figura 1 - Esquema de Brenner sobre o keynesianismo espacial

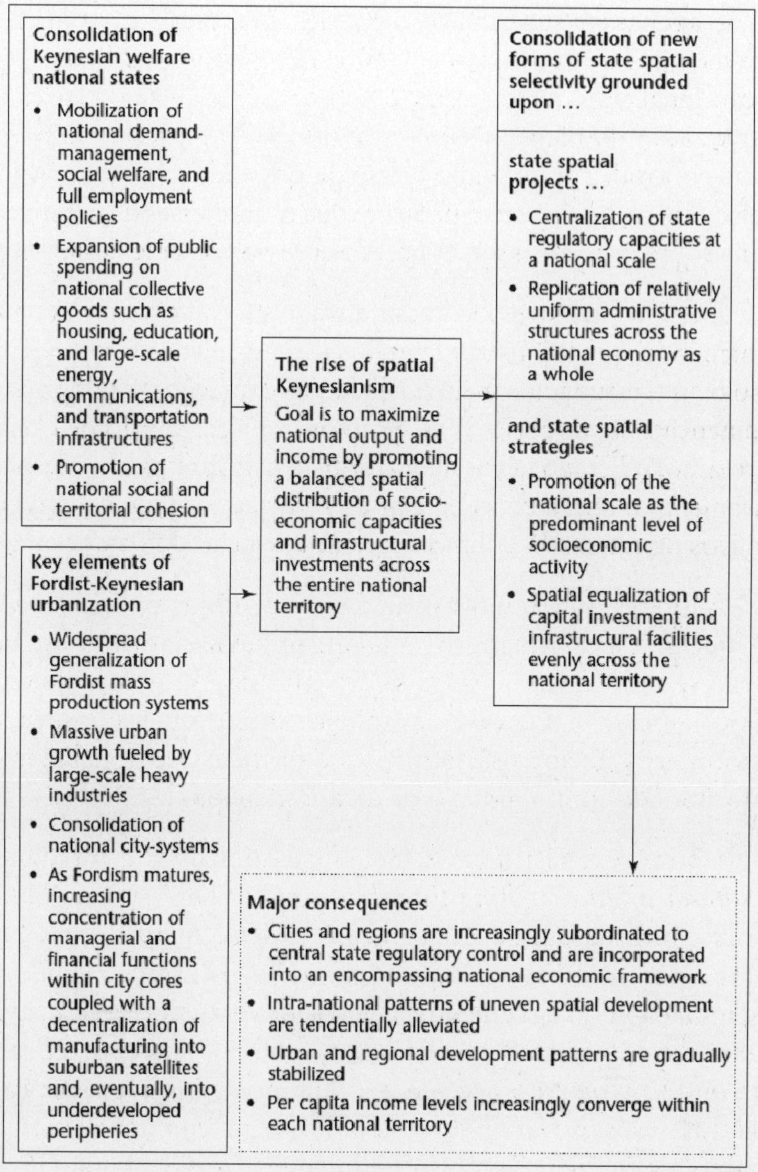

Fonte: BRENNER, Neil. *New State Spaces*: Urban Governance and the Rescaling of Statehood. Oxford: Oxford University Press, 2004, p. 134.

Nota-se, então, que a operação do modo de regulação fordista no que tange ao espaço depende de uma firme centralização nacional não apenas em sua dimensão política, mas também na jurídica. Todavia, não há necessariamente uma relação direta com a normatização local. Em outros termos, sob o keynesianismo espacial, a centralização do planejamento estatal sobre o espaço termina por influir no local. Porém, dado o fato de o Estado não ser um bloco maciço, único, há de se ter em mente que os interesses nacionais irão influir sobre os locais sem, contudo, necessariamente dissipá-los.

É este o elo entre o keynesianismo espacial e a norma de zoneamento. Enquanto instrumento local, a norma de uso e ocupação do solo aqui estudada é meio jurídico da regulação da salubridade, manutenção dos proprietários de imóveis e segregação de classes. Entretanto, o Estado keynesiano-fordista colocará para a norma de zoneamento a tarefa de assegurar a produção local do espaço conforme os desígnios da política econômico-social do Estado-nação.

É interessante notar que não são apenas as políticas nacionais que se espraiam em nível local. O keynesianismo espacial constante no fordismo age também para capturar instrumentos jurídicos locais. A Lei de Zoneamento então começa a obedecer a parâmetros nacionais: definições e práticas são legisladas em conformidade com o modelo de alcance nacional.

Como será visto, em 1936, doze anos após a introdução da *Standard State Zoning Enabling Act* – a Lei Nacional de Padronização Estadual de Zoneamento (SZEA), mais de mil e trezentas cidades adotavam normas em todos os Estados Unidos. A disseminação do instrumento, como será visto, deveu-se às ações de Hoover enquanto Secretário de Comércio. Sua concretização enquanto instrumento necessário à acumulação e reprodução do capital no espaço nacional, entretanto, ocorreu com as medidas decorrentes do *New Deal*, especialmente após a Segunda Guerra.

O que se observa aqui é que o Estado fordista norte-americano assume a tarefa não apenas de redistribuir os recursos excedentários do ponto de vista social. As relações salariais, a regulação da concorrência monopolista e a regulação do sistema financeiro operaram a canalização determinada do excedente econômico produzido não apenas em seu âmbito social, mas também no espacial. É o que Jamie Peck aponta como o estabelecimento, pelo Estado fordista, de vários regimes normativos extralocais ou interescalares que serviram para restringir e canalizar nacionalmente as opções estratégicas e as táticas comportamentais dos atores locais.[88]

Como afirma Brenner,[89] sob o fordismo, o Estado tratará de prover o público com certos padrões mínimos de bem-estar social, como a oferta de infraestrutura, por exemplo. O Estado keynesiano-fordista possui uma forma específica de atuação sobre o espaço que, diferentemente dos modos de regulação pré-fordistas, apela à centralização nacional das políticas econômicas, das políticas públicas, do planejamento e da própria construção legislativa da ocupação do espaço local.

É neste cenário que Harvey Molotch inscreve a sua tese sobre a cidade enquanto máquina de crescimento. A cidade fordista deve sempre crescer porque o fordismo opera sob o signo do crescimento infinito. A produção da cidade fordista, como indicou Henry Lefebvre,[90] deverá criar um alastrar contínuo de uma grelha urbana padronizada.

Ao final, o que Brenner procura demonstrar é que na política keynesiana há uma gestão estatal do espaço que se dá em correspondência com o pressuposto macroeconômico desenvolvido por Keynes. Se a maior inovação do keynesianismo, como apontaram Ron Martin

---

88 PECK, Jamie. "Political Economies of Scale: Fast Policy, Interscalar Relations, and Neoliberal Workfare". *Economic Geography,* vol. 78, nº 3, 2002, p. 338.

89 BRENNER, Neil. *New State Spaces*: Urban Governance and the Rescaling of Statehood. Oxford: Oxford University Press, 2004, p. 133.

90 LEFEBVRE, Henri. *The Survival of Capitalism*. NovaYork: St. Martin Press, 1976.

e Peter Sunley,[91] foi a gestão da demanda nacional agregada, a proposta de Neil Brenner é indicar que há também a consequente gestão espacial. Sob o keynesianismo, inserido no fordismo, existe então uma forma específica de o Estado lidar com a produção do espaço.

Tudo isso, em linhas gerais, significa assinalar as medidas estatais para que a espacialidade seja socialmente produzida, o que na prática impõe um viés também econômico à produção espacial. O modo de produção capitalista, como se sabe, é antes de tudo uma relação social.

Assim, dado que o objeto desta tese é uma norma jurídica, ela será analisada então à luz do contexto aqui descrito: a produção espacial no capitalismo, em que frações de classe se organizam em torno do crescimento, cujo suporte socioeconômico nacional se dá em torno do que se chamou modo de regulação do fordismo periférico. Tal modo articula formas específicas de regulação do espaço pelo Estado, de onde emana a norma jurídica. Por isso o mecanismo dogmático tradicional de análise da norma jurídica é incapaz de dar o suporte teórico aqui exigido. A lei municipal de zoneamento de São Paulo está inscrita em um quadro mais amplo, macrojurídico.

Este quadro, como já afirmaram Bercovici e Massonetto,[92] é a essência do Direito Econômico, que, de acordo com esses autores, após Bretton Woods, desenvolve-se como disciplina estritamente ligada à revolução teórica keynesiana. O Direito Econômico, ramo do Direito que por definição regula a política econômica do Estado, costuma ser analisado mais sob o aspecto de seu conteúdo do que do ponto de vista metodológico.

---

91 MARTIN, Ron; SUNLEY, Peter. "The Post-Keneysian State and the Space Economy". *In*: LEE, Roger; WILLIS, Jane. *Geographies of Economies*. Londres: Routledge, 1997, p. 870.

92 BERCOVICI, Gilberto; MASSONETTO, Luís Fernando. "Limites da Regulação: Esboço para Uma Crítica Metodológica do 'Novo Direito Público da Economia'". *Revista de Direito Pública da Economia*, vol. 7, nº 25, 2009, p. 139.

Como se verá a seguir, esta tese parte da ideia de que a Lei de Zoneamento está inserida na metódica do Direito Econômico, sendo alinhada ao Direito Administrativo apenas em seu aspecto formal. Por isso, observar a Lei de Zoneamento sob o viés econômico pressupõe incluí-la na macrojuridicidade do Direito Econômico.

1.4 Direito Econômico, norma jurídica e apropriação do excedente

Uma vez analisada a teoria do keynesianismo espacial, cumpre inserir a questão jurídica na abordagem proposta por esta pesquisa. O aporte teórico até aqui apresentado pressupõe que há certa dinâmica social que condiciona a norma jurídica de zoneamento.

Porém, se a dogmática tradicional do Direito Público – administrativo, em especial – não dá conta de discutir a regulação jurídica do espaço nos termos apresentados, é necessário encontrar um aporte que consiga dimensionar o Direito na perspectiva proposta por esta pesquisa. Como já foi dito, é no Direito Econômico que se encontrará essa possibilidade.

1.4.1 Direito Urbanístico e Direito Econômico

Há na dogmática jurídica uma falsa discussão acerca do Direito Urbanístico. Falsa não pelo seu mérito, mas pela premissa: discute-se se o Direito Urbanístico seria afiliado ao Direito administrativo ou ao econômico. Entendemos que, se os procedimentos derivados das normas Urbanísticas são de cunho administrativo, a regulação jurídica do espaço urbano é antes de tudo social, macrojurídica. Vejamos.

Por questões históricas, cria-se um ramo autônomo do Direito cuja matriz teórica estaria no Direito Administrativo. Assim, as normas de conteúdo urbanístico prendem-se à dogmática administrativista, e, como tal, impinge-se a elas um conteúdo limitador dos poderes da administração. Não porque o Direito Administrativo seja em si liberal, mas a produção nacional da disciplina, inclusive por razões históricas, bebe desta matriz. Enquanto o berço alemão do Direito Público está inserido no *polizeistaat*, o Direito Administrativo nacional sofre duras cargas liberais.

A questão é que o Direito Urbanístico parece operar em uma chave oposta à proposição liberal. Sob o aspecto da propriedade imóvel, por exemplo, pode-se dizer que o padrão constitucional estabelecido em 1988 confirma uma orientação autorizativa-limitadora do uso da propriedade. Respeitando a premissa weimeriana de que a *propriedade obriga*, a função social da propriedade urbana obedece à proposição de Karl Renner,[93] que diz que a sociabilidade conferida à propriedade modifica seu conceito.

Desta forma, há no Direito Urbanístico um caráter *supostamente* interventor, no sentido de que este conferiria à norma urbanística um viés garantidor da intrusão do Estado sob o domínio econômico. Dizemos *supostamente* porque desconfiamos de que a própria noção de que há um Estado interventor nos *domínios da economia* seja originada de uma matriz liberal.

Já nos pronunciamos acerca das implicações jurídicas do abandono desta falsa dicotomia estabelecida entre Estado e mercado.[94] Eros Grau,[95] combatendo a noção de que Estado e mercado são formas apartadas, coloca que, em sua formação moderna, o Estado foi inicialmente voltado para a constituição e preservação do modo de produção social capitalista. Ou seja, como enfatizou

---

93 RENNER, Karl. *The institutions of the private law and their social functions*. Londres: Routledge & K. Paul, 1949.

94 SALGADO, Rodrigo. "Elementos Jus Econômicos do Direito Urbanístico". *Revista dos Tribunais São Paulo*, vol. 2, nº 5-6, maio-junho. São Paulo: Revista dos Tribunais, 2014.

95 GRAU, Eros. *A Ordem Econômica na Constituição de 1988*. 12ª ed. São Paulo: Malheiros, 2007, p. 19.

Braudel,[96] o capitalismo só triunfa quando se identifica com o Estado, quando é Estado.

Cumpre então buscar um suporte analítico que entenda o Direito – e o Estado – como parte desta relação social que é o modo de produção capitalista. Se a dogmática jurídico-administrativa serve para organizar a aplicação da norma, ela nos parece insuficiente para a análise aqui proposta.

Em outra medida, o Direito Econômico surge como suporte metodológico. Como afirma Fábio Konder Comparato,[97] a concepção mais acertada para definir o Direito Econômico é aquela que o coloca como tradução jurídica da economia dirigida. É o instrumentalizador da política econômica.

Tomando o conceito de política econômica como o estudo das formas e efeitos da intervenção do Estado na vida econômica,[98] assume-se aqui que a ação do Estado sobre a produção econômica do espaço é, em alguma medida, parte deste conceito ampliado de política econômica. Sendo assim, a norma que regula economicamente o espaço urbano está também em alguma medida conformada dentro do Direito Econômico.

Como indica Luís Fernando Massonetto,[99] a função pública como princípio do Direito Urbanístico decorre do caráter social da atividade urbanística de produção capitalista do espaço. Nota-se

---

96 BRAUDEL, Fernand. *Civilização Material, Economia e Capitalismo, Séculos XV – XVIII. vol. 2: O Jogo das Trocas*. 2ª ed. São Paulo: Martins Fontes, 2009, pp. 468 e ss.

97 COMPARATO. Fábio Konder. "O Indispensável Direito Econômico". *Revista dos Tribunais*, nº 353, março, 1965, pp. 14 e ss.

98 BERCOVICI, Gilberto. "Política Econômica e Direito Econômico". *Revista da Faculdade de Direito da Universidade de São Paulo*, vol. 105, 2010, p. 390.

99 MASSONETO, Luís Fernando. "Pontos Cegos da Regulação Urbanística: notas sobre uma regulação programática entre o Direito Econômico e o Direito Urbanístico". *Revista Forum de Direito Financeiro e Econômico*, vol. 4, nº 6, 2015, p. 142.

aqui que, apesar de evidente, não são poucos os autores que parecem negar tal fato. Mesmo ao citar a produção bibliográfica brasileira, de José Afonso da Silva,[100] é hábito que autores da corrente majoritária do Direito Urbanístico se distanciem desta afirmativa.

Mesmo na doutrina estrangeira é possível verificar tal postura. Fernando Alves Correa, por exemplo, define o Direito do urbanismo como:

> o conjunto de normas e de institutos respeitantes à ocupação, uso e transformação do solo, isto é, ao complexo das intervenções e das formas de utilização deste bem (para fins de urbanização e de construção, agrícolas e florestais, de valorização e proteção da natureza, de recuperação de centros históricos etc.).[101]

Parece-nos mais adequada a definição para a regulação da atividade urbanística proposta por Massonetto, que caracteriza o Direito Urbanístico como:

> o sistema normativo voltado à regulação da atividade urbanística em sua dimensão integral e que tem o seu fundamento de legitimidade na construção social do espaço urbano e na gestão política da infraestrutura das cidades. Pensar a função pública do urbanismo não significa, assim, admitir o protagonismo do Estado no processo de produção do espaço urbano, mas sim pensar nas atribuições do Estado na gestão política desta atividade social.[102]

---

100 SILVA, José Afonso da. *Direito Urbanístico Brasileiro*. 7ª ed. São Paulo: Malheiros, 2012.

101 CORREIA, Fernando Alves. *Manual de Direito do Urbanismo*. 3ª ed. Coimbra: Edições Almedina, 2006, p. 58.

102 MASSONETO, Luís Fernando. "Pontos Cegos da Regulação Urbanística: notas sobre uma regulação programática entre o Direito Econômico e o Direito Urbanístico". *Revista Forum de Direito Financeiro e Econômico*, vol. 4, nº 6, 2015, p. 143.

Como pontua esse autor, nota-se que as técnicas jurídicas que sustentam as modalidades de atuação do Estado na economia são plenamente aderentes à regulação urbanística. Seja analisando a ação estatal sob as perspectivas diretiva ou indutiva, nos dizeres de Eros Grau,[103] seja por inserir o complexo do Direito Urbanístico na perspectiva macrojurídica, retirar da divisão enciclopédico-dogmática a organização jurídica do espaço urbano de uma simplista filiação administrativista ou mesmo publicista confere ao seu estudo rigor e estofo em melhor nível. Conforme Massonetto,[104]

> a produção do espaço urbano e sua pretensa coerência estruturada em relação à produção e ao consumo exigem uma regulação que extrapole as limitações do poder de polícia do direito de propriedade ou a disciplina das relações de vizinhança, as posturas locais e das licenças edilícias.[105]

Esta aproximação da norma de Direito Econômico enquanto autorização jurídica para a intervenção do Estado na ordem privada já confere de fato alguma similaridade entre o conteúdo da regulação urbanística e a norma de Direito Econômico. Concordam em maior ou menor medida com esta afirmação, entre outros, Fabio

---

103 GRAU, Eros. *A Ordem Econômica na Constituição de 1988*. 12ª ed. São Paulo: Malheiros, 2007.

104 Assinala-se apenas que o autor também desenvolve as conexões necessárias do Direito Urbanístico com o Direito Financeiro. O ramo do Direito que expressa a regulação do fundo público tem também íntimas conexões com a regulação do espaço urbano. Para mais informações, vide: MASSONETO, Luís Fernando. “Pontos Cegos da Regulação Urbanística: notas sobre uma regulação programática entre o Direito Econômico e o Direito Urbanístico”. *Revista Forum de Direito Financeiro e Econômico*, vol. 4, nº 6, 2015, p. 149.

105 MASSONETO, Luís Fernando. “Pontos Cegos da Regulação Urbanística: notas sobre uma regulação programática entre o Direito Econômico e o Direito Urbanístico”. *Revista Forum de Direito Financeiro e Econômico*, vol. 4, nº 6, 2015, p. 146.

Konder Comparato,[106] Luís Cabral de Moncada,[107] Washington Peluso Albino de Souza[108] e Eduardo Paz Ferreira.[109]

Diante do exposto, o que se apresenta aqui é uma análise que escapa à dogmática publicista tradicional. Absorve-se a metódica do Direito Administrativo: o poder de polícia e as relações jurídicas entre a administração e os agentes privados. Porém, nesta tese buscamos inserir a norma urbanística em um contexto macrojurídico, como participante da política econômica estatal. O conteúdo inerentemente público da norma urbanística não reside apenas na participação do agente público. A produção urbana é uma produção social e, como tal, é também pública.

1.4.2 Direito Econômico e regulação do excedente

Apresentamos o Direito Econômico como sendo o instrumentalizador da política econômica do Estado. Tudo indica, inclusive, que o conceito esteja por demais sedimentado dentro do próprio ramo do Direito aqui citado.

Além disso, indicamos também as inúmeras conexões entre a norma jurídica de regulação urbanística e o Direito Econômico. Ao que parece, ainda que se valha da noção de política econômica enquanto efeito da intervenção estatal na vida econômica, há pontos de contato suficientes para encaixar a regulação espacial urbana neste contexto.

---

106 COMPARATO, Fábio Konder. "O Indispensável Direito Econômico". *Revista dos Tribunais*, nº 353, março, 1965, p. 14.

107 MONCADA, Luís S. Cabral de. *Direito Económico*. 5ª ed. Coimbra: Coimbra, 2007, p. 16.

108 SOUZA, Washington Peluso Albino de. *Lições de Direito Econômico*. Porto Alegre: Sergio Fabris Editor, 2002, p. 60.

109 FERREIRA, Eduardo Paz. *Direito da Economia*. 1ª ed. reimpressão de 2008. Associação Acadêmica da Faculdade de Direito de Lisboa: Lisboa, 2008, p. 20.

A questão colocada, então, é consequencial: qual a resultante social da aplicação de uma determinada política econômica? Em outros termos: uma vez entendida sob o viés da regulação econômica do espaço (do ponto de vista macrojurídico), a norma de Direito Urbanístico gera quais consequências?

Dentre as respostas possíveis para essa pergunta, trabalharemos nesta pesquisa a proposição de que a norma de Direito Econômico é reguladora da apropriação do excedente. Como se trata de norma reguladora do espaço urbano, adotaremos a premissa de que a norma de Direito Urbanístico regula a apropriação dos recursos excedentários no espaço e no tempo.

Primeiramente, cumpre definir o que é *excedente econômico*. Produto natural das transações econômicas, o conceito de excedente possui ao menos três definições possíveis. Sob os ortodoxos neoclássicos, o excedente pode ser conceituado como "o valor total atribuído pelos compradores dos bens, medido por sua disposição para pagar, menos o custo total dos vendedores que fornecem esses bens".[110]

Em contrapartida, o conceito marxista de excedente relaciona-se tanto à própria mais-valia quanto à ideia de mais-trabalho. Para Marx, a produção capitalista é essencialmente produção de valor excedente e absorção de trabalho excedente.[111] Ou seja, a noção de excedente está imbricada no próprio capital, que na ânsia de cumprir seu movimento como valor que se valoriza a partir do trabalho humano. Assim, para as teses marxianas, o destino do capital é produzir seu excedente a partir do trabalho assalariado. E tal excedente, como visto, é em parte apropriado pelo burguês

110 MANKIW, N. Gregory. *Introdução à Economia*. São Paulo: Cengage Learning, 2014, p. 139.

111 FREITAS, Luis Fernando Alcoba de. *O Excedente Econômico*. Porto Alegre: Universidade Federal do Rio Grande do Sul, Faculdade de Ciências Econômicas, 2006, p. 71. (Dissertação de Mestrado em Economia).

e em parte é reinvestido na forma de capital para que este siga sua sina de se autovalorizar.

Há ainda a visão dos economistas heterodoxos. Existem entre eles entendimentos diversos, que, de alguma forma, tendem a dar guarida à noção de que o excedente econômico é a forma de se medir a renda total obtida da propriedade dos fatores de produção. Utilizaremos aqui o sentido dado por Celso Furtado, para quem – assim como para Marx – os produtos excedentários são ligados aos processos de acumulação. Furtado, inclusive, trata da questão do excedente a partir dos estratos sociais que dominam os fatores de produção, apontando para a necessidade de interligar as teses sobre o excedente e as teses da estratificação social, formulando uma teoria do excedente social que dê conta de estudar como as formas de dominação engendram as desigualdades na repartição do produto social, ou definem as opções a tomar na utilização do excedente.[112]

Como apontado por Bercovici e Massonetto, há um elo entre todas as proposições. Ainda que os economistas ortodoxos primem pela análise dos comportamentos individuais, o conceito de excedente em todas as formas aqui descritas aponta para a noção de acréscimo da utilidade.[113]

De toda maneira, toma-se aqui a noção de excedente sob a premissa marxista-furtadiana. Advindo das relações sociais de produção, o excedente é então consequência do processo de acumulação. E como já afirmamos, o Direito Econômico, ao instrumentalizar a política econômica do Estado, participa do processo de distribuição do excedente socialmente gerado.

Conforme apontam os autores:

---

112 FURTADO, Celso. *Pequena Introdução ao Desenvolvimento*: enfoque interdisciplinar. São Paulo: Nacional, 1980, pp. 47-49.

113 BERCOVICI, Gilberto; MASSONETTO, Luís Fernando. "Limites da Regulação: Esboço para Uma Crítica Metodológica do 'Novo Direito Público da Economia'". *Revista de Direito Pública da Economia*, vol. 7, nº 25, 2009, p. 143.

> O Direito Econômico, ao tratar a ordenação dos processos econômicos, ou da organização jurídica dos espaços de acumulação, em uma perspectiva macrojurídica, incide diretamente nos planos analíticos da estratificação da sociedade e da estrutura de poder da sociedade, ou seja, cada opção de organização jurídico-econômica incide diretamente na distribuição do excedente, na possibilidade ou não da redução das desigualdades a médio e longo prazo. É justamente esta a especificidade do Direito Econômico em face de outras disciplinas jurídicas que também colaboram na organização da acumulação.[114]

Desta forma, o ramo do Direito que trata da organização jurídica dos espaços de acumulação é também aquele que organiza a acumulação e reprodução do excedente no espaço.

Somando esta ideia à proposta do tópico anterior, configura-se a abordagem analítica do objeto desta pesquisa: trataremos a Lei de Zoneamento da cidade de São Paulo de 1972 sob o viés de uma norma econômico-regulatória do espaço que, como tal, define a apropriação do excedente econômico socialmente gerado.

E é importante lembrar, como indica Celso Furtado,[115] que a apropriação do excedente é relação sincrônica e diacrônica, ou seja, se dá no tempo. Assim, além de a apropriação demonstrar as relações sociais de produção em um determinado momento, ela condiciona a reprodução do excedente aplicado – o capital – no tempo. Em um dado momento, as desigualdades presentes condicionam a desigualdade futura, através da apropriação do excedente econômico.

---

114 BERCOVICI, Gilberto; MASSONETTO, Luís Fernando. "Limites da Regulação: Esboço para Uma Crítica Metodológica do 'Novo Direito Público da Economia'". *Revista de Direito Pública da Economia*, vol. 7, nº 25, 2009, p. 144.

115 FURTADO, Celso. *Pequena Introdução ao Desenvolvimento*: enfoque interdisciplinar. São Paulo: Nacional, 1980, p. 66.

Ainda, a apropriação dos recursos excedentários pode existir na sua forma autoritária ou pela via mercantil.[116] As autoritárias são, em geral, regras jurídicas. Já a forma mercantil de apropriação do excedente é fundada nas operações de troca, sendo complementar e posterior à autoritária.

Por isso, a norma que regula a apropriação do excedente econômico em um momento dado condiciona sua apropriação em termos diacrônicos. Portanto, há de se ter em mente que, se a Lei de Zoneamento é tradução das relações sociais de produção em um dado momento, ela também condiciona a apropriação dos recursos excedentários no tempo, na medida em que viabiliza a produção econômica do espaço urbano nos termos por ela definido. Além disso, indica como os termos da apropriação mercantil acontecerão a partir de sua propugnação, já que, enquanto reguladora da atividade econômica, define onde e como as relações mercantis se darão dentro do espaço urbano por ela regido.

Pelo exposto, entendemos que a norma de zoneamento é também condicionadora da apropriação do excedente econômico no espaço. É possível, inclusive, que esta face seja aplicável a outros instrumentos do Direito Urbanístico, o que não será verificado nesta tese.

1.5 Quadro sinótico dos pressupostos teóricos levantados

Nestas quase cinquenta páginas, apresentamos uma quantidade significativa de pressupostos teóricos que compõem a análise do objeto aqui descrito. Para tornar mais fácil a compreensão dessa análise, listaremos o que foi exposto até aqui.

---

116 FURTADO, Celso. *Pequena Introdução ao Desenvolvimento*: enfoque interdisciplinar. São Paulo: Nacional, 1980, pp. 67/68.

- A cidade como produto das relações sociais de produção. Adotando as ideias de David Harvey e Harvey Molotch, algumas premissas guiam o entendimento de como o fenômeno urbano é aqui observado.

- Primeiro, como produto das relações sociais de produção. Ou seja, a cidade é tomada como parte do modo de produção capitalista, seja porque a sociabilidade do capitalismo industrial se dá na cidade, seja porque a construção do urbano torna-se, a partir do capitalismo industrial, componente importante deste modo de produção. Além disso, o emprego do capital no espaço ocorre via ajuste espacial (*spatial fix*), o que significa que a qualificação e a requalificação do espaço urbano estão inseridas no processo econômico. O *spatial fix* é a forma como o capital opera no espaço para consumir o excedente criado das relações de produção.

- Há ainda de se ter em mente que esta necessidade de construir o espaço – especialmente em nível local – ocorre sob um arranjo de frações da classe capitalista. A ideologia da cidade enquanto máquina de crescimento (*growth machine*) fornece a liga social necessária para que o excedente econômico seja canalizado de forma mais homogênea. Ou seja, a *growth machine* fornece a premissa para que as frações da elite se organizem em torno de uma pauta unificadora. Esta pauta, segundo Molotch, é a que organiza as frações de classe na década de 1970 nos Estados Unidos.

- O modo de regulação fordista e seu correlato, o fordista periférico.

- Modo de regulação, articulado a partir das seguintes instituições: um regime monetário, a forma da concorrência intercapitalista, a relação salarial, a forma de organização do Estado e como ele se relaciona com outras nações. No modo de regulação fordista, observou-se um *aumento do potencial de progressão da produtividade, estabilidade do compromisso capital/trabalho* e *fraca abertura internacional*. Ainda, a lógica concorrencial opera sob forte *regime monopolista* ou *oligopolista* e o Estado se organiza primordialmente sob a forma do chamado *estado de bem-estar*.

- O fordismo periférico é consequência do fordismo inacabado de algumas nações que, ao longo da década de 1930, tentaram sem sucesso empreender um regime de acumulação fordista e seu consequente modo de regulação. Ainda, o fordismo periférico (ou subfordismo) é condição para a expansão mundial do fordismo central. Ou seja, a suposta incompletude do sistema é parte integrante do processo de mundialização do modo de regulação fordista. Tais questões trazem consequências para a produção do espaço – urbano e rural. Ressalta-se aqui que a cidade, no fordismo periférico, organiza-se sob marcos análogos ao modo de regulação citado por Lipietz. A classe média urbana limitada pelo quadro descrito traz consigo a necessidade de uma prestação precária de serviços, que implica na precarização de todo o espaço urbano onde as classes baixas residem. No subfordismo, a industrialização limitada cria uma classe consumidora também limitada, o que implica no surgimento de metrópoles precárias em países como o Brasil.

- O keynesianismo espacial, que nada mais é do que o desdobramento das ações e estratégias do Estado sobre o espaço. Tomando por análise o espaço urbano, o keynesianismo espacial centraliza a planificação e ação estatal sobre o espaço, transformando os entes estatais, locais ou regionais, em correias de transmissão, em maior ou menor medida. Trata-se da forma de atuação do Estado no espaço sob o fordismo.

- A Lei de Zoneamento é entendida neste trabalho como uma norma jurídica de regulação econômica do espaço. Sob o prisma do Direito Econômico, entende-se a norma de zoneamento como parte – ainda que indireta – da instrumentalização da política econômica do Estado. Além disso, essa lei é tomada como reguladora da apropriação do excedente, o que implica em sua análise temporal e espacial.

- Do ponto de vista temporal sincrônico, a instituição de uma Lei de Zoneamento expõe um momento dado, no sentido de mostrar como as relações de produção e apropriação do excedente definem o uso e ocupação do espaço. Já de uma perspectiva diacrônica, a Lei de Zoneamento ajuda a condicionar como o excedente será gerado no tempo, seja através da valorização do espaço urbano (uma apropriação dos recursos excedentários de forma autoritária), seja através da viabilização da atividade econômica, que garante a apropriação de excedente na sua forma mercantil.

- Já do ponto de vista espacial, dado que a Lei de Zoneamento condiciona como o espaço urbano será criado – a forma de uso, o volume construído e a altura –, a relação diacrônica estabelece também uma forma determinada de apropriação dos recursos excedentários gerados no espaço. A mais-valia imobiliária do ambiente construído enquanto valor de troca é também regulada pela Lei de Zoneamento.

- Uma vez analisadas estas premissas teóricas, passaremos à segunda parte da pesquisa, na qual será apresentado um recorte histórico de dois momentos que, nesta tese, consideramos importantes para a verificação da hipótese. O primeiro é o surgimento efetivo do instrumento de zoneamento urbano, em Frankfurt-am-Main, em 1891. O segundo é a adoção do zoneamento nos Estados Unidos a partir de 1916 – procuraremos demonstrar como o instrumento foi rapidamente absorvido por todas as cidades norte-americanas e as influências que o modo de regulação fordista exerce sobre este processo.

PARTE II

O ZONEAMENTO EM FRANKFURT E NOS ESTADOS UNIDOS DA AMÉRICA

CAPÍTULO II

A SOLUÇÃO ADICKES: O ZONEAMENTO DE FRANKFURT

Em 1910, Benjamin Clarke Marsh, pioneiro do planejamento urbano nos Estados Unidos, discursou na Segunda Conferência Nacional sobre Planejamento Urbano e Congestionamento Humano, em Rochester, Nova York. No seu discurso, Marsh apontava que o excesso de população nas grandes cidades, segundo ele, a principal causa dos males urbanos, era resultado da exploração e da proteção de privilégios, devendo ser tratado como problema econômico e resultado de questões econômicas.[117]

Marsh foi um aficionado pelo planejamento urbano alemão, em especial o modelo de Frankfurt, à qual se referia como ideal de cidade moderna.[118] Enviado à Europa para estudar o assunto pelo

---

117 "Congestion of population is primarily the result of protected privilege and exploitation, and must be dealt with largely as an economic problem and the result mainly of economic conditions". mai. 1910. Disponível em: http://urbanplanning.library.cornell.edu/DOCS/marshpop.htm. Acessado em: 30.05.2022.

118 MULLIN, John. "American Perceptions of German City Planning at the Turn of the Century". *Landscape Architecture & Regional Planning Faculty*

New York Comitee on Congested Population, Benjamin Marsh afirmava que "a parte mais importante do planejamento urbano, assim como a saúde futura da cidade, diz respeito ao ato de dividir os distritos urbanos em zonas".[119]

A referência ao planejamento alemão não era exclusividade de Marsh. Como aponta Peter Hall, um dos pioneiros do planejamento urbano norte-americano foi também um dos maiores entusiastas da organização política, econômica e legislativa do espaço urbano alemão. Se aos olhos dos mesmos alemães suas cidades não eram perfeitas, aos olhos dos britânicos e americanos elas eram um modelo a ser seguido, em especial Frankfurt-am-Main, que havia adotado, em 1891, seu primeiro plano de zoneamento.[120]

A rápida industrialização de Frankfurt, a partir do último quartel do século XIX, não aconteceu sem efeitos sobre seu espaço. A presença da indústria no perímetro urbano e, principalmente, o adensamento populacional em determinadas áreas da cidade colocaram seus cidadãos diante de um conflito iminente: de um lado, os proprietários de imóveis sentiam-se ameaçados pela desvalorização que a presença de novas fábricas causaria ao seu patrimônio. De outro, edifícios eram ocupados por pessoas de classes sociais distintas. A possibilidade de construção de edifícios de alta densidade em áreas valorizadas da cidade desagradava uma elite que queria se manter distante da classe trabalhadora pobre.[121] A solução do

---

Publication Series, 1976, p. 11. Disponível em: http://scholarworks.umass.edu/larp_faculty_pubs/35. Acessado em: 08.06.2022.

119 "[t]he most important part of city planning as far as the future health of the city is concerned is the districting of the city into zones". KANTOR, Harvey A. "Benjamin C. Marsh and the Fight over Population Congestion". *Journal of the American Institute of Planners*, 1974, p. 424.

120 HALL, Peter. *Cities of Tomorrow*: an Intellectual History of Urban Planning and Design Since 1880. 4ª ed. Oxford: Willey Blackwell, 2014, p. 35.

121 SOMEKH, Nadia. *A Cidade Vertical e o Urbanismo Modernizador*: São Paulo, 1920-1939. São Paulo: FAU-USP, 1994, pp. 37-39. (Tese de Doutorado).

Prefeito de Frankfurt, Franz Adickes, foi o estabelecimento de zonas de uso do solo.

2.1 O zoneamento em Frankfurt

Franz Adickes foi prefeito de Frankfurt entre 1890 e 1912. Era formado em Direito e havia sido prefeito-adjunto das cidades de Dortmund e Altona. Estudioso das questões urbanas, é autor de *Expansão Urbana*, um dos principais textos alemães de sua época sobre o planejamento urbano, que trata de vários conceitos que serão aplicados em toda a Alemanha. A divisão que propõe entre *cidade interna* e *cidade externa* possibilitou a transformação mais radical das áreas urbanas mais novas, ao mesmo tempo em que preservava o centro histórico, mais valorizado.[122] É sob sua gestão na Prefeitura de Frankfurt, a partir de 1891, que a Alemanha conhecerá uma normatização completa e flexível do espaço urbano.[123]

A Lei de Zoneamento de Frankfurt, de 1891, é considerada a primeira legislação a traçar globalmente as possibilidades de uso do solo em relação à função do imóvel e a tratar da densidade possível das edificações em determinado local da cidade. Pouco tempo depois, outras nações europeias, além dos Estados Unidos, despertarão interesse em conhecer a nova prática de planejamento urbano: o zoneamento.

Na verdade, a adoção de zonas específicas de ocupação do solo não era propriamente uma novidade na Europa. Calabi lembra que o edital napoleônico de 1810[124] talvez tenha sido o precursor

---

122 CALABI, Donatella. *História do Urbanismo Europeu*. São Paulo: Perspectiva, 2012, p. 133.

123 CALABI, Donatella. *História do Urbanismo Europeu*. São Paulo: Perspectiva, 2012.

124 O Decreto Imperial de 15 de outubro de 1810 tratava sobre a instalação de fábricas e oficinas que transmitissem odores insalubres ou inconvenientes. Em seus 14 artigos, e no documento anexo a ele, o ordenamento

do modelo de ocupação de acordo com a função a ser exercida no espaço. Mesmo em Berlim já havia sido aprovado, em 1862, um modelo de planejamento para a cidade. Outro exemplo é a reestruturação promovida por Haussmann em Paris. A divisão dos quarteirões de acordo com determinados padrões construtivos – que separavam ricos e pobres – pode ser considerada uma forma de pré-zoneamento da cidade na medida em que estabelece normativas para a ocupação do espaço urbano.

Em Frankfurt, a normatização do espaço da cidade em zonas tem origem em práticas que Franz Adickes já vinha lentamente desenvolvendo em Altona, onde havia trabalhado com planejamento urbano. A questão é que, na cidade de Frankfurt, o prefeito vai além. Antes dessa experiência, os planos ou não tratavam da cidade como um todo ou não determinavam a localização no espaço da atividade a ser desenvolvida. Assim, se o modelo de destinar o solo a usos específicos, bem como de limitar o uso do lote, não era novidade na legislação urbanística europeia, a forma como o zoneamento é apresentado em 1891 em Frankfurt é, sim, algo novo.

O plano era simples: limitar a densidade das edificações em relação ao local e determinar funções específicas para o uso do solo – residências, comércio e indústria –, a fim de evitar tanto o congestionamento humano quanto os males da indústria à saúde e às finanças dos moradores e proprietários da cidade.

Em um momento em que o discurso sanitário ganha força em função das doenças contagiosas e da falta de saneamento que a persistente migração para os centros urbanos havia aprofundado

---

imperial fazia ainda referência à instalação de atividades insalubres em áreas afastadas da zona urbana, elencando em seu anexo as espécies de atividades que nelas se enquadravam. "Décret impérial du 15/10/1810 relatif aux Manufactures et Ateliers qui répandent une odeur insalubre ou incomode". *Aida*. Disponível em: http://www.ineris.fr/aida/consultation_document/3377. Acessado em: 31.05.2022.

em localidades como Frankfurt, a ideia de separar a cidade em zonas aparece como solução mediada pelo poder público para dirimir os conflitos emergentes. Ao preservar grandes porções de áreas na periferia da cidade para a atividade industrial, Adickes garantia os interesses dos proprietários de imóveis, sem inviabilizar o crescimento da indústria local.

Assim, a partir de 1891, Frankfurt passa a ter planos sistemáticos de zoneamento, sendo que nos vinte anos subsequentes, novos estudos sobre a ocupação e uso do solo daquela cidade foram publicados, ao menos em 1900 e 1910.

Conforme é possível observar no mapa de instrução de 1910, a parte central escura indica o centro da cidade (a cidade interna – *innenstadt*). Já as áreas em cinza claro, na periferia da cidade, responde pelos bairros fabris (*fabrikviertel*). Na norma que regulou a ocupação do solo, havia ainda diretrizes para o adensamento do solo. No caso de Frankfurt e de outras cidades, como Berlim, o adensamento foi controlado pela quantidade de andares que os edifícios construídos naqueles locais poderiam comportar.

Figura 2 - Plano de zoneamento de Frankfurt de 1910

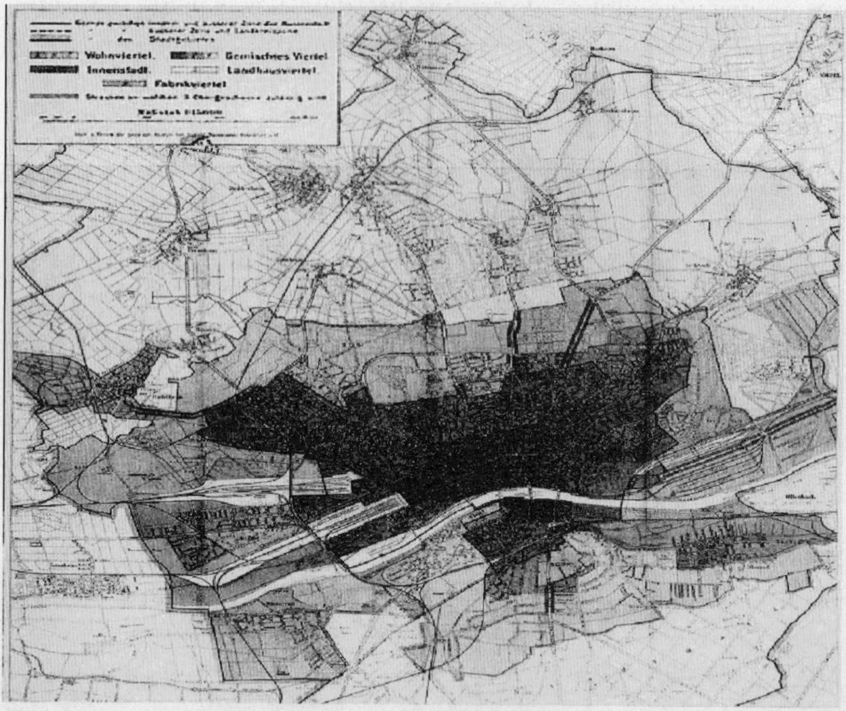

Fonte: Franco Mancuso[125]

Porém, se as questões econômicas preconizavam as ações do município sobre a divisão da cidade em zonas, o discurso em toda Alemanha era o sanitário. Conforme aponta Donatella Calabi,[126] com uma matriz higiênica evidente, um dos principais motes do zoneamento alemão era o de garantir a ventilação e iluminação das habitações, evitando o alastramento de doenças e garantindo um mínimo de salubridade aos seus residentes. Como se verá logo adiante, o discurso público da salubridade escondia na verdade o

125 MANCUSO, Franco. *Las Experiencias del Zoning*. Barcelona: Gustavo Gili, 1980, p. 138.

126 CALABI, Donatella. *História do Urbanismo Europeu*. São Paulo: Perspectiva, 2012, p. 128.

interesse dos abastados em residir longe dos pobres. Mas, ao menos no discurso oficial, o zoneamento de Adickes visava garantir o bem-estar de todos.

Na prática, o plano de Frankfurt consistiu na implantação de faixas concêntricas, atribuindo a cada uma delas normas diferenciadas por atividades de construção. Trouxe um arcabouço de diferentes normas para cada porção do território, garantindo limites de pavimentos, altura das edificações, área coberta de cada lote edificável e os tipos de uso do solo para cada local.

Como assinala Donatella Calabi,[127] trata-se do primeiro plano de zoneamento completo e detalhado, já que envolve todo o território municipal e abrange todos os setores da construção. Por este motivo entrou para a história. Ao organizar as duas principais linhas de instrumentalização da reforma urbana da época – regulamentos construtivos diferenciados em relação ao local e planos de alinhamentos modificáveis no tempo –, o zoneamento de Adickes mitigou os impactos do processo de expulsão sistemática das fábricas do território urbano. Ao criar os bairros fabris, o novo modelo possibilitou uma maior adequação entre os interesses do capital imobiliário e do capital industrial, que ganhava força rapidamente no período.

Assim, ao organizar a expansão da indústria, o plano de 1891 confere tanto uma maior previsibilidade ao investimento nas áreas centrais, quanto possibilita a manutenção da expansão da atividade industrial. Ainda, se a expulsão de atividades nocivas das áreas centrais das cidades remonta ao século XV,[128] a partir de então passa a existir um planejamento sistemático para a ocupação do solo por este tipo de atividade.

---

127 CALABI, Donatella. *História do Urbanismo Europeu*. São Paulo: Perspectiva, 2012, p. 132.

128 CALABI, Donatella. *História do Urbanismo Europeu*. São Paulo: Perspectiva, 2012.

Não por menos, o arranjo proposto em Frankfurt se espalhará pela Alemanha. O plano de zoneamento de Berlim é desenvolvido em 1892, os de Colônia e Magdeburgo, em 1896, e o de Hale, em 1898. Posteriormente, Londres e, no início do século XX, Chicago e Nova York formulam suas legislações de zoneamento inspiradas pelo modelo frankfurtiano.

Ressalta-se aqui que a normatização do uso do solo em zonas foi severamente questionada na época. Considerada um ataque ao direito de propriedade, a judicialização da discussão sobre zoneamento foi inevitável. Àquela época, entretanto, a discussão sobre a regulação da propriedade em benefício social já estava relativamente avançada na Alemanha, como se verá a seguir. Talvez por isso, como indica Calabi, o judiciário tenha salvaguardado o direito da municipalidade em estabelecer o sistema de zonas.

A segunda metade do século XIX foi um período de intensa mobilização da sociedade alemã. A época imperial havia introduzido a industrialização em grande escala e, com ela, surgia o proletariado. Como indica Michael Stolleis,[129] apenas entre 1840 e 1860 é possível destacar eventos significativos como a publicação do *Manifesto Comunista* (1848), a criação da Fraternidade Geral dos Trabalhadores Alemães, a fundação da Associação Geral dos Trabalhadores Alemães (em 1863, por Ferdinand Lassalle, após a Fraternidade ter caído na ilegalidade em 1854), entre outros. Políticos do Partido Social-Democrata Alemão – SPD – apontavam a existência de um direito à manutenção daqueles que não conseguiriam se estabelecer por seus próprios meios.[130]

Com a radicalização crescente da esquerda, e o aumento sistemático de movimentos sociais organizados pressionando ações

---

129 STOLLEIS, Michael. *History of Social Law in Germany*. Berlim: Springer-Verlag, 2014.

130 STOLLEIS, Michael. *History of Social Law in Germany*. Berlim: Springer-Verlag, 2014, p. 33.

concretas do Estado alemão em favor dos mais pobres, Bismarck tentará cooptar a classe trabalhadora a partir da criação de uma previdência social, sob o discurso de integração das classes sociais. Como aponta Stolleis,[131] se a ideia fracassou neste ponto, ao menos serviu como vitória política momentânea para Bismarck. Neste cenário, toda uma gama de novos direitos e garantias será concedida pelo Estado alemão aos trabalhadores, cada vez mais organizados e dispostos a disputar a agenda política.

Assim, entre a segunda metade do século XIX e o início do século XX, uma série de novos direitos será sistematicamente implementada. Direitos trabalhistas a determinadas classes organizadas, seguro saúde, auxílio-doença e outros benefícios serão gradualmente concedidos aos alemães, até a chegada do SPD ao poder, em 1919, quando a promulgação da Constituição de Weimar inaugurou um novo momento para o povo alemão.[132]

Todo este quadro de ampliação de direitos repercutirá também no espaço urbano. Michael Stolleis indica que neste período há uma franca ascensão da regulação da atividade urbanística. Entre as inovações presentes ao final do século XIX, estão a criação de grandes complexos de fornecimento de água e esgotamento sanitário, o surgimento da iluminação pública, banhos públicos, matadouros públicos, empresas de transporte público, hospitais mais modernos, parques e instituições culturais.[133]

---

131 STOLLEIS, Michael. *History of Social Law in Germany*. Berlim: Springer-Verlag, 2014, p. 44.

132 STOLLEIS, Michael. *History of Social Law in Germany*. Berlim: Springer-Verlag, 2014.

133 STOLLEIS, Michael. *History of Social Law in Germany*. Berlim: Springer-Verlag, 2014, p. 73.

Com a ampliação crescente da regulação municipal, Ferdinand Schmid afirma que a Alemanha estaria entrando em uma era de um socialismo estatal e municipal.[134]

Percebe-se, então, que há um duplo movimento neste momento histórico. Ao passo em que a classe trabalhadora se organiza para forçar o Estado a garantir mais direitos, financiados via fundo público, há um esforço concentrado deste mesmo Estado em garantir o crescimento contínuo da indústria, assegurando a reprodução do capital industrial.

2.1.1 Características

Zonear o espaço urbano consiste basicamente em escolher quais áreas da cidade deverão ocupar formas específicas de atividades. Na Frankfurt de 1891, a escolha se dava entre zonas residenciais, industriais e de uso misto. Havia ainda outra forma de controle: o adensamento humano. Ao limitar a taxa de ocupação das edificações, termina-se por definir o nível de adensamento populacional naquele bairro, região ou zona.

Exatamente por isso, Franco Mancuso[135] afirma que o zoneamento é um instrumento político-ideológico. O viés tecnocrático do modelo frankfurtiano propunha uma "solução científica" da questão urbana. Ao estabelecer medidas de afastamento de atividades nocivas à saúde, como a indústria pesada, apontava-se para uma racionalidade técnica típica daquele capitalismo industrial. Entre a proibição completa da atividade industrial nas zonas urbanas e a lógica caótica do sistema de livre mercado, a tecnocracia municipalista surgia com um modelo "racional" de organização da ocupação do solo urbano.

---

134 STOLLEIS, Michael. *History of Social Law in Germany*. Berlim: Springer-Verlag, 2014, p. 73.

135 MANCUSO, Franco. *Las Experiencias del Zoning*. Barcelona: Gustavo Gili, 1980.

Esse anteparo técnico escorava-se na ideia de um zoneamento neutro que visava harmonizar a utilização do espaço urbano.[136]

A questão é que as contradições sociais, inerentes à vida social, expõem-se também no nível espacial local. Ou seja, o espaço urbano sempre foi um local privilegiado de manifestação das contradições humanas. Exatamente por isso não seria diferente na cidade industrial. O trabalho assalariado, a mobilização de capital e a garantia da propriedade privada dos meios de produção no âmbito da indústria, como apontou Benevolo,[137] transformaram o espaço urbano, apresentando novas formas de contradições sociais. Assim, ratificando as ideias de Franco Mancuso, o zoneamento é um instrumento de adequação destas contradições à nova realidade urbana vivida pela Alemanha naquele período.

Visto se tratar de escolha política para a gestão da cidade, cabe ainda demonstrar que o zoneamento foi gestado ao longo de anos. Em deliberação proposta por Reinhard Baumeister e Franz Adickes ao Clube dos Arquitetos e Engenheiros Alemães, em 1874, em Berlim, sugeriu-se que:

> Segundo as exigências, será necessário destinar determinadas ruas ou zonas inteiras da cidade para funções comerciais, industriais, residenciais etc. Além disso, será necessário prever a construção de edifícios públicos e deixar sem edificações áreas inteiras oportunamente escolhidas. Para a realização de tais reagrupamentos funcionais são necessários: localização adequada, meios de transporte apropriados, dimensões

---

136 MANCUSO, Franco. *Las Experiencias del Zoning*. Barcelona: Gustavo Gili, 1980, pp. 76 e ss.

137 BENEVOLO, Leonardo. *História da Arquitetura Moderna*. 4ª ed. São Paulo: Perspectiva, 2012.

> volumétricas convenientes, normas racionais para construções e uma regulamentação precisa das atividades industriais.[138]

A manifestação em defesa do zoneamento não ocorria sem causa. Como visto, a discussão sobre a escolha de locais para realização de determinadas funções da cidade já se espalhava pelo território alemão. Donatella Calabi especula que o Decreto Imperial de Napoleão Bonaparte, publicado em 15 de outubro de 1810, tenha inspirado a criação do sistema de zonas. Seja como for, uma das principais questões abordadas no caso de Frankfurt-am-Main era a alta densidade humana por edificação.

2.1.1.1 Industrialização tardia e adensamento populacional

Talvez os dois principais novos elementos que surgiam nas cidades industriais fossem as fábricas e as favelas.[139] Em um processo voraz, a industrialização tornou a fábrica o núcleo do novo organismo urbano. Qualquer sombra de infraestrutura – do fornecimento de água aos prédios públicos necessários para as administrações locais – era criada (se já não houvesse) em torno da atividade fabril. Ocupando as melhores localidades do espaço urbano, as fábricas que trabalhavam o algodão, as metalúrgicas e a indústria química ocupavam preferencialmente as margens dos rios e lagos. A água era a matéria-prima e os rios e lagos, o esgotamento sanitário preferido para os rejeitos da produção. A precarização da moradia urbana espalhava-se rapidamente. Qualquer local onde algumas centenas de pessoas pudessem se

---

138 CALABI, Donatella. *História do Urbanismo Europeu*. São Paulo: Perspectiva, 2012, pp. 127/128.

139 Lewis Mumford usa "*factories and slums*". Pela falta de uma definição melhor para *slums*, optou-se pelo termo favela.

aglomerar para sobreviver a mais um dia de trabalho podia ser considerado um *slum*.[140]

A industrialização tardia não evitou que as cidades germânicas sofressem do mesmo mal de outros centros urbanos, como Manchester ou Liverpool. Assim, ao final do século XIX, várias cidades alemãs atravessavam problemas semelhantes. A rápida industrialização avançou sobre diversas regiões, expondo a falta de infraestrutura urbana, tal como transporte e circulação de pessoas, esgotamento sanitário e, principalmente, moradia para a classe trabalhadora. Conforme aponta Jurgen Kocka, a proporção de trabalhadores não manuais para os manuais[141] era de 1:11 em 1865. Em 1890, essa proporção já era de 1:7 e, em 1912, chegava a 1:3,5.[142] Apoiada por ampla participação da burocracia dos estados alemães, a industrialização de centros como Berlim, Dresden e Frankfurt, além da conurbação do Vale do Ruhr, ocorreu como todos os outros processos de adensamento fabril: sem levar em conta a moradia e as condições de vida dos empregados.

A presença da indústria trazia principalmente dois problemas aos residentes das aglomerações urbanas. A poluição, dado que persistia nas grandes cidades, a presença de fábricas próximas às áreas residenciais, e a moradia. A presença maciça dos blocos de aluguel (*mietskaserne*) – grandes cortiços – tornava o adensamento populacional alemão muito mais alto do que a média europeia, criando não apenas problemas sanitários, mas também de ordem

---

140 MUMFORD, Lewis. *The Culture of Cities*. Orlando: Harcourt Brace Jovanovich Publishers, 1970, p. 161.

141 *Non-manual and manual workers*. Não manuais seriam os trabalhadores da indústria e manuais os demais.

142 KOCKA, Jurgen. "Capitalism and Bureaucracy in German Industrialization Before 1914". *Economic History Review*, Second Series, vol. 34, nº 3, 1981, p. 459.

política e mesmo econômica.[143] Enquanto Londres possuía, em 1891, cerca de 7,89 habitantes por edificação, Berlim contava no mesmo período com a marca de 75,9, quase dez vezes a média londrina.[144] A Figura 3, a seguir, ilustra como os blocos de aluguel eram construídos na Berlim da segunda metade do século XIX.

Figura 3 - As *Mietskasernen* de Berlim

Fonte: Hall.[145]

143 SOMEKH, Nadia. *A Cidade Vertical e o Urbanismo Modernizador*: São Paulo, 1920-1939. São Paulo: FAU-USP, 1994, p. 40. (Tese de Doutorado).

144 MANCUSO, Franco. *Las Experiencias del Zoning*. Barcelona: Gustavo Gili, 1980, p. 49.

145 HALL, Peter. *Cities of Tomorrow*: an Intellectual History of Urban Planning and Design Since 1880. 4ª ed. Oxford: Willey Blackwell, 2014, p. 33.

Como aponta Mancuso,[146] os blocos de aluguel eram em geral edifícios de cinco ou seis pavimentos, construídos em bairros residenciais. Apesar de constituídos de pequenos apartamentos, o alto valor pago pelos locatários comprometia ainda mais a renda da classe trabalhadora alemã. Por todo o país, verificava-se no período um duplo movimento: o encarecimento dos aluguéis e a diminuição do tamanho dos imóveis destinados ao proletariado. Conforme indica Martin Daunton, nos anos 1900, as habitações destinadas à classe trabalhadora já eram menores do que em anos anteriores – tendo diminuído de três quartos para dois –, ao passo que o custo do aluguel em relação ao salário subia consistentemente a partir do último quartel do século XIX. Como se vê na Tabela 1 a seguir, no caso de Stuttgart, o salário pago a um trabalhador considerado qualificado conformava 80% do preço do aluguel.

Tabela 1 - Custo do aluguel em relação à renda nas cidades selecionadas em 1905

	Rent	Wage (skilled builder)	Ratio
Belgium, 1908			
Brussels	100	100	1.0
Antwerp	99	92	1.0
Liège	88	84	1.0
Germany, 1905			
Berlin	100	100	1.0
Stuttgart	97	75	0.8
Leipzig	51	88	1.7
France, 1905			
Paris	100	100	1.0
Lyons	77	74	1.0
Bourdeaux	71	67	0.9
Lille	52	65	1.3

Fonte: Martin Daunton.[147]

146 MANCUSO, Franco. *Las Experiencias del Zoning*. Barcelona: Gustavo Gili, 1980, p. 46.

147 DAUNTON, Martin J. *Housing the Workers, 1850-1914*: a comparative perspective. Londres: Bloomsbury Academic, 2015, p. 10.

O crescente encarecimento do custo da moradia gerava, então, um estímulo à construção de novas habitações para aluguel, que, por sua vez, valorizavam os preços fundiários, piorando a situação dos moradores das habitações unifamiliares, dispostas muitas vezes nos mesmos quarteirões dos cortiços. O resultado foi o acirramento dos confrontos entre locatários e proprietários. Organizando-se em associações, enquanto os trabalhadores promoviam enfrentamentos nas ruas, os proprietários se articulavam em espaços como as Ligas de Proprietários de Casas ou as Ligas de Propriedades Imobiliárias.[148]

Assim, com o agravamento da crise habitacional, intensifica-se nos grandes centros urbanos alemães o desejo de intervenções estatais para mediar os conflitos. E de 1860 até a Primeira Guerra Mundial, várias municipalidades adotam medidas para efetivar uma ocupação planejada do espaço urbano.

Entretanto, como já foi dito, a racionalidade contida nos planos de ocupação do solo transmitia uma ideia, mas focava-se em outra. Como explica Franco Mancuso, o discurso oficial alegava a tentativa de racionalização do uso do solo urbano, privilegiando um menor adensamento populacional, garantindo a saúde pública e um ambiente urbano mais salubre, além do combate aos altos preços fundiários. Na prática, o que os fomentadores das discussões sobre a reorganização espacial das cidades alemãs desejavam era a expulsão das classes baixas e das indústrias das áreas valorizadas das cidades, ao passo que afastava o perigo de revoltas sociais.[149]

---

148 MANCUSO, Franco. *Las Experiencias del Zoning*. Barcelona: Gustavo Gili, 1980.

149 MANCUSO, Franco. *Las Experiencias del Zoning*. Barcelona: Gustavo Gili, 1980, p. 76.

2.1.1.2 Questões sanitárias

"Favelas, semi-favelas e super-favelas – a isso veio a ser a evolução das cidades".[150] A frase de Patrick Geddes citada por Lewis Mumford,[151] ilustra o que as cidades industriais haviam se tornado. Desde o século XVIII, a precarização do espaço urbano e das moradias em função da industrialização avançou sem muitos obstáculos por toda a Europa e até mesmo nos Estados Unidos. Mumford, inclusive, faz chacota com Friedrich Engels pelos seus anseios revolucionários. Ao tratar do tema da moradia das classes trabalhadoras, Engels incitava ações de ocupação das mansões das classes altas pelos proletários, que segundo Mumford, viviam em situação lastimável. O chiste de Mumford mirava menos à diminuição das aspirações revolucionárias de Engels e mais ao fato de que mesmo as moradias das classes altas não passavam de favelas de luxo.

Mesmo nos bairros valorizados das grandes cidades, a poluição fabril deixava suas marcas. No novo mundo e na Europa, em Nova York ou em Manchester, a instalação de fábricas dava-se exclusivamente pela iniciativa de seu proprietário, sem nenhuma restrição administrativa ou jurídica. E se a cidade industrial afligia as classes altas, ela era ainda mais impiedosa com a classe trabalhadora.

A típica família trabalhadora europeia ocupava residências de forma desigual nas grandes cidades. Em Londres, a ocupação típica eram residências plurifamiliares,[152] nas quais habitava em cada cômodo uma família com, em média, oito pessoas.[153] Já em

---

150 No original: "Slums, semi-slums and super-slums – to this come to be the evolution of cities".

151 MUMFORD, Lewis. *The Culture of Cities*. Orlando: Harcourt Brace Jovanovich Publishers, 1970, p. 168.

152 MUMFORD, Lewis. *The Culture of Cities*. Orlando: Harcourt Brace Jovanovich Publishers, 1970, p. 169.

153 HALL, Peter. *Cities of Tomorrow*: an Intellectual History of Urban Planning and Design Since 1880. 4ª ed. Oxford: Willey Blackwell, 2014, p. 22.

Berlim, e por toda a Alemanha, como já mencionado, o modelo era de pequenas habitações em edifícios de cinco ou seis andares.

Mas se os modelos variavam, as condições sanitárias não. Especialmente nas áreas recém-ocupadas por trabalhadores, os locais de moradia invariavelmente possuíam pouca ventilação, falta de saneamento, muita umidade e pouca luz. Como aponta Mumford, se à época o tifo estava presente nas cidades inglesas, doenças como raquitismo infantil, problemas de pele, febre tifóide, varíola, escarlatina e tuberculose eram fortemente estimuladas pelas condições das casas dos trabalhadores de todo continente.[154] No Reino Unido, a precariedade era tal que, enquanto um nobre inglês vivia em média 55 anos, a expectativa de vida para os artesãos de Lambeth era de 29 anos.[155]

Ao tempo em que as doenças se tornavam um fenômeno de massas da sociedade industrial, as classes proletárias radicalizavam seu discurso por todo continente europeu. Na Alemanha da segunda metade do século XIX, mesmo a elite prussiana liberal do período cedeu, fazendo com que o Estado alemão aprovasse a Lei do Fundo de Auxílio, em 1876, que promoveu a migração de um modelo de proteção social privada para um sistema público. Em que pese ao fato de a lei ter significado pouco na prática – houve apenas um pequeno aumento no número de segurados em relação a 1874, quando somente 5% da população possuía alguma cobertura de fundos de auxílio privados,[156] a estatização dos fundos de auxílio era mais uma demonstração de que a classe trabalhadora ao menos incomodava o andar de cima da sociedade alemã.

---

154 MUMFORD, Lewis. *The Culture of Cities*. Orlando: Harcourt Brace Jovanovich Publishers, 1970, p. 170.

155 HALL, Peter. *Cities of Tomorrow*: An Intellectual History of Urban Planning and Design Since 1880. 4ª ed. Oxford: Willey Blackwell, 2014, p. 31.

156 STOLLEIS, Michael. *Origins of the German Welfare State*: Social Policy in Germany to 1945. Berlim: Springer-Verlag, 2013, p. 69.

E enquanto o governo central focava seus esforços em demonstrar algum tipo de ajuda aos mais necessitados (como o auxílio-doença, criado em 1882), formava-se talvez um dos poucos consensos urbanísticos do período: a industrialização dos centros urbanos havia trazido malefícios que precisavam ser imediatamente remediados. A livre ocupação do solo para fins industriais e a falta de limites ao adensamento populacional nos bairros – centrais ou periféricos – criaram um ambiente de insalubridade tal que, como disse Geddes, havia pouca diferença entre *slum* e *semi-slum*. Em alguns casos, como em determinados bairros ricos, existia a *super-slum*, onde mesmo famílias abastadas eram obrigadas a conviver com a falta de infraestrutura urbana e a poluição. Por isso Lewis Mumford aponta que até as críticas revolucionárias pareciam não estar atentas ao fato de que mesmo os quarteirões das classes altas poderiam estar em condições precárias.[157]

Assim, não é possível afirmar que a falta de salubridade tenha sido um falso pretexto para a adoção, em Frankfurt, de medidas globais de reforma urbana e, em especial, do zoneamento. Não há dúvidas de que a cidade industrial havia disseminado níveis intoleráveis de más condições de vida até para os mais abastados, sendo necessária a adoção de medidas em todas as esferas. Do governo central às municipalidades, uma sobreposição de normas iria tentar abrandar os malefícios que a reprodução do capital industrial havia trazido às cidades.

Como aponta Jürgen Kocka, a industrialização germânica não aconteceria sem o suporte direto da burocracia estatal – central e local. Em uma conjunção que conformaria as teses weberianas sobre a existência do aparato estatal como suporte necessário à implementação do modo de produção capitalista,[158] a interação entre

---

157 MUMFORD, Lewis. *The Culture of Cities*. Orlando: Harcourt Brace Jovanovich Publishers, 1970, p. 168.

158 KOCKA, Jurgen. "Capitalism and Bureaucracy in German Industrialization Before 1914". *Economic History Review*, Second Series, vol. 34, nº 3,

o capitalismo e a burocracia indicou o caminho para a sustentação da industrialização da Alemanha.

Se ao nível federal coube toda a sorte de arranjo – financiamento, atuação direta na economia, regulação e eventualmente um suporte às classes trabalhadoras –, no âmbito local coube às municipalidades a organização do espaço urbano, com a função primordial de garantir a continuidade da industrialização. Neste aspecto, o zoneamento frankfurtiano desempenhou papel importante no período.

2.1.1.3 Organização do espaço urbano

O advento da indústria alterou a forma de ocupação e construção das cidades. Enquanto na cidade barroca é possível observar restrições à presença de atividades nocivas à saúde perto de áreas habitadas, é com o advento da indústria, e ao longo do século XIX, que a maioria das cidades adotará o que Lewis Mumford chama de *grelha inorgânica*.[159] Sem diferenciação de uso, transforma-se o espaço urbano em uma grelha com milhares de blocos uniformes de terreno – o lote. Servindo basicamente à especulação e à comercialização de terrenos, a grelha inorgânica permite um novo padrão de funcionamento ao mercado imobiliário.[160]

O crescimento das atividades fabris levou então à necessidade de mudanças na cidade. Por toda a Europa, é possível perceber ordenamentos, legislações e ações estatais para organizar a ocupação

---

1981, p. 453.

159 Sabe-se que o padrão da grelha urbana remonta aos primórdios da civilização. Conforme aponta Dan Stanislawski, a evidência mais antiga da grelha urbana é a da cidade de Mohenjo-Daro, datada da primeira metade do terceiro milênio antes de Cristo. Segundo esse autor, a precisão do plano urbano demonstra que a cidade foi construída de forma intencional. STANISLAWSKI, Dan. "The Origin and Spread of the Grid-Pattern Town". *Geographical Review*, vol. 36, nº 1, 1946, pp. 108/109.

160 MUMFORD, Lewis. *The Culture of Cities*. Orlando: Harcourt Brace Jovanovich Publishers, 1970, p. 185.

do solo. Por vezes, o foco era garantir mobilidade ao capital, que para seguir em seu circuito de acumulação necessitava de acesso a recursos naturais como água corrente, minas de carvão, jazidas de minerais etc. O próprio avanço tecnológico permitiu maior mobilidade dos fatores de produção – inclusive de mão de obra –, garantindo outra racionalidade à ocupação do solo.

Nesta nova racionalidade, a grelha inorgânica aparece como um elemento de garantia de previsibilidade para o mercado imobiliário. A divisão em lotes idênticos torna o padrão de ação do mercado muito mais previsível, fazendo com que a terra urbana se assemelhe a uma *commodity*.[161] A divisão em quadras, quarteirões e lotes tornaria todo o processo de compra e venda mais eficiente. Desde o registro do imóvel até o contrato de compra e venda, que agora poderia ser simplesmente copiado, facilita-se o trâmite jurídico-administrativo da transação comercial. No caso da atividade comercial, a parametrização do solo em unidades muito próximas facilitou sua precificação.[162]

A Figura 4 a seguir, mostra a reforma da região da estação central de Frankfurt, em 1870. Conforme aponta Mullin,[163] é visível a diferença de padrão de traçado de ruas e avenidas, fugindo do modelo "burro de carga" das ruas medievais, com suas vias estreitas e sinuosas (Figura 4). Além disso, já é possível perceber a grelha inorgânica citada por Mumford.

---

161 Segundo o *Routledge Dictionary of Economics*, uma *commodity* é algo, geralmente material, que pode ser comprado e vendido e é diretamente mensurável ("something, usually physical, which can be bought and sold and is directly measurable"). RUTHERFORD, Donald. *Routledge Dictionary of Economics*. 2ª ed. Londres: Routledge, 2002, p. 114.

162 MUMFORD, Lewis. *The Culture of Cities*. Orlando: Harcourt Brace Jovanovich Publishers, 1970, p. 186.

163 MULLIN, John. "American Perceptions of German City Planning at the Turn of the Century". *Landscape Architecture & Regional Planning Faculty Publication* Series, 1976. Disponível em: http://scholarworks.umass.edu/larp_faculty_pubs/35. Acessado em: 08.06.2022.

Figura 4 - Reforma da região da estação central de trem de Frankfurt (*Hauptbanhoff*) em 1870

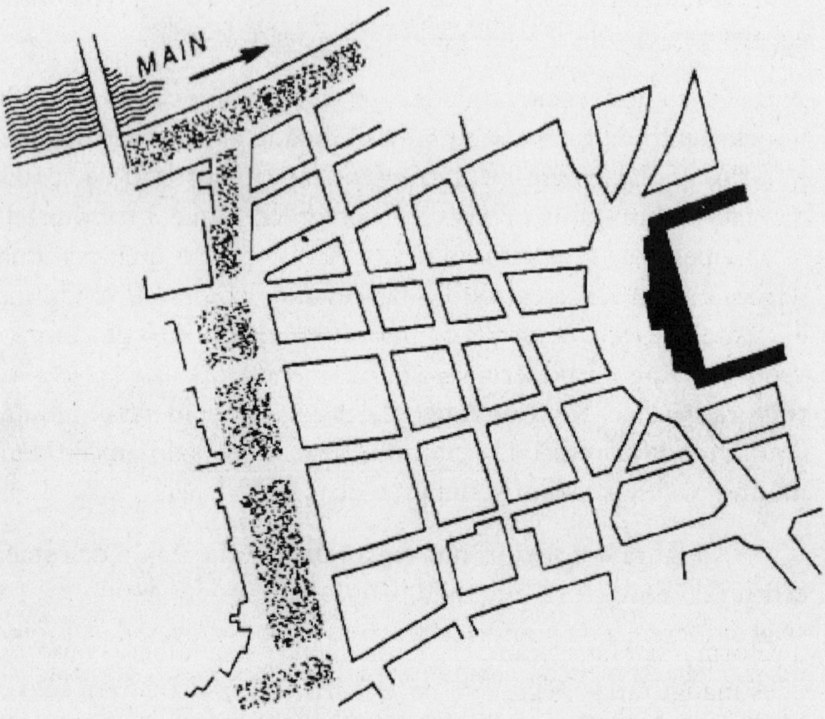

Fonte: John Mullin[164]

164 MULLIN, John. "American Perceptions of German City Planning at the Turn of the Century". *Landscape Architecture & Regional Planning Faculty Publication* Series, 1976, p. 6. Disponível em: http://scholarworks.umass.edu/larp_faculty_pubs/35. Acessado em: 08.06.2022.

Figura 5 - A cidade antiga de Frankfurt (Altstadt) em 1942, pouco antes de sua destruição durante a Segunda Guerra

Fonte: site *AltFrankfurt*

O mesmo fenômeno é captado por David Harvey ao analisar a reforma de Haussmann em Paris. Dentre as inúmeras modificações inauguradas pela nova Paris, talvez poucas tenham sido tão comemoradas pelo setor imobiliário quanto a reorganização dos *quartiers* imposta pela nova cidade. Isso tornou o investimento do setor imobiliário muito mais previsível, facilitando, assim, não apenas a separação das classes sociais como também a expectativa de retorno financeiro. Citado por Harvey, Richard Sennet,[165] em seu *The Fall of the Public Man*, aponta que a nova divisão parisiense visou também à segregação de classes, o que garantiria tanto ao

165 SENNETT, Richard. *The Fall of the Public Man*. Londres: Penguin, 2002.

investidor quanto ao futuro proprietário do imóvel a possibilidade de saber em qual área investiriam seu capital.[166]

Em ambos os casos, o que se viu foi a reorganização da regulação espacial urbana para atender às necessidades de reprodução do capital. A divisão da grelha inorgânica não apenas ocupou uma posição importante no sucesso do mercado imobiliário, mas revelou a cidade enquanto um sistema de permanente crescimento. Ao longo de todo o século XIX, tanto na Europa quanto nos Estados Unidos, observa-se não apenas o permanente crescimento e adensamento das áreas urbanas. A expansão do mercado imobiliário veio acompanhada do crescimento da cidade como um todo: infraestrutura viária, esgotamento sanitário e tudo mais que a tecnologia permitisse.[167]

Considerando as limitações do texto de Mumford, é perceptível a análise de David Harvey: o loteamento e a divisão das cidades em quarteirões tiveram um efeito segregador, advindo da escolha do modelo de quarteirões e lotes, que garante a possibilidade de o investidor qualificar toda uma área sob o mesmo padrão de construção, evitando, assim, uma eventual desvalorização dos imóveis destinados às classes mais altas.[168] Trata-se, como aponta Harvey, da externalização urbana da luta de classes.

---

166 HARVEY, David. "The political economy of the public space". *In*: LOW, Setha; SMITH, Neil (Coord.). *The Politics of Public Space*. Nova York: Routledge, 2005. Disponível em: http://davidharvey.org/articles/. Acessado em: 08.06.2022.

167 MUMFORD, Lewis. *The Culture of Cities*. Orlando: Harcourt Brace Jovanovich Publishers, 1970, pp. 185-188.

168 Sennett aponta que, mesmo após as intervenções de Haussmann, permanecia um imaginário de mistura de classes em cidades como Paris, existente ainda na primeira metade do século XIX. O modelo pré-Haussmann, recorrente em várias cidades europeias, tinha como padrão a definição da ocupação dos espaços prediais de acordo com a renda da família: nos andares mais próximos à rua residiam as famílias mais abastadas, sendo que a renda decrescia conforme os andares se distanciavam do solo. SENNETT, Richard. *The Fall of the Public Man*. Londres: Penguin, 2002, p. 134.

Porém, se o modelo de *quarteirização* das cidades auxiliava o mercado imobiliário, o mesmo não se pode dizer do aproveitamento por seus habitantes. Como já afirmamos, apesar de algumas localidades contarem com certas restrições à presença da indústria pesada em áreas residenciais mais centrais, eram recorrentes os casos em que fábricas estivessem próximas a tais áreas, inclusive pela necessidade de acesso a fatores de produção. A ocupação do espaço urbano, assim, criava ao menos dois problemas de salubridade, já apontados aqui: as doenças resultantes da superpopulação e a presença da indústria em áreas próximas aos centros das cidades. Conforme Mumford,[169] o modelo de quarteirões e lotes não trazia em si um planejamento específico para as funções desempenhadas na cidade, gerando o que chamou de "regularidade externa: disfunção interna".

É neste contexto que Adickes elabora o plano de zoneamento de Frankfurt-am-Main. A ausência de padrão específico de ocupação do solo, em vista das funções econômico-sociais desenvolvidas na cidade, tornava a vida muito mais difícil para seus habitantes. Porém, mais do que uma norma reguladora do espaço da cidade, o zoneamento de 1891 deve ser observado num contexto mais amplo. Como parte de um longo processo de organização legislativa, burocrática e econômica de Frankfurt, a divisão espacial em zonas está imbricada no que Satoshi Baba[170] chama de política do solo urbano de Frankfurt.

Baba indica que o processo de criação da política do solo urbano tem início com a fundação do Escritório de Propriedades Municipais, em 1825. O Stadtkämmerei englobará, em 1869, o

---

169 MUMFORD, Lewis. *The Culture of Cities*. Orlando: Harcourt Brace Jovanovich Publishers, 1970, p. 185.

170 BABA, Satoshi. "Urban Land Policy in Frankfurt am Main at the Turn of the Twentieth Century: A Case Study of a German 'Social City'". *CIRJE Discussion Papers*, fevereiro, 2014. Disponível em: http://www.cirje.e.u-tokyo.ac.jp/research/dp/2014/2014cf919.pdf. Acessado em: 08.06.2022.

Forstamt, órgão responsável pela gestão das florestas da cidade. Com a anexação de Frankfurt pela Prússia, em 1866, tem início uma série de três gestões municipais dos *Oberbürguermeisters*[171] (1868-1880; 1881-1891, e; 1891-1912). Durante a primeira gestão, de H. D. Mumm von Schwarszesnstein, a administração local faz um movimento de expansão do gasto público financiado pelo desfazimento de imóveis, dado que os objetivos traçados pelo governo prussiano estavam focados no provimento de infraestrutura e serviços públicos nas áreas já urbanizadas.

A segunda gestão foi a de Johannes Miquel, que procura sanear o gasto público, adotando medidas de austeridade fiscal. Assim como na gestão de Mumm, conforme aponta Satoshi Baba,[172] as políticas urbanas de Miquel não têm uma ação coordenada e, portanto, não podem ser consideradas como políticas de organização do uso e regulação do solo urbano.

É apenas na gestão de Franz Adickes – 1891-1912 – que a cidade de Frankfurt desenvolve uma política de solo urbano. Indica Baba, valendo-se das denominações propostas por H. Böhm, que Adickes dá início a uma política de solo urbano em sentido direto e indireto. Ou seja, o prefeito de Frankfurt cria a regulação jurídico-administrativa para a ocupação do solo (política urbana indireta) e, ao mesmo tempo, atua diretamente no mercado de terras, buscando assim garantir um estoque de terrenos à municipalidade e controlar os preços dos terrenos, o que Böhm chama de política

---

171 Traduzido por Satoshi Baba como *"Senior Mayor"*. As traduções do cargo para o português costumam utilizar o termo "Burgomestre", ou "Prefeito", já referido neste trabalho.

172 BABA, Satoshi. "Urban Land Policy in Frankfurt am Main at the Turn of the Twentieth Century: A Case Study of a German 'Social City'". *CIRJE Discussion Papers*, fevereiro, 2014, pp. 3-5. Disponível em: http://www.cirje.e.u-tokyo.ac.jp/research/dp/2014/2014cf919.pdf. Acessado em: 08.06.2022.

urbana direta.[173] Ainda segundo Satoshi Baba, graças ao orçamento público deixado por Miquel, Adickes pode implementar a sua *urban land policy*, na qual o zoneamento da cidade está inserido.

Vimos que a regulação do uso do espaço urbano em zonas obedeceu a alguns preceitos: limitar as atividades socioeconômicas que poderiam ser desempenhadas em cada zona – zoneamento funcional; limitar o adensamento populacional – zoneamento de densidades; e, assim, instituir políticas de saúde pública. Cabe ainda ressaltar que a Lei de Zoneamento de 1891 está inserida em um contexto mais amplo. Como indica Mullin,[174] a política de regulação urbana de Frankfurt é baseada no tripé Lei de Zoneamento, imposto sobre valorização fundiária e a *Lex Adickes*.[175]

Ressalta-se também que a política de solo urbano de Frankfurt foi precedida e em alguma medida viabilizada pela legislação prussiana de 1875. A Lei de Alinhamento (*Fluchtliniengesetz*) promulgada pela Prússia naquele ano estabelece uma série de requisitos para a construção de edificações, tais como limite de altura e disposição para instalação de fábricas. Traz, ainda, a admissibilidade da criação de normas de planejamento urbano em nível local, servindo como marco para as regulações de uso do solo, tais como as leis de zoneamento de toda a Alemanha, a partir de

---

173 BÖHM, 1997, *apud* BABA, Satoshi. "Urban Land Policy in Frankfurt am Main at the Turn of the Twentieth Century: A Case Study of a German 'Social City'". *CIRJE Discussion Papers*, fevereiro, 2014. Disponível em: http://www.cirje.e.u-tokyo.ac.jp/research/dp/2014/2014cf919.pdf. Acessado em: 08.06.2022.

174 MULLIN, John. "American Perceptions of German City Planning at the Turn of the Century". *Landscape Architecture & Regional Planning Faculty Publication* Series, 1976. Disponível em: http://scholarworks.umass.edu/larp_faculty_pubs/35. Acessado em: 08.06.2022.

175 Em 1902, Adickes consegue aprovar lei em Frankfurt que exime a prefeitura de arcar integralmente com o valor pago ao expropriado, desde que a parcela não paga (até 40% do terreno) fosse utilizada para fins públicos.

1890.[176] Além disso, a Lei de Alinhamento prussiana transfere às municipalidades boa parte da responsabilidade pela formulação de planos urbanísticos e aplicação de restrições ao uso do solo, dando à administração local e às câmaras municipais maior autonomia na regulação de seu espaço.[177]

Por fim, cumpre ainda demonstrar que a elite dominante prussiana – os *Junkers* – não via com bons olhos as agitações sociais que se espalhavam pelas cidades germânicas. Talvez, por isso, os interesses do governo central sobre a regulação urbana e as intervenções da Prússia em planos de reforma urbana tenham aspectos puramente militares, facilitando a presença de tropas e artilharia, em caso de que os cidadãos não mais apreciassem as ordens de Berlim.[178]

---

176 MULLIN, John. "American Perceptions of German City Planning at the Turn of the Century". *Landscape Architecture & Regional Planning Faculty Publication* Series, 1976. Disponível em: http://scholarworks.umass.edu/larp_faculty_pubs/35. Acessado em: 08.06.2022.

177 MULLIN, John. "American Perceptions of German City Planning at the Turn of the Century". *Landscape Architecture & Regional Planning Faculty Publication* Series, 1976. Disponível em: http://scholarworks.umass.edu/larp_faculty_pubs/35. Acessado em: 08.06.2022; HORSFALL, T. C. *The Improvement of the Dwellings and Surroundings of the People. The Exemple of Germany*. Manchester: Manchester University Press, 1905. Disponível em: https://babel.hathitrust.org/cgi/pt?id=ien.35556036890044;view=1up;seq=5. Acessado em: 08.06.2022; FIFE, Robert. *The German Empires Between Two Wars*: A Study of the Political and Social Development of the Nation Between 1871 and 1914. Nova York: MacMillan Company, 1916, p. 426. Disponível em: https://archive.org/details/germanempirebetw00fiferich. Acessado em: 06.08.2022.

178 Sabe-se que este foi o objetivo de várias intervenções urbanas e regulações urbanísticas de boa parte do século XIX. Em Paris, conforme aponta Harvey (2005), também não foi muito diferente.

2.2 A Lei de Zoneamento de 1891 e suas modificações

Feitas estas considerações, passamos a analisar a Lei de Zoneamento promulgada por Adickes em 1891. Se ao prefeito de Frankfurt é atribuído o crédito de sua aprovação, cabe ressaltar que todo o desenvolvimento do plano foi discutido entre técnicos e engenheiros de vários estados alemães e supervisionado por Reinhard Baumeister, que, juntamente com Joseph Stübben, estava entre os maiores representantes do planejamento urbano focado na organização tecnocrata-sanitarista da cidade. Contrapondo-se a Camilo Sitte, Baumeister é autor de *As ampliações urbanas em sua relação técnica, de regras de construção e economia* [*Stadterweiterungen in Technischer, Baupolizeilicher und Wirtschaftlicher Beziehung*], de 1876.[179]

Considerado como pioneiro da defesa do planejamento urbano enquanto atividade técnico-científica, Baumeister foi um dos autores do "Manifesto do Clube dos Arquitetos e Engenheiros Alemães", de 1874, no qual advogam o planejamento urbano como única solução para os problemas da cidade industrial.[180]

Baumeister defende o que seria aplicado em Frankfurt. Sendo próximo de Adickes, ambos convergem na necessidade de adotar o modelo de zoneamento (já testado em Altona anos antes pelo próprio Franz Adickes). Conforme aponta Baumeister:

> Na cidade do futuro, haverá três divisões principais; uma seção de negócios como um núcleo, um distrito industrial,

---

179 MULLIN, John. "American Perceptions of German City Planning at the Turn of the Century". *Landscape Architecture & Regional Planning Faculty Publication* Series, 1976. Disponível em: http://scholarworks.umass.edu/larp_faculty_pubs/35. Acessado em: 08.06.2022.

180 CALABI, Donatella. *História do Urbanismo Europeu*. São Paulo: Perspectiva, 2012.

> incluindo a possibilidade de venda no atacado, e um bairro residencial. Portanto, é importante que todas as grandes cidades do futuro, desde o início, devem manter estes princípios em vista. É preciso reconhecer que o desenvolvimento de uma cidade se limita a estas três divisões e que são interdependentes no seu desenvolvimento, embora para as necessidades de um futuro imediato, o progresso fragmentado pode ser feito com projetos subordinados.[181] [182]

Ou seja, se Adickes foi a força política capaz de mobilizar toda a burocracia prussiana e frankfurtiana para transformar a cidade, Baumeister era a expressão do planejamento urbano técnico-funcional. Alinhada à meta de proporcionar uma melhoria de vida à população urbana, a divisão da cidade em zonas parecia mesmo ter se tornado a ideia do momento. Assim, há uma intensa participação de técnicos e burocratas na formulação do projeto.

Ainda, confirmando as observações de Kocka[183] sobre a aliança entre a burocracia e os capitalistas para a promoção do capitalismo alemão do período, haverá também intensa participação dos grandes latifundiários (*Junkers*, a elite dominante de boa

---

181 BAUMEISTER, Reihard. *Stadterweiterungen in Technischer, Baupolizeilicher und Wirtschaftlicher Beziehung*, 1876. *Apud* KOESTER, Frank. *Modern City Planning and Maintenance*. Nova York: McBride, Nastand Company, 1914. Disponível em: http://urbanplanning.library.cornell.edu/DOCS/baumeist.htm. Acessado em: 06.08.2022.

182 In the city of the future, there will be three principal divisions; a business section as a core, an industrial district, including possibly wholesaling, and a residential district. It is therefore important that all large cities of the future, from the outset, should keep these principles in view. It must be recognized that the development of a city is confined to these three divisions and that they are interdependent in their development, though for the necessities of an immediate future, piecemeal progress may be made with subordinate projects. Disponível em: http://urbanplanning.library.cornell.edu/DOCS/baumeist.htm. Acessado em: 01.06.2022.

183 KOCKA, Jurgen. "Capitalism and Bureaucracy in German Industrialization Before 1914". *Economic History Review*, Second Series, vol. 34, nº 3, 1981.

parte do aparato estatal da Prússia)[184] e dos empresários locais, que, assim como outros capitalistas das grandes cidades alemãs, já se preocupavam com o crescente discurso revolucionário proletário.[185]

Nesse contexto, a Lei de Zoneamento é promulgada por Adickes em 1891, logo no início de seu mandato. Assim, com a expansão da atividade industrial, o problema da moradia proletária, as questões sanitárias, a distribuição caótica das atividades econômicas pela cidade e o loteamento que visava unicamente facilitar a especulação imobiliária e o comércio de terrenos, será editada a norma de 1891.

Para lidar com todas estas questões, a norma divide a cidade em dois eixos de desenvolvimento: a cidade interna e a cidade externa. A regulação da parte interna, da qual a *Altstadt* (cidade interna) fazia parte (Figura 4), estava focada na preservação do ambiente construído e das características dos edifícios, adaptando o espaço às novas diretrizes construtivas – tanto da norma local, quanto da Lei de Alinhamento. Assim, há um esforço concentrado para remover da cidade interna as poucas habitações unifamiliares remanescentes.[186]

---

184 BLACKBOURN, David. *The Long Nineteenth Century. A History of Germany, 1780-1918*. Oxford: Oxford University Press, 1998, p. 86.

185 MANCUSO, Franco. *Las Experiencias del Zoning*. Barcelona: Gustavo Gili, 1980.

186 MULLIN, John. "American Perceptions of German City Planning at the Turn of the Century". *Landscape Architecture & Regional Planning Faculty Publication* Series, 1976, p. 9. Disponível em: http://scholarworks.umass.edu/larp_faculty_pubs/35. Acessado em: 08.06.2022.

Neste espaço, conforme apontam Mullin,[187] Baba,[188] Mancuso[189] e Somekh,[190] a Lei de Zoneamento é integrada a um amplo processo de reforma urbana, que será efetivamente viabilizado a partir de 1903, com a aprovação da Lex Adickes pelo parlamento prussiano em 1902. Quanto ao aspecto funcional, é admitida na zona interna a ocupação mista ou a ocupação unicamente residencial.

Figura 6 - Mapa da Lei de Zoneamento de Frankfurt, 1891

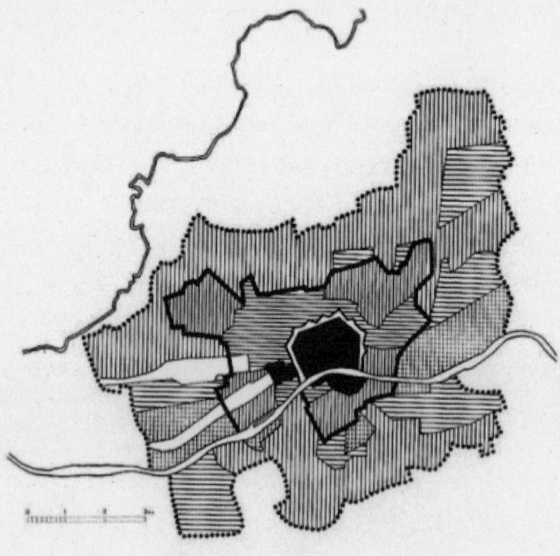

187 MULLIN, John. "American Perceptions of German City Planning at the Turn of the Century". *Landscape Architecture & Regional Planning Faculty Publication* Series, 1976. Disponível em: http://scholarworks.umass.edu/larp_faculty_pubs/35. Acessado em: 08.06.2022.

188 BABA, Satoshi. "Urban Land Policy in Frankfurt am Main at the Turn of the Twentieth Century: A Case Study of a German 'Social City'". *CIRJE Discussion Papers*, fevereiro, 2014. Disponível em: http://www.cirje.e.u-tokyo.ac.jp/research/dp/2014/2014cf919.pdf. Acessado em: 08.06.2022.

189 MANCUSO, Franco. *Las Experiencias del Zoning*. Barcelona: Gustavo Gili, 1980.

190 SOMEKH, Nadia. *A Cidade Vertical e o Urbanismo Modernizador*: São Paulo, 1920-1939. São Paulo: FAU-USP, 1994. (Tese de Doutorado).

••••••••	Limite de município e da cidade externa	
	Delimitação da "zona externa" e "zona interna" da cidade externa	
	Cidade interna	
	Bairros residenciais	Zona Interna
	Bairros mistos	
	Bairros residenciais	Zona Externa
	Bairros mistos	
	Zonas industriais	

Fonte: Mancuso[191]

Já a cidade externa é dividida em três subáreas: a interna, a externa e a rural. Para cada uma serão instituídos potenciais construtivos e gabaritos distintos, em valores decrescentes, a partir do centro da cidade. Quanto às funcionalidades, a cidade externa admitiria três ocupações distintas: residenciais, mistas e industriais. Na Figura 4 é possível observar a divisão das cidades interna e externa e as respectivas funcionalidades aplicadas à área externa.[192]

Veremos a seguir que, no centro do debate sobre a Lei de Zoneamento frankfurtiana estão dois elementos: a questão da moradia e o valor da terra. Ao definir diferentes funções para as áreas selecionadas, a norma trata de oferecer melhores condições sanitárias e de habitação, ao mesmo tempo que combate a sobreapreciação do preço da terra na cidade. Em outros termos, o zoneamento procura expandir a malha urbana, criando novas áreas habitáveis

191 MANCUSO, Franco. *Las Experiencias del Zoning*. Barcelona: Gustavo Gili, 1980, p. 133.

192 MULLIN, John. "American Perceptions of German City Planning at the Turn of the Century". *Landscape Architecture & Regional Planning Faculty Publication* Series, 1976. Disponível em: http://scholarworks.umass.edu/larp_faculty_pubs/35. Acessado em: 08.06.2022.

e garantindo um maior controle sobre a especulação imobiliária, que, por meio dos blocos de habitação de aluguel, capturava boa parte da política legislativa das cidades alemãs.

Sobre essa questão, cabe explicitar que o sistema eleitoral legislativo adotado em grande parte das cidades respeitava o modelo prussiano de três classes com voto aberto.[193] Os eleitores eram divididos em três classes, de acordo com a quantidade de impostos recolhidos. Em cada distrito eleitoral, dividia-se o valor recolhido em impostos em três grupos (classes) e cada grupo escolhia igualmente os delegados que votariam nos candidatos a deputados para o Parlamento Prussiano (*Landtag*).

Dado que boa parte dos impostos era paga sobre a propriedade, Fife[194] aponta que a divisão das classes terminava acompanhando a seguinte proporção: um terço dos delegados era escolhido por 4% dos eleitores, que compunham a primeira classe, outro terço era escolhido pela segunda classe, da qual eram integrantes 14% dos eleitores, e o terço restante era escolhido por 82% de eleitores que compunham a terceira classe. Essa distorção podia chegar ao limite em alguns municípios, como era ocaso de Berlim, onde metade dos assentos do legislativo estava nas mãos de proprietários de imóveis, que compunham 1% dos habitantes.[195]

---

193 FIFE, Robert. *The German Empires Between Two Wars*: A Study of the Political and Social Development of the Nation Between 1871 and 1914. Nova York: MacMillan Company, 1916, p. 426. Disponível em: https://archive.org/details/germanempirebetw00fiferich. Acessado em: 06.08.2022.

194 FIFE, Robert. *The German Empires Between Two Wars*: A Study of the Political and Social Development of the Nation Between 1871 and 1914. Nova York: MacMillan Company, 1916, p. 426. Disponível em: https://archive.org/details/germanempirebetw00fiferich. Acessado em: 06.08.2022.

195 MULLIN, John. "American Perceptions of German City Planning at the Turn of the Century". *Landscape Architecture & Regional Planning Faculty Publication* Series, 1976, p. 11. Disponível em: http://scholarworks.umass.edu/larp_faculty_pubs/35. Acessado em: 08.06.2022.

Esse cenário de captura do legislativo municipal repetia-se em Frankfurt. A legislação de zoneamento trouxe consigo a necessidade de ampliação da área urbanizável e também a aquisição de novas áreas para futuras incorporações. Somando-se a isso a necessidade de criação de aparelhos públicos nas áreas centrais, a opção de Adickes foi solicitar à Câmara Municipal mais verbas orçamentárias, prontamente negadas. Assim, a municipalidade opta pela criação de dois fundos públicos – o Fundo de Construção de Vias e o Fundo Especial para Propriedade Imobiliária do Município. A captação de recursos se dará de diversas formas: emissão de títulos, participação de receitas tributárias advindas das transações imobiliárias, receitas com venda de ativos imóveis e até a receita do sistema de transportes públicos.[196]

Enquanto os objetivos perseguidos pelo zoneamento da cidade externa estavam focados na limitação das atividades fabris e construção de moradias para as classes menos abastadas, a reconfiguração da cidade interna obedecia à modernização dos espaços comuns. Parques, escolas, novas vias e transporte público são criados em ambas as cidades (interna e externa).

Porém, cumpre destacar que alguns projetos da cidade externa se sobressaem, como foi o caso do novo porto às margens do Rio Main. Integrando residências para trabalhadores e aumento do calado do rio, a criação de uma nova zona industrial afastada da cidade com galpões e até lojas só poderia ser viabilizada com a nova Lei de Zoneamento. Conta John Mullin[197] que Patrick Geddes faz referência ao projeto como algo saudável para a comunidade e os indivíduos.

---

196 BABA, Satoshi. "Urban Land Policy in Frankfurt am Main at the Turn of the Twentieth Century: A Case Study of a German 'Social City'". *CIRJE Discussion Papers*, fevereiro, 2014, p. 6. Disponível em: http://www.cirje.e.u-tokyo.ac.jp/research/dp/2014/2014cf919.pdf. Acessado em: 08.06.2022.

197 MULLIN, John. "American Perceptions of German City Planning at the Turn of the Century". *Landscape Architecture & Regional Planning Faculty Publication* Series, 1976. Disponível em: http://scholarworks.umass.edu/larp_faculty_pubs/35. Acessado em: 08.06.2022.

Como menciona Calabi,[198] a Lei de Zoneamento de Frankfurt foi revista ao menos duas vezes em vinte anos. Com as aquisições de novas áreas para futuras edificações,[199] o plano precisou ser revisto, consagrando a noção tecnocrática de que, para garantir sua eficiência, o zoneamento municipal necessita ser constantemente atualizado. As Figuras 5 e 6 a seguir ilustram a expansão da cidade no período entre 1891 e 1910.

Figura 7 - Plano de zoneamento de Frankfurt em 1900

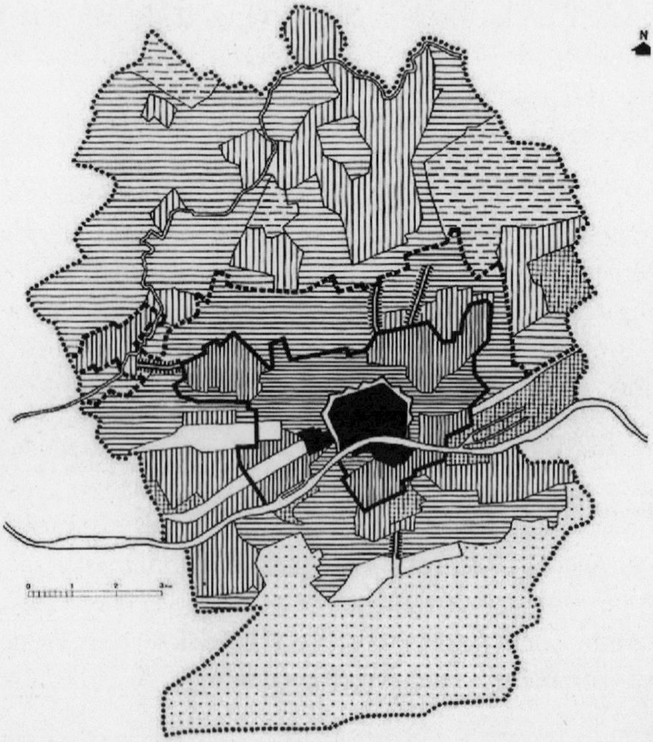

198 CALABI, Donatella. *História do Urbanismo Europeu*. São Paulo: Perspectiva, 2012.

199 BABA, Satoshi. "Urban Land Policy in Frankfurt am Main at the Turn of the Twentieth Century: A Case Study of a German 'Social City'". *CIRJE Discussion Papers*, fevereiro, 2014. Disponível em: http://www.cirje.e.u-tokyo.ac.jp/research/dp/2014/2014cf919.pdf. Acessado em: 08.06.2022.

<table>
<tr><td></td><td>Limite de município e da cidade externa</td><td></td></tr>
<tr><td></td><td>Delimitação da “zona externa” e “zona interna” da cidade externa</td><td></td></tr>
<tr><td></td><td>Cidade interna</td><td></td></tr>
<tr><td></td><td>Bairros residenciais</td><td rowspan="2">Zona Interna</td></tr>
<tr><td></td><td>Bairros mistos</td></tr>
<tr><td></td><td>Bairros residenciais</td><td rowspan="3">Zona Externa</td></tr>
<tr><td></td><td>Bairros mistos</td></tr>
<tr><td></td><td>Zonas industriais</td></tr>
</table>

Fonte: Mancuso[200]

Figura 8 - Plano de zoneamento de Frankfurt em 1910

<table>
<tr><td></td><td>Limite de município e da cidade externa</td><td></td></tr>
<tr><td></td><td>Limite entre a zona externa e a área sob jurisdição de Frankfurt</td><td></td></tr>
<tr><td></td><td>Delimitação da “zona externa” e “zona interna” da cidade externa</td><td></td></tr>
<tr><td></td><td>Cidade interna</td><td></td></tr>
<tr><td></td><td>Bairros residenciais</td><td rowspan="2">Zona Interna</td></tr>
<tr><td></td><td>Bairros mistos</td></tr>
</table>

200 MANCUSO, Franco. *Las Experiencias del Zoning*. Barcelona: Gustavo Gili, 1980, p. 134.

<table>
<tr><td></td><td>Bairros residenciais</td><td rowspan="3">Zona Externa</td></tr>
<tr><td></td><td>Bairros mistos</td></tr>
<tr><td></td><td>Zonas industriais</td></tr>
<tr><td></td><td>Bairros residenciais</td><td rowspan="4">Jurisdição</td></tr>
<tr><td></td><td>Bairros mistos</td></tr>
<tr><td></td><td>Zona rural</td></tr>
<tr><td></td><td>Vias com normas especiais</td></tr>
</table>

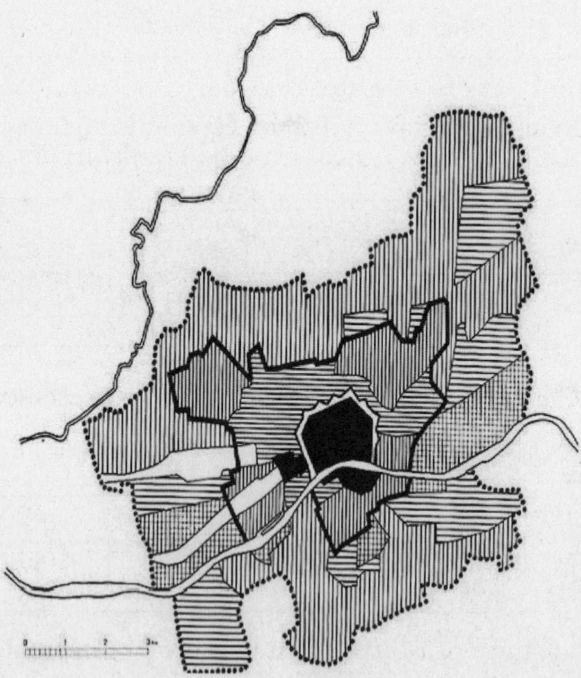

Fonte: Mancuso[201]

201 MANCUSO, Franco. *Las Experiencias del Zoning*. Barcelona: Gustavo Gili, 1980, p. 135.

A contínua expansão da Lei de Zoneamento de Frankfurt, a rápida adoção do modelo por cidades como Berlim e o surgimento de inúmeros adeptos por toda a Europa e os Estados Unidos conformarão, então, o zoneamento como uma realidade no planejamento urbano municipal, tornando-se este talvez o principal instrumento para a efetivação da organização eficaz do espaço.

O discurso sanitarista, carregado de boas intenções e fundado na realidade da disfuncional cidade industrial, será, como visto, o fio condutor desse processo. A racionalidade da saúde pública se aliará à outra meta – a manutenção de um mercado imobiliário saudável –, diminuindo os efeitos nocivos da valorização da terra em razão do adensamento populacional causado pela industrialização e a própria instalação de novas fábricas.

Porém, como já foi dito, o discurso do bem comum e de um mercado justo ocultava a disputa econômica que rapidamente tomou conta da cidade industrial. A proletarização das cidades, tanto havia criado um ambiente indesejável para as classes altas, quanto propiciava o caldo de cultura para a organização de massas de trabalhadores. Associações, grupos sociais, movimentos e o próprio Partido Social Democrata alemão acendem o sinal de alerta da elite latifundiária prussiana, bem como dos capitalistas industriais e financeiros que afloravam por todos os estados alemães.

Entretanto, apesar de o discurso oficial clamar por maior racionalidade socioeconômica na implementação do zoneamento, toda a política de solo urbano iniciada juntamente com a nova lei trouxe um aumento sensível dos custos municipais, realizando o *spatial fix* de Harvey à custa da expansão do gasto público, tanto no nível do Estado prussiano, como no nível municipal.

2.3 Questões subjacentes: o ajuste espacial e a luta de classes

A aplicação de um modelo de zonas implica à cidade algumas condições. A primeira delas talvez seja o tamanho. Especialmente nos primórdios de sua regulação, o zoneamento surgia conforme os conflitos socioeconômicos afloravam. Problemas sanitários, controle da atividade industrial, regulação do potencial construtivo dos edifícios e a questão do preço dos imóveis são questões típicas das grandes cidades. E mais. Praticamente todas essas dificuldades advinham do processo de industrialização que as nações europeias atravessavam.

Desta feita, o zoneamento como instrumento de controle de uso do espaço urbano é um fenômeno da cidade industrial. Isso não significa que a regulação de parcela do solo urbano não tenha sido utilizada em outros períodos. Entretanto, como foi demonstrado até aqui, foi nesse momento histórico que as condições objetivas para a racionalização do espaço urbano da forma descrita se viabilizaram.

Por estar inserido na dinâmica de acumulação de capital da cidade industrial, o zoneamento pressupõe a existência de grandes cidades, com forte dinamismo econômico.[202] Além disso, o centro urbano deve possuir uma administração forte e estável, motivo pelo qual a Alemanha talvez tenha liderado o processo de organização urbana por meio do zoneamento. Robert Fife[203] indica que os estados alemães gozavam de um quadro *sui generis* àquela época: historicamente, a figura da cidade-Estado (*freistadt*)

---

202 MANCUSO, Franco. *Las Experiencias del Zoning*. Barcelona: Gustavo Gili, 1980.

203 FIFE, Robert. *The German Empires Between Two Wars*: A Study of the Political and Social Development of the Nation Between 1871 and 1914. Nova York: MacMillan Company, 1916, p. 426. Disponível em: https://archive.org/details/germanempirebetw00fiferich. Acessado em: 06.08.2022.

é muito presente na organização política local. Hamburgo, Berlim e várias grandes cidades gozaram em menor ou maior medida de liberdades administrativas não verificáveis em nações como a França ou Inglaterra.

Mesmo Frankfurt foi anexada à Prússia em 1866, preservando algumas liberdades, tanto jurídicas quanto políticas. A *Lex Adickes*, aprovada em 1902, é um ótimo exemplo disso. Em função da contínua pressão de Adickes sobre o *Landtag*, o parlamento prussiano aprova uma norma de eficácia espacial limitada a Frankfurt. A lei, que, como mencionamos, será sucessivamente copiada por toda a Alemanha, deu à municipalidade a possibilidade de desapropriar imóveis, garantindo que até 40% da área não fossem indenizados aos proprietários, desde que utilizados para fins públicos, tais como arruamento ou construção de parques.[204]

Franco Mancuso[205] aduz que outra condição necessária para a adoção do zoneamento seria a manutenção da propriedade privada do solo, haja vista que a desapropriação em larga escala é impossível e sua estatização, irrealizável. De fato, tratar de estatização completa do solo urbano seria irrealizável, especialmente no momento em que a Alemanha era absolutamente controlada por uma elite retrógrada e latifundiária. Ao inaugurar o século XX, em 1908, o Partido Social Democrata Alemão contava com sete deputados no *Landtag*.[206]

---

204 MULLIN, John. "American Perceptions of German City Planning at the Turn of the Century". *Landscape Architecture & Regional Planning Faculty Publication* Series, 1976. Disponível em: http://scholarworks.umass.edu/larp_faculty_pubs/35. Acessado em: 08.06.2022.

205 MANCUSO, Franco. *Las Experiencias del Zoning*. Barcelona: Gustavo Gili, 1980.

206 O quadro mudará sensivelmente em várias cidades alemãs, em seus estados e até mesmo no *Reichtag* poucos anos depois. De qualquer forma, até o início do século XX, era visível a inviabilidade de um reformismo mais radical dentro do Legislativo ou do Executivo alemão. (FIFE, Robert. *The German Empires Between Two Wars, A Study of the Political and Social Development*

Porém, se a estatização completa do solo urbano era mesmo impensável, Satoshi Baba[207] indica que a desapropriação foi instrumento largamente utilizado pela administração frankfurtiana. Mais do que isso, várias municipalidades atuaram ativamente no mercado imobiliário do período. Indica Baba que, entre 1896 e 1913, os registros de compra de terras das cidades alemãs mostram grande atividade, conforme mostra a Tabela 2:

Tabela 2 - *Ranking* de propriedade de terra nas cidades alemãs (ha)

	1896/1897		1901/1902		1908/1909		1912/1913	
1	Görlitz	30.990	Görlitz	31.062	Görlitz	31.141	Görlitz	31.310
2	Berlim	11.466	Berlim	14.748	Berlim	18.576	Berlim	20.411
3	Breslau	5.140	Stettin	2.001	Rostock	11.453	Rostock	11.586
4	Stettin	4.625	Breslau	4.978	Breslau	6.714	Brandenburg a. I-	7.147
5	Frankfurt a.M.	4.076	Straßburg i.E..	4.800	Stettin	5.483	Breslau	6.925
6	Magdeburg	2.569	Frankfurt a.M.	4.465	Frankfurt a.M.	5.362	Stettin	6.537
7	Liegnitz	2.325	München	3.535	Brandenburg a. I-	5.092	Frankfurt a.M.	6.366
8	Hannover	1.928	Leipzig	3.402	Frankfurt a.O.	5.010	Leipzig	5.449
9	München	1.621	Danzig	3.045	München	4.752	Frankfurt a.O.	5.120
10	Aachen	1.073	Liegnitz	2.330	Leipzig	4.720	München	5.001

Fonte: Baba[208]

Analisando os dados em separado, vê-se que o estoque de terras de Frankfurt é crescente durante todo o período estudado.

of the Nation Between 1871 and 1914. Nova York: Macmillan, 1916, p. 190. Disponível em: https://archive.org/details/germanempirebetw00fiferich.).

207 BABA, Satoshi. "Urban Land Policy in Frankfurt am Main at the Turn of the Twentieth Century: A Case Study of a German 'Social City'". *CIRJE Discussion Papers*, fevereiro, 2014. Disponível em: http://www.cirje.e.u-tokyo.ac.jp/research/dp/2014/2014cf919.pdf. Acessado em: 08.06.2022.

208 BABA, Satoshi. "Urban Land Policy in Frankfurt am Main at the Turn of the Twentieth Century: A Case Study of a German 'Social City'". *CIRJE Discussion Papers*, fevereiro, 2014, p. 28. Disponível em: http://www.cirje.e.u-tokyo.ac.jp/research/dp/2014/2014cf919.pdf. Acessado em: 08.06.2022.

Gráfico 1 - Evolução do estoque de terras da cidade de Frankfurt

Fonte: Baba[209]

Em 21 anos, a cidade de Frankfurt parte de um estoque de quase 4 mil hectares, em 1894, para quase 6.500 em 1915. O trabalho de Baba aponta que, durante o termo de Adickes, entre a compra e a venda de terras, essa cidade aumentou em quase 60% seu território, a maior parte entre as onze comunidades por ela absorvidas.[210]

Conforme aponta o estudo de Baba, boa parte das aquisições imobiliárias, a partir da Lei de Zoneamento, tem como justificativa a incorporação futura, que, juntamente com a criação de

---

209 BABA, Satoshi. "Urban Land Policy in Frankfurt am Main at the Turn of the Twentieth Century: A Case Study of a German 'Social City'". *CIRJE Discussion Papers*, fevereiro, 2014, p. 30. Disponível em: http://www.cirje.e.u-tokyo.ac.jp/research/dp/2014/2014cf919.pdf. Acessado em: 08.06.2022.

210 As políticas de compra de terras e a absorção de comunidades vizinhas foram largamente utilizadas neste período em toda a Alemanha. Para mais informações, ver as considerações de Franco Mancuso. MANCUSO, Franco. *Las Experiencias del Zoning*. Barcelona: Gustavo Gili, 1980, p. 43.

infraestrutura de serviços públicos e prédios para a administração, configurava os dois principais objetivos da política de uso do solo. Nos dois períodos analisados pela pesquisa de Baba – 1900-1901 e 1909-1910 –, o foco das aquisições foi para a construção de novas residências. Ao final do primeiro decênio do século XX, o principal objetivo era o alinhamento urbano para construção de moradias, possivelmente viabilizado pela *Lex Adickes*.

Assim, o crescimento da cidade deu-se majoritariamente através de desapropriações, em sua maioria, de terrenos em área urbana – fosse em seu próprio território ou em comunidades vizinhas. As grandes aquisições de terras ocorreram com propósitos específicos: a construção do novo porto da cidade é um exemplo. Outros objetivos, na maioria dos casos, diziam respeito à construção de residências.

A principal expectativa com a adoção do zoneamento em Frankfurt – que limitava as densidades dos imóveis –, aliada a um programa sistemático de compra de terras, era o controle sobre o preço da terra, que havia disparado na cidade. A industrialização do período havia encarecido a terra e os aluguéis. A primeira, por conta da possibilidade de construção de fábricas ou prédios residenciais. Os aluguéis, pelo choque de demanda que a cidade vivenciava de forma persistente ao longo da segunda metade do século XIX.

Boa parte da discussão sobre a valorização imobiliária ganhou corpo após a malsucedida política de construção de moradias de 1884. Conforme descreve Somekh,[211] a uniformização dos índices de adensamento da cidade, equalizados na cidade interna e na externa, criou edifícios com cinco pavimentos, de uso misto, sem recuos e com pouca ventilação. Além disso, as normas construtivas de 1884, ao não parametrizarem as densidades dos bairros, possibilitavam uma mistura entre as classes sociais. Além disso,

211 SOMEKH, Nadia. *A Cidade Vertical e o Urbanismo Modernizador*: São Paulo, 1920-1939. São Paulo: FAU-USP, 1994. (Tese de Doutorado).

como já foi dito, assim como em várias cidades da Alemanha do período, a existência em Frankfurt de bairros onde a mistura de classes poderia ocorrer até no mesmo edifício elevou o tom das críticas junto à administração.

Por um lado, os moradores de renda mais alta demandavam a saída das classes baixas de seus edifícios, valendo-se das questões sanitárias e da própria desvalorização do imóvel em face da precariedade de algumas moradias, que abrigavam, às vezes, até oito pessoas por cômodo.[212] Por outro, os construtores e agentes imobiliários pressionavam a administração a garantir alguma previsibilidade ao investimento, dado que a incerteza sobre a vizinhança diminuía o potencial lucro dos negócios.

Logo, a Lei de Zoneamento de Frankfurt precisaria ser acompanhada de um processo de urbanização de novas áreas, como foi feito. Para tanto, a política urbana do período opta pela aquisição sistemática de terras, garantindo a reorganização do espaço e afastando a população de baixa renda do convívio com as classes média e alta.

Ao contrário do que se pretendia, a política de ação municipal sobre o mercado imobiliário não conseguiu evitar a valorização fundiária ou imobiliária. Mesmo com a criação do imposto sobre a valorização imobiliária, pago ao tempo das transações com imóveis, e com a possibilidade de não indenização de até 40% do valor do imóvel caso o mesmo fosse utilizado na implementação de infraestrutura urbana (garantido à administração pela *Lex Adickes*), o que se viu foi a valorização contínua dos preços dos imóveis.

O preço do terreno construído comprado permaneceu mais caro do que o vendido pela administração. A terra nua valorizou-se três vezes. Ao se tornar ator ativo do mercado imobiliário, o

---

212 MUMFORD, Lewis. *The Culture of Cities*. Orlando: Harcourt Brace Jovanovich Publishers, 1970, p. 164.

governo municipal criou a expectativa permanente de aquisição de novas terras, competindo ferozmente com a iniciativa privada e inflando o mercado local como um todo. Por exemplo, entre 1893 e 1894, o preço médio da venda de terrenos (ha) subiu de pouco mais de 600 marcos, em 1893, para mais de 1.800 no ano seguinte.[213]

Dado o constante endividamento da administração e o receio de Adickes em promover a atuação da Administração na construção de moradias, por entender que qualquer subsídio à construção de imóveis configuraria injustiça tributária com outros contribuintes, o governo municipal, a partir de 1900, se valerá do arrendamento imobiliário (*Erbbaurecht*), previsto pelo Código Civil, para viabilizar a construção de moradias, especialmente para a população de baixa renda.

Basicamente, a municipalidade passa a arrendar terras para a construção de moradias. Em alguns casos, estava prevista a opção de compra desses imóveis.[214] E se a aquisição de novos terrenos é viabilizada através de tributos, emissão de títulos e apropriação de receitas da administração, o modelo de arrendamento será financiado pelo sistema bancário. As companhias construtoras de habitação de utilidade pública, ao final de 1914, serão responsáveis por mais de 80% das construções de residências na cidade.

O processo de gestão do espaço urbano em Frankfurt obedeceu a um rito que inclui zoneamento, expansão urbana, novo zoneamento, nova expansão etc. Esta dinâmica implicou no

213 BABA, Satoshi. "Urban Land Policy in Frankfurt am Main at the Turn of the Twentieth Century: A Case Study of a German 'Social City'". *CIRJE Discussion Papers*, fevereiro, 2014. Disponível em: http://www.cirje.e.u-tokyo.ac.jp/research/dp/2014/2014cf919.pdf. Acessado em: 08.06.2022.

214 BABA, Satoshi."Urban Land Policy in Frankfurt am Main at the Turn of the Twentieth Century: A Case Study of a German 'Social City'". *CIRJE Discussion Papers*, fevereiro, 2014. Disponível em: http://www.cirje.e.u-tokyo.ac.jp/research/dp/2014/2014cf919.pdf. Acessado em: 08.06.2022.

espraiamento da cidade, juntamente com a retirada da população de baixa renda de sua área interna. O programa do novo porto fluvial é um exemplo: afastado do centro urbano, o novo porto comportaria uma área residencial para os trabalhadores. Mais ainda, como as Figuras 5 e 6 ilustram, as novas áreas adquiridas e zoneadas a partir do primeiro plano possuíam grandes divisões para uso residencial e misto. No entanto, dado que o modelo de adensamento obedecia a um sistema circular decrescente, as classes mais pobres foram sistematicamente expulsas para as áreas mais distantes da cidade. Na luta pela melhor localização, as classes dominantes seguiram impondo suas vontades, auxiliadas pela política de expansão urbana de Adickes.

De outro lado, a compra constante de terras para incorporações futuras fez as vezes da especulação imobiliária na cidade. A opção de adquirir e zonear novas áreas, com o fim de urbanizá-las, transformaria parte da zona rural em urbana, causando uma valorização contínua de todo o estoque de terrenos da região, inclusive fora de Frankfurt.

Todavia, não seriam apenas os proprietários de terras que seriam beneficiados pela política de solo urbano do período. O formato adotado colocava para a incorporação privada a tarefa da construção de moradias, especialmente para a população de baixa renda. Entre associações e empresas, houve uma intensa participação do capital privado na incorporação e construção de novas moradias, fosse através do arrendamento imobiliário, fosse por meio da venda de terrenos para a construção residencial, conforme demonstra a Tabela 3 a seguir.

Tabela 3 - Venda de terras municipais para construção de moradias populares (1900-1913)

year	area	Purchaser	value	value per m²	Provision	Repurchase
	ha		Mark		of Funds	right
1901 1905 1909	5,499	Officials Housing Association	222,740	40,51	no	no
1903 1910	5,522	Joint-Stock Company for Construction of Small Housing	264,512	47,9	no	no
1906	3,120	Frankfurt Public Utility Housing Company	700,000	224,36	no	yes
1908 1909	54,648	People, Construction and Saving Association	1,244,620	22,78	no	no
1913	3,548	Frankfurt Public Utility Housing Company	117,793	33,2		
1913	39,554	Griesheim Public Utility Housing Company	197,770	5	no	no
1913	10,825	Frankfurt Royal Railway Administration	411,350	38	no	no
Total	122,716		3,158,785			

Fonte: Satoshi Baba[215]

Como já mencionamos, a expansão da infraestrutura urbana e dos empreendimentos residenciais aconteceu com auxílio de recursos públicos, tanto através de lançamentos de títulos da dívida municipal, como através da capitalização e viabilização de sistemas de crédito para a construção de moradias. Ainda, classes como professores e funcionários públicos utilizaram em larga escala o arrendamento como forma de financiar seus imóveis.

Assim, a expansão do capitalismo industrial em Frankfurt apresentou outra faceta: o crescimento da construção civil, apoiado no aumento do gasto público na aquisição de terras, dirigindo os recursos excedentários para a máquina de crescimento frankfurtiana. Ao mesmo tempo, asseguravam-se os novos investimentos, ao passo que o discurso sanitário seria o véu da luta de classes na cidade. Ao menos até Ernst May transformar a política urbana da cidade durante a República de Weimar, sob a necessidade de

215 BABA, Satoshi. "Urban Land Policy in Frankfurt am Main at the Turn of the Twentieth Century: A Case Study of a German 'Social City'". *CIRJE Discussion Papers*, fevereiro, 2014, p. 33. Disponível em: http://www.cirje.e.u-tokyo.ac.jp/research/dp/2014/2014cf919.pdf. Acessado em: 08.06.2022.

garantir melhor qualidade de vida aos cidadãos, a administração de Frankfurt auxilia diretamente na segregação da cidade, não resolve os problemas relativos aos preços dos imóveis e aumenta sensivelmente a dívida pública.

Porém, se o momento consagrou a exclusão espacial, Franz Adickes deixou como legado o que Somekh chamou de permissão a uma articulação funcional à cidade.[216] O zoneamento frankfurtiano levará a calculabilidade e a previsibilidade necessárias para a expansão do capital a outros níveis de complexidade. Ao especializar as áreas de sua cidade, Adickes deu maior segurança jurídica ao circuito de acumulação do capital no espaço urbano, facilitando o investimento de capital e garantindo maiores taxas de retorno sobre os valores investidos. Conseguiu ainda organizar a construção civil tanto no setor de construção de imóveis quanto na parte de infraestrutura urbana. Tudo isso mantendo a curva ascendente do preço da terra, valorizando os ativos imobiliários de toda a região.

E se no plano local o zoneamento nasce sob este quadro, há de se mencionar também os aspectos macrojurídicos nos quais o instrumento está inserido desde seu nascimento. Na Alemanha e na Prússia de 1891, não era só o capitalismo industrial que crescia vertiginosamente. O proletariado e a esquerda revolucionária também. Na tentativa de mediar os processos, tanto o governo central como o estado da Prússia buscam mitigar os efeitos colaterais da industrialização, ao mesmo tempo em que organizam novas frentes de acumulação. A questão da moradia ocupará uma parte importante da agenda social, tanto de Guilherme II quanto de Bismark. Se a República de Weimar transformará a pauta urbanística, especialmente em Frankfurt, os atores políticos dos anos anteriores à Primeira Guerra optam por formas distintas de combater o problema urbano.

216 SOMEKH, Nadia. *A (Des)Verticalização de São Paulo*. São Paulo: FAU-USP, 1987, p. 45. (Dissertação de Mestrado).

2.4 A inserção do zoneamento de Frankfurt no plano macrojurídico alemão

Durante o final do século XIX e o início do século XX, o governo central alemão tratou de aplicar uma política social bastante conservadora, baseada na expansão da previdência e outras formas de seguros sociais.[217] Menos pelo seu caráter passivo e mais pela forma de adoção, a política social e a subsequente implementação de direitos obedeceram a um modelo baseado no bem-estar das classes trabalhadoras para que pudessem executar com mais eficiência seu trabalho.

Durante o terceiro quartel do século XIX, Guilherme II e Bismarck intensificam seus ataques ao que se chamou "lutas sociais-democráticas". O termo, atribuído à expansão do partido social-democrata alemão (SPD) a partir daquele período, tenta minimizar o constante avanço de greves, piquetes, manifestações e paralisações que o crescente movimento operário realizava por todo território alemão. Dado que em certo grau tais manifestações ganham corpo, conforme o *Reichstag* aprova cada vez mais medidas contra a organização proletária e o próprio partido social-democrata, o governo central, cada vez mais acuado pela confirmação de gestar um governo classista e antioperário, opta por aprovar normativas que amenizem a imagem que lhe era imposta.

Desta forma, como aponta Stolleis,[218] as medidas implementadas por Bismarck têm como foco dissuadir a opinião pública de que o *Reich* alemão operava diretamente contra os trabalhadores.

Neste quadro, a expansão do que se poderia chamar de "previdência social" do período se dá nos moldes de um discurso

---

217 STOLLEIS, Michael. *Origins of the German Welfare State*: Social Policy in Germany to 1945. Berlim: Springer-Verlag, 2013, p. 40.

218 STOLLEIS, Michael. *Origins of the German Welfare State*: Social Policy in Germany to 1945. Berlim: Springer-Verlag, 2013, p. 41.

apoiado entre a garantia estatal e os valores cristãos, no sentido de amenizar o sofrimento da população pobre. Conservadora em sua essência, a política social dessa época tenta passar a imagem de um governo que não privilegia nenhuma classe.

Uma vez derrotada a tentativa do governo central de legislar contra a esquerda alemã, entre 1878 e 1890, Bismarck abandona as chamadas leis antissocialistas e passa a adotar uma nova tática para alcançar a pacificação social.[219] Conforme aponta Stolleis,[220] o modelo de seguridade social inaugurado pelo *Reich* será um aperfeiçoamento de várias formas de proteção aos trabalhadores já vigentes, mas garantidas apenas a determinadas classes sociais ou mesmo herdadas de algumas corporações de ofício espalhadas pelo território. Segundo Ritter,[221] dentre as causas para o nascimento das políticas de assistência social do período, encontram-se a industrialização e a sua consequente urbanização.

Alinhada com o pensamento liberal-conservador do período, a política empreendida por Bismarck guarda relação direta com o prescrito por Franz Adickes. Enquanto o prefeito de Frankfurt recusava-se a atuar diretamente na construção de moradias para a classe trabalhadora, por entender que o modelo seria tributariamente injusto, o chanceler alemão entendia que qualquer regulação estatal sobre as relações laborais seria uma ingerência sobre a relação capital-trabalho.[222]

---

219 RITTER, Gerhard A. *El Estado Social, su Origen y Desarrollo en una Comparación Internacional*. Madrid: Ministerio de Trabajo y Seguridad Social, 1991, p. 81.

220 STOLLEIS, Michael. *Origins of the German Welfare State*: Social Policy in Germany to 1945. Berlim: Springer-Verlag, 2013, p. 44.

221 RITTER, Gerhard A. *El Estado Social, su Origen y Desarrollo en una Comparación Internacional*. Madrid: Ministerio de Trabajo y Seguridad Social, 1991, p. 85.

222 RITTER, Gerhard A. *El Estado Social, su Origen y Desarrollo en una Comparación Internacional*. Madrid: Ministerio de Trabajo y Seguridad Social, 1991, p. 85.

Assim, a principal política conduzida pelo governo central para tratar da questão social nas grandes cidades alemãs foca em um modelo meramente assistencial. Embora avançada para o período, tal ação estatal se funda na ideia de que o pobre apto ao trabalho seria o único responsável por sua miséria, sendo desnecessário, assim, garantir maiores intervenções do Estado central.[223] Ou seja, a resposta do Estado alemão ao fenômeno da rápida urbanização nacional terá um cunho previdenciário, atendendo pouco – ou quase nada – às questões urbanas.

Como aponta Honhart,[224] a questão da moradia urbana é tratada no período basicamente através de ações de companhias especializadas na construção de imóveis e pelo próprio capital industrial. A Alemanha, que viu entre 1871 e 1910, em cidades de mais de 100 mil habitantes, um aumento da população urbana de 2 para 14 milhões de pessoas, vê então a imprensa nacional adotar o termo "emergência habitacional" para tratar da falta de residências, especialmente para o proletariado.

As soluções do período passam necessariamente pelo setor privado. Inicialmente, o modelo de construção conta com o crédito privado e companhias especializadas em construção. Mais à frente, as indústrias se responsabilizam pela produção de moradias, sendo que na maioria dos casos o modelo adotado é o de casas de aluguel para os seus empregados.[225] O governo central, quando muito, adota uma possibilidade de empréstimo subsidiado ao trabalhador, como se viu entre 1890 e 1914, período em que se estima que cerca de 500

---

223 RITTER, Gerhard A. *El Estado Social, su Origen y Desarrollo en una Comparación Internacional*. Madrid: Ministerio de Trabajo y Seguridad Social, 1991, p. 84.

224 HONHART, Michael. "Company Housing as Urban Planning in Germany, 1870-1940". *Central European History*, 1990, nº 1: 3-21. Disponível em: http://www.jstor.org/stable/4546165. Acessado em: 06.08.2022.

225 HONHART, Michael. "Company Housing as Urban Planning in Germany, 1870-1940". *Central European History*, 1990, nº 1: 3-21. Disponível em: http://www.jstor.org/stable/4546165. Acessado em: 06.08.2022.

milhões de marcos tenham sido sacados dos fundos de previdência para a construção de moradias por cooperativas ou associações de trabalhadores. Ainda assim, o nível de articulação se dá entre Estado e indivíduo. O crédito flui através do trabalhador, que, por iniciativa própria, deve arcar com a sua moradia.

Durante esse período, são poucas as administrações municipais que enfrentam o tema. A principal exceção é Ulm, cuja municipalidade responsabiliza-se pela construção de moradias populares. Frankfurt am Main, porém, segue sendo o modelo, vendendo terras para a construção de moradias populares, via de regra nas áreas da "cidade externa".

Como visto, Frankfurt trata da questão da moradia urbana apenas na lógica apontada por Baba: a compra e venda de terrenos para as associações de trabalhadores, companhias especializadas na construção de moradias populares ou equivalentes. Assim, na dinâmica da construção civil, a Lei de Zoneamento se insere apenas no debate local, em que a municipalidade atua apenas indiretamente sobre a questão habitacional.

Essa constatação é importante, pois a relação entre o financiamento nacional e a política urbana da cidade keynesiana-fordista faz com que o zoneamento se articule em outro nível dentro do espectro de regulação econômica do espaço. Essa questão será abordada mais adiante. O que interessa aqui, por ora, é que, neste primeiro momento, a norma frankfurtiana que trata da ocupação do espaço da cidade apresenta um nível de articulação limitado à esfera local. Apesar de a Lei de Zoneamento estar inserida em uma política de uso do solo que pretendia solucionar a questão da moradia da classe trabalhadora e a manutenção do crescimento industrial na cidade, através da compra e venda de terrenos, não se vê participação relevante do governo central, ao menos nesse momento.

Por óbvio, existem exceções, mas é possível afirmar que a interação entre o setor da construção civil e o ordenamento do solo acontece apenas em nível local. Qualquer movimentação de capital financeiro se dá apenas na esfera privada e sem coordenação nacional. Naquele momento, na Alemanha, ao que tudo indica, o nível de articulação entre a norma de zoneamento – aqui expressão da organização econômica do espaço urbano – e a organização macroeconômica e macrojurídica da circulação do capital ainda estava restrito às relações privadas, inexistindo uma coordenação ditada pela administração central.

Como já afirmamos, a clara inclinação liberal-conservadora de Bismarck e de Guilherme II faz com que as medidas de alívio à pobreza sejam focadas na seguridade social. Sem linhas de créditos para construção civil, ou ações diretas para a questão urbana, o foco é o trabalhador.

2.5 A transformação do modelo na Europa

Se no período do nascimento do zoneamento não houve propriamente uma articulação entre governo central e autoridades locais, o mesmo não pode ser dito do momento político seguinte, cuja inauguração legislativa é a promulgação da Constituição de Weimar de 1919.[226]

O texto constitucional de 1919 traz em seu artigo 155 as disposições para o uso e a ocupação do solo alemão.[227] Sob a

226 Sabe-se que por todo território alemão, antes de 1919, já se proliferavam ações políticas e discussões legislativas sobre a questão social. Todavia, é inegável que o marco legislativo sobre os direitos sociais e os direitos econômicos será mesmo a Constituição de Weimar de 1919. E, apesar da promulgação da Carta Mexicana datar de 1917, será Weimar – talvez por toda conjuntura que esteja inserida – que se tornará a referência internacional para a constitucionalização dos direitos sociais e econômicos.

227 "Art. 155. A divisão e o aproveitamento do solo serão inspecionados pelo Reich de maneira a impedir os abusos, e tendo à meta de que cada alemão conte com uma moradia digna, e que todas as famílias alemãs, especialmente as numerosas, tenham a sua disposição um lar e um patrimônio econômico adequado às suas necessidades domésticas. O direito de patrimônios

batuta da República de Weimar, a interação entre políticas municipais para uso e ocupação do solo – especialmente as voltadas à moradia da classe trabalhadora – é operada de acordo com a nova linha política.

Incentivado pelo dispositivo constitucional, o poder central alemão atua prontamente para solucionar a questão da moradia. Como indica Stolleis,[228] a Primeira Guerra ocorre com grandes repercussões para a questão habitacional. Dos ex-combatentes aos emigrantes oriundos da Alsácia, o aumento do número de pessoas que precisam de novos lares é expressivo. Com o setor da construção civil paralisado em função dos esforços de guerra, os problemas habitacionais tomam contornos dramáticos na Alemanha da década de 1920.

Diante desse quadro e em decorrência da previsão constitucional, o Estado alemão propõe uma série de normas de âmbito federal para tratar da questão da moradia. Conforme aponta Bühler,[229] entre

---

familiares que se estabeleça levará em conta especialmente os ex-combatentes. Poderá ser expropriada a propriedade daqueles imóveis cuja aquisição se requeira para as necessidades de moradia, o fomento à colonização ou plantio e a melhora da agricultura. Os fideicomissos deverão ser suprimidos. O cultivo e exploração da terra é um dever do proprietário para com a coletividade. O incremento do valor do solo que não seja devido a uma inversão de trabalho ou capital resultará em benefício da comunidade (Gemeinschaft). Todos os recursos naturais e forças da natureza de valor econômico estão sob supervisão do Estado. Os royalties privados se transferirão ao Estado por via legislativa". Tradução livre para o português a partir da edição espanhola da obra *La Constituición de Weimar, texto de la Constitución alemana de 11 de agosto de 1919*. Colección Clásicos del Pensamiento. Eloy García (dir.). Tecnos: Madrid, 2010, p. 358.

228 STOLLEIS, Michael. *Origins of the German Welfare State*: Social Policy in Germanyto 1945. Berlim: Springer-Verlag, 2013, pp. 111-113.

229 BÜHLER, Ottmar. "Texto da Constituición Alemana de 1919 y Comentario Sistemático de sus Perceptos". *La Constituición de Weimar (texto de la Constituición alemana de 11 de agosto de 1919)*. 3ª ed. 1929. Coleção Classicos Del Pensamiento, Eloy García (dir.). Tecnos: Madrid, 2010, p. 319.

1919 e 1920, dentre outros dispositivos, o governo central aprova, junto ao *Reichstag*, a Lei de Enfrentamento à Crise Habitacional (1920), a Ordenação para Pequenas Plantações e Pequenas Locações (1920), a Ordenação de Proteção aos Locatários (1920), a Lei de Colonização do *Reich* (1919) e a Lei de Patrimônios Familiares do *Reich* (1920). Todas as normas têm como objetivo mitigar a crescente crise do setor habitacional alemão. E entre 1922 e 1923, como indica Stolleis,[230] duas normas são editadas para tratar do preço dos aluguéis, buscando evitar aumentos abusivos.

E ainda vale a indicação de Horsfall[231] sobre a série de decretos que a Prússia iria emitir para tentar equacionar a falta de moradias populares em seu território. Entre as ordenações estavam as obrigações do governo prussiano em relação aos seus funcionários de baixa renda – funcionários públicos de toda a Prússia deveriam ser beneficiados por programas de moradias populares. Além disso, houve também o indicativo de que empregados do setor privado que estivessem em situação análoga – baixa renda e inviabilidade de manter uma moradia digna – fossem contemplados por programas semelhantes. Há ainda a menção de que famílias com alto grau de comprometimento de renda, em função de altos custos com aluguéis, também pudessem ser elegíveis para programas de moradias populares.

A mudança de postura do governo central, e mesmo do governo prussiano, em relação à questão urbana tem origem em questões fáticas – o agravamento da questão habitacional no pós-guerra – e em questões políticas. Assim, a opção da República de Weimar por abarcar a questão urbana como parte do espectro das políticas sociais e da própria previsão constitucional advém,

230 STOLLEIS, Michael. *Origins of the German Welfare State*: Social Policy in Germanyto 1945. Berlim: Springer-Verlag, 2013, p. 101.

231 HORSFALL, T. C. *The Improvement of the Dwellings and Surroundings of the People. The Exemple of Germany*. Manchester: Manchester University Press, 1905, pp. 36 e ss.

em grande medida, da ascensão da esquerda alemã. Como indica Ritter,[232] o *Reich*, marcadamente antissindical, será substituído por um novo modelo, inaugurado pela República de Weimar, o da constitucionalização e federalização dos direitos sociais.

Talvez por isso a postura local da administração de Frankfurt tenha mudado ao longo da década de 1920. Com Ernst May à frente do escritório de políticas habitacionais da cidade, Frankfurt inicia, na segunda década do século XX, seu projeto de *Nova Frankfurt*, que, conforme apontou Lewis Mumford,[233] é um dos exemplos de viabilização das *Garden Cities* de Ebenezer Howard.

O projeto liderado por May, que mais tarde será requisitado pela União Soviética para a criação de novas cidades industriais, consiste na reorganização do espaço a partir da intervenção direta da municipalidade na construção de imóveis. Mais do que isso, o modelo frankfurtiano primará pela concepção de um novo padrão de moradia para o trabalhador, assegurando-lhe algum nível de conforto e dignidade. É famosa a idealização de uma cozinha padrão para que a família dos trabalhadores possa viver com um mínimo de comodidade. A chamada "cozinha de Frankfurt" (Figura 7), desenhada pela arquiteta Margarete Schütte-Lihotzky, conta com um espaço mínimo para o trânsito de pessoas, além de fogão, pia, armário para grãos e tábua de passar roupa. Ela está presente em todos os projetos habitacionais do período.

---

232 RITTER, Gerhard A. *El Estado Social, su Origen y Desarrollo en una Comparación Internacional*. Madrid: Ministerio de Trabajo y Seguridad Social, 1991, p. 145.

233 MUMFORD, Lewis. *The Culture of Cities*. Orlando: Harcourt Brace Jovanovich Publishers, 1970, p. 399.

Figura 9 - A cozinha de Frankfurt, desenhada pela arquiteta Margarete Schütte-Lihotzky

Fonte: Museum of Modern Art (US)[234]

234 "A cozinha de Frankfurt". *Counter Space*, 2011. Disponível em: https://www.moma.org/interactives/exhibitions/2010/counter_space/the_frankfurt_kitchen#highlights. Acessado em: 02.06.2022.

Nota-se que o nível de regulação jurídica entre a organização do espaço urbano é modificado a partir da República de Weimar. A previsão constitucional de uso do solo, a fim de proporcionar moradia digna ao alemão, eleva a discussão ao nível nacional, ratificando inclusive legislações infranacionais, como foi o caso da Prússia. Ademais, como visto, a dimensão do conceito de moradia digna será levada ao espaço familiar, como a ideia da cozinha frankfurtiana.

Apesar da comparação forçosa, é possível notar uma mudança na direção da regulação econômica do espaço urbano. Se talvez não seja possível falar em uma regulação fordista, percebe-se que a constitucionalização do tema e o próprio desenho da planta residencial mostram uma nova disposição do poder público em tratar do assunto.

Já em 1924, o modelo de construção de residências para as classes trabalhadoras assume um contorno mais definido. Como aponta Honhart,[235] as operações de construção se dão via intermediários, que contam com financiamentos providos pelo governo central. Assim, as "sociedades de construção de utilidade pública", como eram conhecidas, responsabilizam-se pela construção e aluguel das moradias, dividindo custos e riscos com a empresa empregadora dos trabalhadores beneficiados.

Financiadas diretamente pelo novo imposto sobre propriedade imobiliária e por alguns fundos públicos, as sociedades de construção têm alcance nacional e dividem espaço com as ações municipais de construção de moradias, vistas em cidades como Frankfurt, Berlim e alguns outros grandes centros urbanos.

Diferentemente do modelo de Bismarck, o que se vê nesse momento é a absorção da discussão em uma matriz macrojurídica.

---

235 HONHART, Michael. "Company Housing as Urban Planning in Germany, 1870-1940". *Central European History*, 1990, nº 1: 3-21, p. 11. Disponível em: http://www.jstor.org/stable/4546165. Acessado em: 06.08.2022.

A constitucionalização da questão do uso do solo implica em uma mudança de paradigma: o governo central precisa articular um modelo mais complexo de financiamento da construção de moradias, que conte explicitamente com um aporte direto do fundo público à iniciativa privada. Aqui, nota-se que o modelo de Weimar procura beneficiar as sociedades de construção de utilidade pública, restringindo o acesso do crédito a um modelo específico de agente privado.

Porém, não deixa de ser curioso que a operação no espaço urbano contemple duas das características do fordismo: a relação de mais de um estrato regulatório estatal na construção e organização do espaço – o governo federal e os municipais – e, no caso de Frankfurt, o redimensionamento do espaço residencial quando a administração atuar diretamente na edificação de moradias.

No mais, há de se analisar de forma mais detida a relação entre a construção de moradias e a organização do espaço urbano. A presença do capital industrial na tomada de decisão sobre a edificação de residências exerce óbvia influência no planejamento urbano e, por consequência, na Lei de Zoneamento.

2.6 Zoneamento e apropriação do excedente: reflexões sobre o modelo de Frankfurt

Vimos que a Lei de Zoneamento de 1891 não é um ato isolado. Como foi demonstrado, a gestão do espaço urbano sob a administração de Franz Adickes está inserida em um contexto mais amplo, dentro e fora de Frankfurt. Mais do que isso, há uma relação – ao menos indireta – entre a promoção de uma industrialização privada pelo Estado central alemão e o quadro que induz Adickes a instituir o zoneamento de Frankfurt.

O contexto que se desenha em torno da lei frankfurtiana não pode ser desprezado. O modelo bismarckiano de forçar um processo industrializante traz consequências imediatas ao espaço urbano. Aliada à grelha inorgânica e ao adensamento populacional em face da industrialização, a marcha industrial transforma a moradia proletária em questão de primeira ordem. Não apenas pelas questões sanitárias, que de fato chamavam a atenção, mas também pelo impacto gerado à moradia e à vida dos membros das classes abastadas.

O zoneamento deve ser entendido, então, como inserido em um quadro de ações múltiplas do Estado alemão, com o sentido de organizar o espaço urbano. O discurso tecnocrático da organização funcional da cidade foi o anteparo para a segregação de classe. A Lei de Alinhamento de 1875, que buscou estabelecer padrões construtivos por toda a Prússia, condiciona a lei de Frankfurt. Além disso, as novas regras de Bismarck para a seguridade social e suas ações de financiamento da infraestrutura necessária à continuidade da industrialização são elementos que devem ser levados em conta discussão sobre o surgimento do zoneamento.

Há de se ter em mente, ainda, a força política dos proprietários de imóveis em vários municípios alemães, como Frankfurt. O sistema tripartite de escolha das câmaras locais cria uma distorção natural, permitindo a capturado processo legislativo pelos proprietários de terra. Por isso, qualquer norma que organizasse o uso e a ocupação do solo urbano deveria levar em consideração a manutenção dos interesses desses proprietários. No caso frankfurtiano, o modelo não foi diferente. Assim, no plano local, mostram-se duas forças conflitantes: as questões de classe e os interesses dos proprietários de imóveis (e terras).

É neste contexto que o advento do zoneamento deve ser analisado. Dentro de um plano de organização do espaço urbano, em que interesses do capital industrial, imobiliário e de frações da classe dominante devem ser coadunados. Em outros termos, o zoneamento é parte integrante do projeto local de reorganização espacial, que será viabilizado de várias formas. As desapropriações, a *Lex Adickes* e o arrendamento imobiliário são alguns exemplos dos instrumentos dos quais a administração se vale para dar cabo do projeto de reorganização urbana.

Do ponto de vista do zoneamento, o plano consiste em organizar o espaço urbano e solucionar alguns problemas vividos pelos citadinos: adensamento urbano, desvalorização imobiliária e expansão da indústria. Em suma, Frankfurt passa a organizar seu espaço para remover a classe trabalhadora, aliviando as áreas nobres, garantir a manutenção do valor do imóvel, tanto aos já construídos quanto ao investimento futuro, permitir que a indústria se expanda sem prejudicar as classes mais ricas (a classe trabalhadora é removida para perto dos seus locais de trabalho) e, ao mesmo tempo, dar ao setor industrial a infraestrutura necessária para uma expansão contínua – por exemplo, um porto e uma estação ferroviária serão construídos para auxiliar no processo de produção industrial.

Este plano demandou algumas ações concomitantes ao zoneamento. De um lado, a compra de terras para a expansão da grelha urbana. De outro, o financiamento nacional de setores da construção e infraestrutura.

Adickes direciona o fundo público para a aquisição de terras, aumentando consideravelmente o território da cidade. Conforme este processo se desenvolve, novas áreas são construídas. Quando não há previsão na norma de zoneamento, altera-se a lei. Através do endividamento público, a cidade é produzida. Assim, o ajuste espacial frankfurtiano é financiado pelo município, garantindo a articulação de todo um setor da economia local. A partir de 1902, com a *Lex Adickes*, parte dos recursos necessários para ajustar espacialmente a cidade será viabilizada pelo desapropriado.

Nesse diapasão, a lei de 1891 é instrumento necessário para organizar a expansão da cidade. Primeiro, por organizar e dar previsibilidade às trocas: a divisão em zonas organiza o sistema de lotes, dando organicidade à grelha urbana. E, em segundo lugar, ao dar a previsibilidade necessária, possibilita a racionalização dos investimentos, que, como demonstrou Baba,[236] foram responsáveis pela geração de fortunas pessoais como a de Eugene Tornow. Tornow muda-se de Berlim em 1885 e, graças à sua ação no mercado imobiliário, amealha em poucos anos uma fortuna em terras. Em 1904, ano da sua morte, os 11 milhões de marcos que todas as suas terras somavam fazem com que a International Construction Company tenha que dividir sua aquisição com a própria municipalidade para fins de regularização urbana. Os custos com a infraestrutura – da construção à manutenção – da nova área a ser construída a partir das terras de Tornow são tão altos que devem ser divididos entre ambos.

O exemplo de Tornow mostra o nível de captura da política urbana de Frankfurt por interesses privados. Como se verá adiante, o problema parece ser mais corriqueiro do que se supõe no estudo de Satoshi Baba. Mas é importante demonstrar que a casa legislativa da cidade era, como na maioria das cidades alemãs, dominada pelos proprietários de terra. Desta forma, não parece irrazoável que a municipalidade tenha se tornado tão ativa na compra de terras, a ponto de constituir-se em principal elemento inflacionário do preço da terra. Mais ainda, a política agressiva do aumento de estoque de terras leva a cidade a um endividamento público razoável, obrigando-a a alterar sua política.

Mas também a norma de organização do espaço municipal vem dar resposta localmente às questões regionais e nacionais. Do ponto de vista regional, havia comando jurídico para as novas construções – a lei de alinhamento. Do ponto de vista nacional, há de se conciliar a expansão da atividade industrial.

---

236 BABA, Satoshi. "Urban Land Policy in Frankfurt am Main at the Turn of the Twentieth Century: A Case Study of a German 'Social City'". *CIRJE Discussion Papers*, fevereiro, 2014, p. 13. Disponível em: http://www.cirje.e.u-tokyo.ac.jp/research/dp/2014/2014cf919.pdf. Acessado em: 08.06.2022.

A Lei de Zoneamento de 1891 é o primeiro passo para garantir a transferência de recursos ao setor da construção. Seja na construção de moradias, seja em infraestrutura, o que se vê é a aplicação do excedente econômico capturado pelo Estado em espaço construído. A norma que prevê como esta relação ocorrerá é a lei de 1891.

Harvey Molotch constrói seu conceito de máquina de crescimento em torno das cidades norte-americanas da década de 1970. Porém, não deixa de ser relevante o nível de articulação entre as elites locais e regionais em torno do crescimento da cidade. A construção resultante da nova norma de zoneamento é operada exclusivamente pela iniciativa privada. Seja através de associações não lucrativas, seja por empresas comerciais, a produção urbana, a partir da lei de 1891, é privada.

As frações da elite local – construtores e proprietários – alinham-se por meio da preservação do centro antigo, a parte nobre da cidade, da construção de empreendimentos de alta densidade, garantindo a manutenção de níveis mais altos de mais-valia imobiliária aos seus proprietários. Em contrapartida, a expansão frenética do espaço urbano promovida pela municipalidade vai garantir que a construção civil se desenvolva em vários níveis. Além disso, viabiliza-se o incremento da indústria, o que se alinha também aos interesses do setor.

Se Molotch inscreve sua tese no último quartel do século XX, é possível perceber o comportamento descrito quase cem anos antes em Frankfurt. A ideologia da máquina de crescimento talvez não tenha adquirido o contorno dramático do fordismo, porém, é nítido que o discurso do crescimento articula os interesses das elites, vendendo inclusive o distanciamento urbano das classes trabalhadoras (e seu deslocamento para locais próximos aos postos de trabalho) como ganho de qualidade de vida.

Neste cenário, o financiamento da infraestrutura se dá de forma desarticulada do poder central. Como visto, Bismarck e

Adickes recusavam-se a atuar diretamente na construção e financiamento imobiliário. Por isso, a parte financeira do circuito da produção da cidade não possui necessariamente uma articulação mais refinada em nível estatal. O que há é a absorção pelo fundo público do custo de realização do plano de Adickes, viabilizando uma relação distante do modelo fordista. Em alguma medida, com a social-democracia da República de Weimar, articula-se um protofordismo, inclusive no nível residencial, com a criação da "cozinha de Frankfurt".

Por óbvio, se não há de se falar em Keynes, afasta-se qualquer discussão aqui sobre o keynesianismo espacial de Neil Brenner. Como visto, durante o governo Bismarck não há uma articulação multiescalar para a atuação do Estado sobre o espaço. As políticas do Estado central incidem sobre a questão previdenciária, sendo apenas no período posterior que será de fato organizada, em nível nacional, uma política de moradias. No mais, por mais que a constitucionalização e a federalização da discussão sobre a questão da moradia durante Weimar tragam à Alemanha alguma ação em múltiplas escalas (federal e municipal), não é possível comparar com o que se vive nos Estados Unidos a partir da década de 1920.

Por fim, a Lei de Zoneamento de Frankfurt opera no sentido tradicional de regulação do excedente. Dada a tensão entre capitalistas e classe trabalhadora, a Lei de Zoneamento vai usar a necessidade de salubridade pública como meio para garantir a apropriação do excedente pelas frações da elite. Como já mencionamos, Adickes medeia as tensões intraclasse expulsando os *mietskasernen* do centro antigo. Mais ainda, ao propiciar uma expansão do território e sua consequente urbanização pela compra pública de terrenos, premia a valorização fundiária sem desvalorizar o preço dos imóveis centrais. Ademais, a norma regulariza a divisão do solo e a própria forma de reprodução do capital no espaço. É, por óbvio, o protótipo a ser seguido daí em diante.

CAPÍTULO III

TRANSPONDO INSTRUMENTOS: DA *GILDED AGE* AO *NEW DEAL*

Na abertura de seu "Le Vincende delo Zoning", Franco Mancuso[237] e Stella Serena narram a história de Modesto, cidade da Califórnia. Situada a quase 150 quilômetros de São Francisco, Modesto é tratada como o exemplo de controle indireto sobre determinada parcela da sociedade através de normas de restrição de uso e ocupação do solo.

Incomodadas com um aumento constante da população oriental, sobretudo a chinesa, as elites locais se prestam em várias ocasiões a tentar frear a presença destas nos negócios da cidade. Depois de tentativas fracassadas de proibir diretamente tais populações de exercerem determinadas atividades em determinados locais da cidade, conta Mancuso que a solução mais assertiva para equacionar os medos das classes altas de Modesto recairá na limitação de uso do solo. Ao dividir o centro da cidade em zonas, a municipalidade excluirá de determinadas áreas a existência de

237 MANCUSO, Franco. *Las Experiencias del Zoning*. Barcelona: Gustavo Gili, 1980.

lavanderias, locais de tradicional concentração de chineses. Fundamentadas em questões de segurança urbana, como o risco de incêndio e a classificação da atividade como insalubre, as normas de zoneamento de Modesto garantirão a rápida exclusão dos orientais daqueles espaços.

Assim, em 1885, a comunidade californiana passará uma série de ordenanças municipais para limitar, de forma indireta, a presença de determinados grupos sociais. Mais ainda, a medida será adotada em sucessivas localidades – inclusive São Francisco – com propósito semelhante.

Apesar do fato histórico não guardar relação direta com o advento do zoneamento de Nova York e Chicago – os dois maiores marcos do instrumento nos Estados Unidos – há em Modesto uma inegável relação com estes dois casos. Tanto na Califórnia como nos casos da costa leste, a proposta se focou em limitar o uso de certos espaços para determinados grupos sociais.

Esta dimensão do zoneamento também é verificada, como foi dito, no seu nascimento. Em Frankfurt, o desejo das elites locais em preservar determinadas áreas da cidade para seu usufruto foi uma das questões centrais da promoção da Lei de Zoneamento por Adickes.

Porém, o caso norte-americano remete a uma longa tradição de exclusão espacial através da instituição de mecanismos jurídicos. Mesmo que o fato seja historicamente verificável em outras nações, culturas e períodos, o caso dos Estados Unidos ocorre de forma institucionalizada. Por todo o território do país proliferam-se instrumentos de restrição ao uso do solo para determinadas populações. As *covenants* que proibiam a venda de uma residência a afrodescendentes, estabelecidas nos contratos de compra e venda de imóveis desde a abolição dos escravos, é um bom exemplo.

Ao fim e ao cabo, a principal novidade que será apresentada estará na escala. Entre os elementos que se convencionou chamar de *pre-zoning*[238] e as normas de zoneamento, o que os Estados Unidos irão apresentar de novo no processo de zoneamento diz respeito à articulação da norma local com a política econômica nacional.

Dentro do modo fordista de gestão do Estado nacional, a atividade de construção de moradias sairá do nível local verificado no final do século XIX na Alemanha para ser um dos principais focos da atividade econômica dos Estados Unidos. O pós-Segunda Guerra e a opção pela gestão estatal por via do fordismo eleva a organização do espaço local como condição para a expansão da economia urbana.

3.1 O pré-zoneamento dos Estados Unidos

A ideia de organização do uso do espaço urbano remete à própria existência das cidades. Anteriormente apresentada neste trabalho, a adoção da grelha urbana data de milênios. No caso norte-americano, as restrições à ocupação do solo urbano também serão uma constante em seus municípios muito antes da adoção de qualquer norma zoneamento.

No caso de Chicago, Raphaël Fischler,[239] citando Andrew King, aponta que ao final do século XIX o Judiciário, ao tratar dos casos de *nuisances*,[240] terminava por realizar um "zoneamento judicial". Ao

---

238 A utilização da nomenclatura em inglês para o zoneamento se justifica nesta tese única e exclusivamente pela incontável repetição do termo ao longo do texto. Fica a observação para evitar qualquer tendência a um anglicanismo desnecessário. No mais, as citações serão mantidas em alguma medida em inglês apenas pela falta de equivalência de termos no direito luso-brasileiro. À medida que o autor se sente confortável para traduzir o texto, esta será expresso no corpo da tese. Caso contrário, o original, em inglês, estará presente no corpo da tese.

239 FISCHLER, Raphaël. *Toward a genealogy of planning*: zoning and the Welfare State, Planning Perspectives, 1998, p. 401. DOI: 10.1080/026654398364400.

240 Conformeaponta Stephen H. Gifis (1996, p. 344) em seu *Baron's Law Dictionary*, *nuisance* pode ser entendido como um conceito amplo que

decidir sobre casos que diziam respeito apenas às partes interessadas, o Judiciário acabava por restringir o uso do solo em determinadas regiões da cidade. Notadamente nos casos sobre instalações de fábricas, decisões sobre a não instalação de empresas em determinados locais da cidade em razão da poluição derivada de suas atividades terminarão por se tornar formas de zoneamento indireto.

Outra forma de restrição ao uso do espaço urbano operado em nível individual será o estabelecimento de obrigações contratuais entre incorporadores e os futuros proprietários, ou mesmo entre proprietários e associações de moradores. Popularizadas após o advento do zoneamento e utilizadas como forma de segregação espacial às comunidades negras, as *covenants* serão, ainda que timidamente, utilizadas desde o século XIX tanto nos Estados Unidos quanto na Inglaterra.

Conforme Andrew Carswell,[241] tais regras contratuais foram inicialmente utilizadas para garantir que um futuro comprador de determinado imóvel não pudesse alterar seu uso, evitando que imóveis residenciais pudessem ser convertidos em comércio, desvalorizando as residências vizinhas. Ainda, durante o período, as *covenants* eram utilizadas para a manutenção de parques comunitários, obrigando a todos os presentes e futuros proprietários de imóveis a contribuir para um fundo de manutenção daquele parque.

Previamente ao avanço do zoneamento – no início do século XX – torna-se comum a adoção das *covenants* para impedir a transmissão

---

remete a "*anything which annoys or disturbs the free use of one's property, or which renders its ordinary use or physical occupation uncomfortable... ...[I]t extends to everything that endangers life or health, give offense to the senses, violates the laws of decency, or obstructs the reasonable or comfortable use of property*".

241 CARSWELL, Andrew T. *The Encyclopedia of Housing*. Nova York: SAGE Publications, 2012, p. 488.

do imóvel às famílias de afro-americanos.[242] Fosse por iniciativa da incorporadora ou mesmo por acordo estabelecido entre a associação de moradores, a inclusão das chamadas cláusulas de restrição social se espalharão pelos Estados Unidos, notadamente entre as cidades do Norte[243] – a fim de evitar a presença de ex-escravos nas regiões onde a escravidão se deu em pouca ou nenhuma intensidade. Ainda, sabe-se que tais cláusulas foram adotadas em menor medida contra orientais e outras etnias. Porém, nenhuma se deu de forma tão intensa como as proibições às populações afrodescendentes.

Jones-Correa[244] aponta ainda que as *racial covenants* ganharão espaço ao tempo da proibição do zoneamento racial. Em *Buchanan v. Warley*, em 1917, a Suprema Corte se manifesta contrariamente ao uso do zoneamento para excluir determinadas etnias. Entretanto, a primeira manifestação judicial sobre tais restrições será dirigida à população chinesa na Califórnia. Em 1892, no caso *Gandolfo v. Hartman*, a corte estadual se pronuncia contrariamente à manutenção da cláusula, que proibiria os proprietários a alugar os imóveis à população chinesa. No caso, entendeu o District Judge Ross, que a validação daquela *covenant* seria a negação estatal da *equal protection of the laws*.[245] [246]

---

242 JONES-CORREA, Michael. "The Origins and Diffusion of Racial Restrictive Covenants". *Political Science Quarterly*, vol. 115, nº 4, 2001, pp. 541-568. Disponível em: http://www.jstor.org/stable/2657609. Acessado em: 06.08.2022.

243 BROOKS, Richard R. W. "Covenants & Conventions". *Northwestern University Law School working paper*, 2002. Disponível em: http://www.ipr.northwestern.edu/publications/docs/workingpapers/2002/IPR-WP-02-03.pdf. Acessado em: 06.08.2022.

244 JONES-CORREA, Michael. "The Origins and Diffusion of Racial Restrictive Covenants". *Political Science Quarterly*, vol. 115, nº 4, 2001, p. 548. Disponível em: http://www.jstor.org/stable/2657609. Acessado em: 06.08.2022.

245 A "igual proteção das leis".

246 MACGOVNEY, D. O. "Racial Residential Segregation by State Court Enforcement of Restrictive Agreements, Covenants or Conditions in Deeds

Porém, apesar da negativa no caso californiano, a Suprema Corte terá papel importante na manutenção de tais cláusulas, ao ponto de Gunnar Myrdal indicar que se a Corte norte-americana tivesse julgado as *cláusulas de restrição racial* inconstitucionais desde sua origem, a segregação estaria condenada desde seu início. Ao contrário, a leniência das autoridades locais e especialmente do Poder Judiciário fará com que cidades como Chicago chegassem a ter 80% de seus imóveis regidos por contratos com tais cláusulas.[247]

Paralelamente às cláusulas contratuais restritivas, as Administrações municipais seguirão o mesmo caminho das cidades europeias. Estabelecendo códigos de posturas e assemelhados, cidades como Los Angeles e Nova York criam intervenções para manutenção da saúde pública ou códigos de construção em face de seu crescimento acelerado. No caso de Los Angeles, as normas tentam dar mais organização ao rápido adensamento urbano. A cidade viu ao longo da segunda metade do século XIX sua população sair de 1,610 pessoas para quase 100 mil habitantes, chegando em 1930 a ter 1,2 milhão de residentes.[248]

Assim como no caso europeu, o processo de criação de um sistema normativo que regulamente o uso e a ocupação do espaço urbano se dará de acordo com as múltiplas necessidades de organização espacial. Seja para regular a circulação de capital, seja para garantir privilégios, se valer de restrições à utilização de materiais perigosos ou manter valores imobiliários, a legislação urbanística será multifacetada.

---

is Unconstitutional". *California Law Review*, vol. 33, nº 5, 1945, p. 7.

247 MYRDAL, Gunnar. *An American Dilemma: The Negro Problem and Modern Democracy*. Nova York: Harpers Brothers, 1944, p. 624.

248 EHRENFEUCHT, Renia. "Precursors to Planning: Regulating the Streets of Los Angeles, California". c 1880–1920. *Journal of Planning History*, 2012, p. 109.

Anteriormente à legislação específica sobre a definição das zonas urbanas, surgem diversas normas de regulação urbana. À moda da industrialização europeia, diversas cidades dos Estados Unidos, notadamente da costa leste, adotarão normas restritivas à ocupação do solo. Cidades como Nova York e Boston adotarão normas de restrição ao uso do solo conforme passam por reformas. A construção do sistema de abastecimento de água em Boston e Nova York, iniciados em 1796 e 1799 respectivamente, serão marcos importantes da metropolização naquelas cidades,[249] que virá com uma série de novas normas contra incêndios e demais questões advindas da nova cidade industrial.

Não só no caso nova-iorquino, as questões sanitárias tomarão contornos dramáticos a partir de 1840. A imigração em massa da Europa entre 1840 e 1860 fará a população aumentar em 500 mil habitantes. Em seu relatório sobre as condições de higiene e superpopulação da cidade, John C. Griscom alerta para as terríveis condições de superlotação e do aumento de doenças.[250] A discussão – agravada pelo relatório Griscom – culminará na adoção em 1866 do *New York Health Act*, que segundo Platt[251] será a base da regulação pública que levará ao zoneamento da cidade.

Como no caso de Frankfurt, o zoneamento aparecerá como instrumento agregador de interesses sociais e econômicos, e não estará separado de outras medidas. No caso da exclusão, viu-se a adoção das *covenants*. Para limitar o congestionamento humano, causado pela construção dos arranha-céus de Nova York e Chicago, serão adotados limites ao potencial construtivo do terreno. À utilização de materiais perigosos, normas específicas de construção

249 PLATT, Rutherford H. *Land use and society*: geography, law, and public policy. Washington DC: Island Press, 2004, p. 121.

250 PLATT, Rutherford H. *Land use and society*: geography, law, and public policy. Washington DC: Island Press, 2004, p. 127.

251 PLATT, Rutherford H. *Land use and society*: geography, law, and public policy. Washington DC: Island Press, 2004, p. 260.

de fábricas e manuseio de produtos tóxicos serão gradualmente adotadas. Assim como na Europa, o processo de regulamentação espacial das cidades será gradual.

E da mesma forma que no velho continente, a adoção do zoneamento estará inserida na construção da cidade industrial. É fato que alguns diferenciais podem ser notados. Um deles é a Grande Migração dos ex-escravos do sul para o norte e outras regiões do país, que levará a algumas cidades a tentares incluir no processo de zoneamento uma limitação étnica ao uso do espaço urbano. Outro fenômeno distinto será a invenção do elevador e do domínio da construção de arranha-céus. De forma distinta à Europa, a verticalização de cidades como Chicago, ou mais notadamente Nova York acontecerá em níveis nunca vistos.

3.2 Entre a Alemanha e a América: o nascimento do zoneamento nos Estados Unidos

Como dito, o nascimento do zoneamento nos Estados Unidos acontecerá em alguma medida de forma semelhante ao que aconteceu nas cidades europeias, especialmente em Frankfurt. Até porque boa parte da construção jurídico-política do instrumento estará vinculada ao modelo frankfurtiano. A cidade de Nova York, por exemplo, enviará à Frankfurt e outras cidades alemãs missões de técnicos para compreensão do zoneamento e sua consequente adoção na cidade.

Há, entretanto, alguma divergência na literatura norte-americana sobre as origens do zoneamento naquele país. Enquanto alguns apontam para a forte influência do modelo alemão iniciado em 1891, outros autores apontam para uma proximidade maior com os movimentos *city beautiful* e *cidades jardins*. Há ainda a admissão de uma narrativa alinhada à inovação disruptiva. William Fischel aponta que o que viabilizou a adoção do zoneamento nos

Estados Unidos foi a popularização do ônibus e do caminhão como meio de transporte de massas e transporte de cargas.[252]

Todos estes elementos serão observados adiante. Entretanto, ao menos no caso de Nova York, é inegável a relação com a iniciativa alemã. Entre os primeiros formuladores da legislação municipal de zoneamento estava Edward Bassett, que como Benjamin Marsh – um dos pioneiros da discussão sobre planejamento urbano em seu país – havia viajado para Alemanha a fim de estudar a prática do zoneamento, além de outras ações e medidas legislativas para a disciplina de uso do solo urbano. Conforme aponta Raphaël Fischler, será sobre as discussões de Marsh, Lawrence Veiller e outros reformistas urbanos que as Comissões sobre Altura de Edifícios e sobre Distritos de Construções e Restrições irão traçar a primeira Lei de Zoneamento da cidade.[253]

Assim como Thomas Horsfall em 1904 na Inglaterra, Edward Bassett – juntamente com outras referências profissionais e acadêmicas – será influenciado para o novo quadro inaugurado pela Alemanha no planejamento urbano ao final do século XIX.

Cabe notar que o arcabouço teórico do *zoning* estadunidense está ligado a Ernst Freund. Em que pese o processo de zoneamento daquele país hoje contar com outros fundamentos, foi o professor da Faculdade de Direito da Universidade de Chicago que organizou as bases da discussão dogmática do Direito Administrativo para a validação do instrumento pela Suprema Corte.

Em artigo de 1962, os editores da *University of Chicago Law Review* prestam homenagens a Freund, colocando-o como o pioneiro do Direito Administrativo dos Estados Unidos. Seguindo o

252 FISCHEL, William. *An Economic History of Zoning and a Cure for Its Exclusionary Effects*. 2001, p. 6. Disponível em: https://www.dartmouth.edu/~wfischel/Papers/02-03.pdf.

253 FISCHLER, Raphaël. *Toward a genealogy of planning*: *zoning and the Welfare State, Planning Perspectives*, 1998, p. 170. DOI: 10.1080/026654398364400.

caminho pavimentado por Frank Goodnow, aquele que segundo o artigo de fato trouxe o debate sobre a disciplina ao país, será Ernst Freund que pautará a discussão sobre a regulação da atividade da Administração como uma disciplina autônoma do Direito.[254] Suas obras *Cases on Government and Administration* e *Law of Officers and Extraordinary Remedies* são seminais para a formação deste campo do Direito. Não só, Freund participará das discussões sobre a inclusão de matérias consideradas "não puras" na grade do curso de Chicago, nomenclatura adotada pela direção de Harvard, tutora da fundação da escola de Illinnois, datada de 1902.[255]

Além de fundador da disciplina de Direito Administrativo, as contribuições de Freund para a legitimação jurídica do zoneamento operam em duas frentes. A primeira diz respeito à teoria do *police power.* A segunda será na própria discussão sobre o zoneamento. Como aponta Garret Power, tanto sua obra sobre

254 EDITORS, Chicago Law Review. "Ernst Freund. Pioneer of Administrative Law". *University of Chicago Law Review*, vol. 29: Iss. 4, Article 12, 1962.

255 O desejo inicial, como aponta o texto dos editores, era fundar no meio-oeste dos Estados Unidos um curso de Direito com o mesmo nível de excelência de Harvard. Desta forma, o Professor Beale, da Escola de Direito de Harvard, vai à Universidade de Chicago para organizar o curso naquela universidade. Ao logo do tempo, Beale e o então diretor de Harvard, travam intensas discussões sobre a grade do novo curso, que deveria seguir a linha conservadora da escola de Massachusetts. Naquele momento, Freund se reúne com Beale e o diretor do curso de Harvard, Professor James Barr Ames. Após a discussão, Ames escreve então ao Presidente de Harvard, Professor Harper, sobre os descaminhos de Freund ao tentar incluir no currículo do novo curso de Chicago uma disciplina "liberal" e "não pura", como o Direito Administrativo. No caso, Freund advogava que o curso de Direito de Chicago deveria ser composto em 2/9 por disciplinas ligadas aos Departamentos de Ciência Política e Sociologia (EDITORS, 1962, p. 764). A série de discussões travadas entre Chicago e Harvard evidencia como o debate sobre o Direito Administrativo e suas consequentes implicações para a discussão sobre os limites de atuação do Estado sobre a propriedade privada eram bastante incipientes no campo do Direito Público norte americano em 1902.

o poder de polícia[256] quanto nas discussões sobre zoneamento, Freund foi um dos precursores do debate nos Estados Unidos.[257] A seguir, ambas serão tratadas.

3.2.1 Freund ou Ford? Duas versões para o nascimento do zoneamento nos Estados Unidos

A discussão e a introdução do zoneamento nos Estados Unidos foram inicialmente jurídicas. Edward Bassett e Benjamin Marsh, dois dos pioneiros do zoneamento norte-americano, eram profissionais do Direito que se tornaram estudiosos do urbanismo. Ambos estavam de alguma forma ligados à comissão nova-iorquina que estudava proposições para sanar o excessivo adensamento populacional que afligia a cidade. Bassett, inclusive, é considerado o pai do zoneamento americano, ou simplesmente, *Mr. Zoning*.

Bassett é de fato o articulador político do zoneamento de Nova York, o que lhe rendeu o título de "senhor zoneamento". A questão é que há entre os juristas que discutiam a utilização do instrumento nos Estados Unidos outro nome, fundamental para sua viabilização dogmático-judicial. Ernst Freund, um dos pais do Direito Administrativo norte-americano, também estava presente às discussões nova-iorquinas. Porém, mais do que isso, foi um dos formuladores teóricos que iria respaldar o instrumento dos infindáveis ataques que sofreria até o caso de Euclid.

A produção jurídica norte-americana sobre o zoneamento é extensa. Desde o debate dogmático à implementação do instrumento até a sua validação jurisprudencial, são inúmeros os debates abertos sobre o assunto. Ao longo dos próximos tópicos, ao apresentar

256 A utilização do termo *poder de polícia administrativa* como tradução literal do conceito de *police power* se dá apenas para evitar a repetição incansável do termo em inglês.

257 POWER, Garret. "The Advent of Zoning". *Planning Perspectives*, 1989, p. 2.

duas das principais explicações sobre o surgimento do zoneamento, algumas destas discussões serão travadas. O pensamento de Ernst Freund apresenta as bases teórico-dogmáticas do instrumento. Em outra monta, debatendo a aproximação histórico-econômica de Fischel, o desenvolvimento tecnológico e das forças produtivas indicará outros elementos.

O processo de validação jurídica do zoneamento, tanto dentro da doutrina quanto na jurisprudência envolveu um debate prévio: qual seria o princípio da Administração Pública que garantiria a existência do *zoning*. Basicamente, as formulações acerca do instrumento recaíam ou sobre o domínio eminente (*eminent domain*) ou sobre o poder de polícia (*Police Power*).

Edward Murray Bassett indica que a admissão do zoneamento enquanto derivado do *eminent domain* traz consigo determinadas prerrogativas. Admitindo a necessidade indenizatória e a natureza permanente da utilização do imóvel sob a motivação que levou à sua afetação, o autor é categórico ao afirmar que nenhum plano de zoneamento poderia ser concluído através da caracterização do domínio eminente.[258]

Conforme Bassett indica, o uso do *eminent domain* – em todo ou em parte – enquanto justificativa para a adoção do zoneamento foi sucessivamente repelida pelo Judiciário. Nos *Kan. – City of Wichita v. Ware (1923), Min. – Banner Grain Co. v. Houghton (1919), Mo. – Better Build Home & Mortgage Co. v. Davis (1924)* e *Wis. – Carter v. Harper (1923)*, o domínio foi rechaçado como fonte legitimadora do zoneamento.

Em contrapartida, ao adotar como justificativa o poder de polícia, Bassett aduz que não só se garante a validade do instrumento

258 BASSETT, Edward Murray. *Zoning*: the Laws, Administration and Court Decisions During the First Twenty Years. Nova York: Russel Sage Foundation, 1936, p. 275. Disponível em: http://hdl.handle.net/2027/mdp.39015006757069. Acessado em: 08.06.2022.

do zoneamento como permitirá ao Judiciário tratar dos excessos na forma dos *takings*, ensejando a devida indenização, como indica a desapropriação em face do uso do domínio eminente.[259]

A inviabilização do domínio eminente como respaldo jurídico ao zoneamento irá forçar a saída do *poder de polícia*. Há, porém, alguns entraves a serem superados. O principal deles diz respeito à matriz liberal do Direito norte-americano, fundado em franca oposição ao *Polizeistaat* alemão, que garantiu, em grande medida, a adoção do zoneamento sem maiores dificuldades ao Direito germânico.

No caso dos Estados Unidos, a proteção à propriedade e as severas restrições à intromissão da Administração sobre a vida privada acarretará a uma construção mais elaborada do uso do zoneamento enquanto derivado do poder de polícia. Tal construção passa, inclusive, pela organização do Direito Administrativo enquanto ramo do Direito, status inicialmente negado à disciplina.

3.2.1.1 Ernst Freund: poder de polícia e zoneamento

Nascido em Nova York em uma viagem de seus pais no ano de 1864, Freund cresceu na Alemanha, terra natal de sua família. Graduado por Heildelberg em 1884, volta aos Estados Unidos para advogar, titulando-se doutor pela Universidade de Columbia. Além da fluência no alemão, necessária posteriormente para a adaptação da legislação do zoneamento à cidade de Nova York, Freund foi formado sob a doutrina alemã, cujo conceito de Estado Policial é fundamental para o Direito Público.[260]

---

259 BASSETT, Edward Murray. *Zoning*: the Laws, Administration and Court Decisions During the First Twenty Years. Nova York: Russel Sage Foundation, 1936, p. 275. Disponível em: http://hdl.handle.net/2027/mdp.39015006757069. Acessado em: 08.06.2022.

260 POWER, Garret. “The Advent of Zoning”. *Planning Perspectives*, 1989, p. 2.

A importância de Ernst Freund para o zoneamento dos Estados Unidos diz menos a respeito sobre o instrumento em si e mais sobre a sua justificativa jurídica. O embasamento que a Suprema Corte e o Judiciário norte-americano em geral darão ao *zoning* está contido no conceito de Freund sobre o Poder de Polícia.

E desta feita, torna-se necessário definir o *police power* do autor, que em alguma medida nasce como crítica ao *Polizeistaat* germânico. E sobre o tema, Ernst Freund demonstra logo de início a dificuldade sobre a conceituação do termo. Primeiro porque o conceito de polícia, conforme o autor sugere, é dotado de grande vagueza. Segundo o autor, será a partir do momento que se concebe que a ideia de polícia é o centro e a fundação de um poder governamental[261] [262] que os tribunais começaram a tratar com mais zelo a conceituação do termo.

Assim, pela massa de julgados que analisaram a natureza deste poder e sua aplicação fora ou concedida ou negada, torna-se possível desenvolver ao menos dois atributos do poder de polícia: ele aponta diretamente para promover e assegurar o bem-estar público e faz isso através da limitação e da coação.[263] [264]

O autor apresenta ao menos oito situações onde o quadro do poder de polícia como o promotor e assegurador do bem comum pode ser verificado.[265] Destes todos convergem no sentido de garantir uma espécie de liberdade vigiada a este poder estatal. Com

---

261 "*Center and foundation of a governmental Power*".

262 FREUND, Ernst. *Police Power*. Chicago: Calaghan & Company, 1904, p. 3.

263 "*...[i]t is possible to evolve at least two main attributes or characteristics which differentiate the police power: it aims directly to promote and secure the public welfare, and it do it so by restraint and compulsion*".

264 FREUND, Ernst. *Police Power*. Chicago: Calaghan & Company, 1904, p. 3.

265 *Maintenance of national existence; supply of ways and means; the maintenance of right and redress of wrong (civil and criminal justice); public welfare or internal public policy; scope of internal public policy and welfare* – que se divide em – *the primary social interests: safety, order and morals; care*

um substrato tipicamente liberal – observável ao se opor ao uso do poder de polícia na garantia dos interesses econômicos estatais sobre a iniciativa privada[266] – Freund aponta em diversas passagens que a promoção do bem-estar público dá ao Estado determinadas possibilidades de ação. Na promoção da política pública interna (ou do bem-estar público), o autor garante ao poder público a possibilidade de limitar a propriedade e a liberdade para o interesse da paz, segurança e saúde, e, em referência a tais princípios, cita a máxima *sic uteretuo ut alienum non laedas.*[267]

Mais do que isso, Ernst Freund aduz que nenhuma comunidade limita seu cuidado com o bem-estar público ao cumprimento dos princípios do *common-law*. Conforme aponta o autor:

> [t]he state places its corporate and proprietary resources at the disposal of the public by the establishment of improvements and services of different kinds*; and it exercises its compulsory powers for the preservation and anticipation of wrong by narrowing common law rights through conventional restraints and positive regulations which are not confined to the prohibition of wrongful acts. It is the latter kind of state control which constitutes the essence of the police power. The maxim of this is that every individual must submit to such restraints in the exercise of his liberty or of his rights of property as may be required to remove or reduce the danger of the abuse of this rights on the part of those who are unskillful, careless or unscrupulous.*[268]

---

and control of dependents; economic interests, e; non-material and political interests.

266 FREUND, Ernst. *Police Power*. Chicago: Calaghan & Company, 1904, p. 8.

267 Usa tua propriedade de forma a não prejudicar outrem.

268 FREUND, Ernst. *Police Power*. Chicago: Calaghan & Company, 1904, p. 6. (itálico no original).

Como o próprio autor gostava de frisar, a sua visão sobre o Direito Administrativo está fortemente ligada ao discurso liberal.[269] Como se verá adiante, no caso brasileiro o dogmatismo do instituto segue as premissas liberais, ainda que com menos polimento. O que é curioso no caso de Freund, é que há implicitamente um caráter autorizativo conferido à Administração com relação ao *police power* e sua aplicação no zoneamento.

Ao abordar o tema, o autor opta por demonstrar a constitucionalidade garantida pela Suprema Corte em 1900, acerca de normativas expedidas pela prefeitura de Nova Orleans, sobre a restrição da residência de prostitutas para além de dois distritos determinados.[270] Se valendo do poder de polícia enquanto legítimo para impor tais restrições, Freund mostra que há validade do poder da municipalidade em regular determinados estabelecimentos (*offensive establishment*), desde que respeitados determinados limites, tais como questões de classe e etnia.[271]

Nota-se que a obra referência para o debate jurisprudencial sobre zoneamento no início do século XX é publicada em 1904, antes da primeira normativa completa de zoneamento dos Estados Unidos – em Nova York, em 1916.[272] [273] É, por óbvio, anterior ao

---

269 "*Administrative Law continues to be treated as law controlling the administration, and not as law produced by the administration*". EDITORS, Chicago Law Review. "Ernst Freund. Pioneer of Administrative Law". *University of Chicago Law Review*, vol. 29: Iss. 4, Article 12, 1962.

270 L'Hote v. New Orleans, 51 La. Ann. 93, 177 U.S. 587 (1900).

271 FREUND, Ernst. *Police Power*. Chicago: Calaghan & Company, 1904, pp. 159-161.

272 William Fischel aponta que apesar da fama da primeira Lei de Zoneamento datar de 1916 em Nova York, Los Angeles, em 1910, já havia produzido uma normativa específica (Fischel, 2015, 113 vol. em ebook).

273 MANCUSO, Franco. *Las Experiencias del Zoning*. Barcelona: Gustavo Gili, 1980, p. 171.

primeiro assentamento da jurisprudência, datado de 1926, no caso Euclid v. Ambler Realty Co.[274]

Em seu *Police Power*, Freund faz uma longa lista sobre os limites e possibilidades ao poder de polícia para regular a vida dos indivíduos, em todos os aspectos. Desta longa lista, um dos debates mais relevantes ao uso do referido poder enquanto forma de controle da atividade urbana está nas *nuisances ordinances*. E será exatamente sob a doutrina das *nuisances* que a Suprema Corte tratará a análise do caso da vila de Euclid, analisado a seguir.

Ao que interessa agora, cabe ressaltar que para o autor as restrições impostas por tais normativas deveriam ser bastante limitadas. Indica que os casos de limites à construção para a prevenção de incêndios ou a limitação da venda de bebidas alcoólicas deveriam ser observados. Respeita ainda a classificação das *nuisances* indicada pela Suprema Corte de Illinois:

> 1. Those which are nuisances per se, denounced as such by common law or statute; 2. Those which in their nature are not nuisances but may become such by reason of locality or management; 3. Those which in their nature may be nuisances, but as to which they may be honest of opinions in impartial minds.[275]

Entretanto, ao comentar sobre o nascimento do zoneamento nos Estados Unidos, Garret Power faz algumas observações sobre o posicionamento de Freund ao instrumento. Conforme Power, Freund tinha restrições à utilização do poder de polícia como fonte legitimadora ao *zoning*, dado que há em sua caracterização do poder de polícia um viés estritamente liberal à restrição da liberdade e

274 Village of Euclid v. Ambler Realty Co. 272 U.S. 365 (1926).

275 FREUND, Ernst. *Police Power*. Chicago: Calaghan & Company, 1904, pp. 29/30.

da propriedade: a condição de violar a liberdade ou a propriedade de outrem. Ao autorizar a ação de restrição do Direito Privado, Freund encarava esta validação do zoneamento via poder de polícia um afastamento dos antigos princípios. Dentre tais princípios estaria a garantia que o *Commom Law* não permitiria ao Poder de Polícia ser operado com distinções de classe.[276]

E, de fato, Freund, ao esmiuçar a questão do zoneamento, irá indicar que a utilização pelos tribunais da legitimidade do instrumento através do poder de polícia violaria o próprio conceito daquele poder da Administração. E o principal motivo seria o fato do zoneamento operar sob o signo da distinção de classes.[277] Ao exemplificar, o autor aponta para as distorções que o zoneamento cria ao *private right*.[278]

Em linhas gerais, Freund aponta que o zoneamento, ao não se ajustar à *capacity to bear*,[279] tão cara ao poder de polícia, demandaria a construção de um novo princípio que o validasse.

---

276 POWER, Garret. "The Advent of Zoning". *Planning Perspectives*, 1989, p. 2.

277 FREUND, Ernst. "Some Inadequately Discussed Problems of the Law of City Planning and Zoning". 24 *Illinois Law Review*, 1929, p. 137.

278 Conforme indica GIFIS (1996, p. 390), trata-se de direito não garantido pela Constituição norte-americana, porém, sucessivamente garantido pela Suprema Corte, que indica sua condição implícita no texto constitucional. Para o autor, seria um direito "*[t]o live a life free from unwarranted publicity. A generic term encompassing various rights recognized... to be inherent in the concept of ordered liberty... including the protection from governmental interference [in the areas of] intimate personal relationships or activities, freedoms of the individual to make fundamental choices involving himself his family, and his relationship with others. The right is not absolute and so does not apply to private conduct harmful to individual participants or to societyI*".

279 O autor faz referência à ideia de "capacidade de suportar" presente no sistema tributário. Trata como uma limitação, presente entre os princípios gerais da tributação e que pela essência do poder de polícia, deveria ser incutido ao zoneamento, caso este fosse definido pelo *police power*, como foi assentado pela Suprema Corte. Para uma análise mais detida ver: FREUND, Ernst. "Some Inadequately Discussed Problems of the Law of City Planning and Zoning". 24 *Illinois Law Review*, 1929, pp. 137 e ss.

Ou seja, tanto ao poder de polícia quanto à ideia de *amenity*[280] faltam elementos para se tornarem a justificativa do zoneamento.

Mesmo antes, em seu *Police Power*, Freund já havia se manifestado com preocupação sobre a utilização das *nuisances* como forma de instrumento classista da Administração sobre os menos favorecidos. Segundo ele "*[I]t is certain, moreover, that in defining nuisances no standards may be established which discriminate against the poor*".[281]

O texto segue apontando o caso de *Bay Saint Louis*, cidade no Mississipi que, muito visitada como resort, desejou proteger os proprietários de imóveis de um determinado local, com vista para o mar. Localizados ao longo de uma via que os separava da praia, seus proprietários conseguem forçar a aprovação de normativa da Administração que proíbe a construção de imóveis que estivessem entre o mar e a via, sob o pretexto de preservar a ventilação das casas do outro lado (uma *nuisance)*, de pessoas de posse. Na verdade, alegou Freund, tratou-se da utilização dos instrumentos restritivos como forma de evitar a construção de moradias para pessoas de baixa renda, configurando um ato inconstitucional.[282]

O que é fundamental aqui é ressaltar que inicialmente, tanto a discussão sobre o poder de polícia e suas formas de manifestação, como o estabelecimento de *nuisances*, conformam a preocupação com uma característica bastante presente nas ordenações sobre zoneamento na Alemanha do final do século XIX, início do século

---

280 No *Common Law*, *amenities* são os benefícios não monetários derivados da propriedade, tais como vista, localização etc (Friedman *et al*, 1997, p. 16). Ao que interessa, no texto em referência Freund discute as questões relativas à fundamentação do zoneamento em relação ao poder de polícia e às *amenities*.

281 FREUND, Ernst. *Police Power*. Chicago: Calaghan & Company, 1904, p. 161.

282 Quintini v. Bay St. Louis, 64, Miss. 483.

XX: a legitimação da segregação espacial de classes sociais via normativas de regulação de uso e ocupação do solo.

No mais, Garret Power[283] confirma o desconforto inicial de Freund com o zoneamento. Primeiro pela questão do poder de polícia. O professor de Chicago, educado em Heildelberg em uma Alemanha ainda sob Bismarck, havia lhe formado sob uma ótica liberal, restritiva aos poderes do Estado. E, como visto, em seu texto de 1929, Freund parece se alinhar com este discurso limitante ao poder estatal.

E, como aponta Power,[284] as normativas de zoneamento irão criar tal qual na Alemanha, uma hierarquia cumulativa do uso das classes sociais. Nos distritos de primeira classe a ocupação exclusiva de residências unifamiliares. Nos de segunda classe, ocupação de glebas em uma ou duas famílias. Na terceira, distritos de apartamentos, hotéis, igrejas, hospitais, prédios públicos. No fim da lista os distritos que permitiam a construção de indústrias, presídios, serviços de esgotamento sanitário, estabelecimentos comerciais e afins. Enquanto às famílias de alta renderam garantidos imóveis ventilados e iluminados, a maioria da população vivia sem as condições mínimas de higiene.

Ao fim e ao cabo, o zoneamento se firma como instrumento viabilizado pelo poder de polícia da Administração. Toda a discussão sobre as *nuisances* será inserida nas limitações ao poder público de estabelecer limitações à propriedade privada. Os *takings*, como será visto adiante, surgem como forma de limitar o poder de polícia, na medida em que, uma vez configurados, impelem à Administração o dever de indenizar.

De tudo o que foi apresentado, o que se ressalta é que esta discussão dogmática é cara não apenas ao jurista, mas à viabilização da Administração. Se não há respaldo do poder de polícia na

---

283 POWER, Garret. "The Advent of Zoning". *Planning Perspectives*, 1989.

284 POWER, Garret. "The Advent of Zoning". *Planning Perspectives*, 1989, p. 7.

configuração do zoneamento, ou bem as normas seriam inconstitucionais ou ensejariam grande volume de recursos em indenizações aos proprietários. Não só, entre a indenização e o classismo do instrumento, optou-se pelo segundo.

Retomando então às origens do zoneamento dos Estados Unidos, viu-se que seus teóricos absorvem o modelo alemão. Todavia, a estrutura sobre o qual é construído o zoneamento – o Direito Administrativo liberal daquele país – confina o instrumento a uma tensão permanente sobre os eventuais excessos da Administração sobre a propriedade privada. Tal discussão será retomada no momento oportuno. De qualquer forma, sabe-se que juridicamente há um vínculo necessário entre o zoneamento estadunidense e o alemão.

Há ainda outra explicação para o surgimento do zoneamento. William Fischel, economista e professor em Dartmouth, argumenta que o surgimento do zoneamento está ligado à inovação do transporte de cargas e de pessoas em escala. O ônibus e o caminhão provocaram um impacto tão forte no conjunto de medidas contratuais e locais de organização do espaço municipal que os indivíduos não terão outra forma de lidar com a desorganização espacial se não através do zoneamento.

3.2.1.2 William Fischel: Henry Ford e sua contribuição para a organização espacial da cidade

Fischel é incisivo ao dizer que o zoneamento não se deu em função de questões relativas a uma ou outra cidade. O rápido crescimento das ordenações de uso e ocupação do solo de acordo com zonas (ou distritos) só pode ser compreendido como "de uma ideia cujo tempo chegou".[285] Longe de identificar elementos de

---

285 FISCHEL, William. "An Economic History of Zoning and a Cure for Its Exclusionary Effects". *Urban Studies*. 2004, 41(2).

disputa local, o autor opta por demonstrar que se ao final de 1916 apenas oito cidades se utilizavam do instrumento, em 1926, data da análise do caso de Euclid, 76 já possuíam leis de *zoning*, e em 1936 mais de 1300 cidades estarão sob o jugo da norma.

A análise de Fischel começa abordando a evolução do bonde em algumas cidades norte-americanas. Enquanto o modelo que utilizava tração animal dominou as grandes cidades americanas, o deslocamento de pessoas e cargas era restrito, dada a baixa capacidade do sistema. A eletrificação do sistema de trilhos durante os anos 1880 fará com que o volume de pessoas transportadas aumente significativamente. Enquanto em 1882 as linhas de bonde somavam 3000 milhas – todas de tração equestre – em 1902 tais linhas somavam mais de 22 mil milhas.[286]

Esta mudança de padrão possibilitará uma inversão na ocupação espacial das cidades daquele país. Se antes do fenômeno do bonde elétrico as classes ricas optavam por morar perto de seus empregos, empurrando as classes mais modestas para as periferias do município, o espraiamento do transporte público possibilitará às classes mais altas a se distanciar dos seus trabalhos.

Mais do que isso, como indica Sam Bass Warner Jr.,[287] a velocidade da urbanização de Boston variou conforme o espraiamento da infraestrutura de transporte urbano. Conforme o bonde se espalhava pela cidade, novos empreendimentos surgiam. Ainda, em uma indústria da construção bastante pulverizada, os imóveis começam a ser incorporados e construídos sob determinados padrões construtivos. Mesmo antes das normas de zoneamento, padrões distintos de construção irão aparecer em

---

286 FISCHEL, William. "An Economic History of Zoning and a Cure for Its Exclusionary Effects". *Urban Studies*. 2004, 41(2).

287 WARNER Jr., Sam Bass. *Streetcar Suburbs*: The Process of Growth in Boston. 2ª ed. Cambridge: Harvard University Press, 1978, p. 49.

diferentes bairros da cidade.[288] E, como lembra Fischel,[289] novos empreendimentos obedeciam a padrões construtivos conforme a renda, em uma cidade sem uma legislação própria para uso do solo ter sido devidamente aprovada.

E se os bondes trataram de iniciar o processo de padronização imobiliária em cidades como Boston e New Haven, onde os recuos das residências serão observados em função do transporte público,[290] será a introdução do caminhão e do ônibus, segundo Fischel, que criará a demanda por zoneamento.

Citando o estudo de Cappel, William Fischel afirma que o caso de New Haven é emblemático. Se valendo de influência política, tanto construtores quanto proprietários controlarão a expansão da malha de bondes, fazendo com que o transporte sobre trilhos não avançasse sobre determinadas áreas, em geral estritamente residenciais. Mais ainda, uma rede de relações, acordos e entendimento mútuo servirá para fazer dos nascentes *streetcars suburbs* locais cujo desenvolvimento não dependesse de ordenações como o zoneamento.

E será exatamente este arranjo que a introdução do motor à combustão irá desfazer. Primeiro porque a adoção do caminhão ao transporte de cargas – durante os anos 1910 – irá desobrigar fábricas a estarem próximas de estações de trem ou portos, podendo buscar áreas mais baratas para se instalarem. Ainda, observa-se o mesmo com a introdução do ônibus, durante os anos 1920. Aduz Fischel[291] que a construção de bondes sobre trilhos irá chegar

---

288 WARNER Jr., Sam Bass. *Streetcar Suburbs*: The Process of Growth in Boston. 2ª ed. Cambridge: Harvard University Press, 1978, p. 68.

289 FISCHEL, William. "An Economic History of Zoning and a Cure for Its Exclusionary Effects". *Urban Studies*. 2004;41(2).

290 CAPPEL, Andrew. "A Walk Along Willow: Patterns of Land Use Coordination in Pre-Zoning New Haven (1870-1926)". *Yale Law Journal*, 1992, p. 624.

291 FISCHEL, William. "An Economic History of Zoning and a Cure for Its Exclusionary Effects". *Urban Studies*. 2004, 41(2).

ao seu pico em 1906. Já no início da década de 1920, ônibus e *jitneys*[292] irão substituir a introdução de novas linhas de bonde pelas empresas responsáveis pelo serviço de transporte.

A opção pelo menor custo parece óbvia: a versatilidade do ônibus no transporte de passageiros e do caminhão no caso das cargas fará com que o modelo rapidamente migre. Porém, há mais elementos a serem explorados aqui.

Enquanto a possibilidade de realocação das plantas industriais aparecerá como forte elemento para a redução de custos na produção, a introdução do motor à combustão em larga escala para o transporte de pessoas trará outra consequência. Agora, ao invés do setor da construção civil acompanhar a expansão dos trilhos, condição de valorização dos empreendimentos, o transporte de massas – as linhas de ônibus – é que acompanhará o setor. Ainda, a facilidade de realocação das linhas de ônibus, impossível no caso dos bondes, permitirá uma rápida modificação do espaço urbano.[293]

O resultado é a rápida transformação da malha urbana: indústrias se deslocando para setores residenciais, além de outras não-conformidades em áreas que antes eram estritamente residenciais. Aponta William Munro[294] que às vésperas da introdução do zoneamento nos Estados Unidos, vários setores criticavam o que a cidade da década de 1920 havia se tornado. Autoridades escolares, associações de bairros e afins são categóricas ao apontar que as não-conformidades em setores residenciais causavam inúmeros problemas, inexistentes até aqui.

---

292 Forma de taxi coletivo, maior que uma van e menor que um ônibus. Muito utilizado no início do século XX e em desuso na maioria das cidades dos Estados Unidos hoje.

293 FISCHEL, William. *Zoning Rules! The Economics of Land Use Regulation*. Cambridge: Lincoln Institute of Land Policy, e-pub (e-book), 2015, p. 92.

294 MUNRO, William. "A Danger Spot in the Zoning Movement". *The Annals of the American Academy of Political and Social Science*, vol. 155. Part2: Zoning in the United States, 1931, p. 202.

Assim, a versatilidade para o transporte de pessoas, inaugurada pelo uso do sistema de ônibus, acarretará no completo desarranjo do modelo do pré-zoneamento. O conjunto de instrumentos, jurídicos ou não, que garantia vantagens aos proprietários de imóveis, notadamente os mais ricos, será incapaz de responder ao progresso técnico do motor à combustão.

É exatamente neste contexto que Fischel aponta o nascimento do zoneamento. A incerteza causada ao investidor/proprietário de imóveis sobre o destino de sua vizinhança – que após a introdução do binômio ônibus/caminhão poderá ser rapidamente alterado – fará com que os proprietários[295] optem por novas formas de manutenção do valor investido em seus imóveis.

Esta hipótese, aponta Fischel, é comprovada por Stanley Mcmichael e Robert Bingham em *City Growth and Values*, de 1923.[296] Escrita por um profissional do mercado imobiliário e outro advogado, a obra se foca em indicar como todas as questões relativas ao crescimento urbano: da introdução das vias rápidas às *racial settlements*, o foco é analisar cada caso possível de alteração do valor do imóvel em face do crescimento das cidades.

Em um capítulo dedicado apenas ao zoneamento, os autores notam que a introdução deste tipo de norma tanto não altera o crescimento urbano quanto não parece alterar os valores dos imóveis. Conforme os autores,

> If promiscuous growth is detrimental and orderly growth desirable, and a zoning Law accomplishes the latter object,

295 *Homeowners.*

296 MCMICHAEL, Stanley L.; BINGHAM, Robert F. *City Growth and Values*. Cleveland: The Stanley McMichael Publishing Organization, 1923, p. 121.

> the it seems that zoning, properly applied, would be beneficial rather than detrimental to any growing community.[297]

Ao passar dos anos, indica Fischel, os construtores se ocuparão na defesa do zoneamento como instrumento de garantia ao investimento familiar. Dada a insegurança trazida pela mobilidade do transporte de pessoas e cargas, as normativas de uso e ocupação do solo servirão de garantia ao comprador, que poderá ter no instrumento fonte de previsibilidade e segurança à sua aquisição.[298]

Vê-se assim que a proposta de Fischel, que atribuiu ao advento do transporte de cargas e pessoas via motor à combustão para o espraiamento das leis de zoneamento pelos Estados Unidos. Repelindo a visão majoritária – de que foi o pioneirismo de Chicago e Nova York que introduziram a espécie normativa naquele país – o autor atribuiu à natural urbanização e ao advento do ônibus e do caminhão para que o *zoning* se tornasse a ideia cujo tempo chegou.

Ressalta-se aqui que do ponto de vista metodológico esta versão tem problemas. Talvez por não seguir a tradição jurídica, Fischel admite que há uma linearidade entre a definição de usos e de limitações à construção feitas em alguns pontos da cidade como um zoneamento incompleto. Assim, a Lei de Zoneamento seria apenas uma versão crescida das normativas restritivas locais.

Discordamos frontalmente desta posição. Caso este for o recorte, voltaremos à já citada Mohenjo-Daro, que 4 mil anos antes definia sua grelha urbana, impondo limitações à construção por uso – a região nobre da cidade estava ligada ao serviço religioso. A

---

297 MCMICHAEL, Stanley L.; BINGHAM, Robert F. *City Growth and Values*. Cleveland: The Stanley McMichael Publishing Organization, 1923, pp. 322 e 323.

298 FISCHEL, William. *Zoning Rules! The Economics of Land Use Regulation*. Cambridge: Lincoln Institute of Land Policy, e-pub (e-book), 2015, pp. 123 e 124.

diferença do zoneamento é exatamente aplicar uma determinada racionalidade a todo o espaço urbano.

De qualquer forma, é curioso como mesmo na leitura plana de Fischel é possível notar a permanência de um discurso classista.

Classista porque a manutenção do investimento das famílias dizia respeito, em alguma medida, à possibilidade da descaracterização dos novos bairros, destinados às classes mais altas. Ao permitir o transporte de larga escala, a falta de limitação à densidade do empreendimento, por exemplo, poderia se introduzir imóveis para as classes mais baixas em locais onde antes existiam imóveis unifamiliares. Não só, com o advento do caminhão de cargas, surge a possibilidade da instalação de fábricas em locais distintos dos tradicionais: às margens de ferrovias. Dado que o preço do terreno será sempre mais barato nos locais destinados às moradias de baixa renda, as mudanças de local das plantas fabris tendem a se destinar para tais localidades.

E independentemente do motor que impulsionará o zoneamento, o fato é que mesmo nesta abordagem o instrumento é utilizado como garantidor ao investimento do futuro proprietário às intempéries do crescimento urbano. A previsibilidade weberiana, característica da norma jurídica, é até aqui a face mais comum ao zoneamento.

Entretanto, para a efetivação desta característica, há de se falar na confirmação jurisprudencial do zoneamento enquanto tal. Como já foi dito, isto ocorrerá em 1924, no caso Euclid v. Ambler Realty Co., analisado a seguir.

3.3 O zoneamento *euclideano*

Em 13 de novembro de 1922, a vila de Euclid, em Ohio, passa ordenação de zoneamento para dividir seu território em seis classes de uso, três classes de altura e quatro classes de área aos seus distritos. Se valendo do modelo adotado por Nova York – de indicar o *Board of Appeals* para o julgamento de eventuais recursos administrativos e interpretações sobre a aplicação do zoneamento – a vila será questionada pela suposta inconstitucionalidade da norma.

Euclid compõe a zona metropolitana de Cleveland, que, à época, passava por intensa urbanização e industrialização. Temendo pela conurbação com a capital do Estado e também sua descaracterização em razão da possível introdução de fábricas em seu território, Euclid opta por limitar severamente o uso do solo, tentando assim evitar a precarização de seu espaço.

De outro lado, Amber Realty, que possuía, à época, 68 acres de terreno dentro do território de Euclid e cuja área havia sido incluída como zona de construção de residências unifamiliares. Apesar do questionamento judicial não indicar as intenções de uso da proprietária, as referências ao caso apontam que a empresa destinaria a área para a construção de fábricas. No mais, Amber Realty indica que sua propriedade sofreria sensível diminuição em seu valor caso o referido ordenamento fosse mantido. Ainda, apontou que o zoneamento euclidiano feriria a 14ª emenda ao privar a propriedade sem o devido processo legal, a empresa arguía a nulidade da norma.

Neste contexto, a Administração de Euclid, cuja defesa havia sido rejeitada no Tribunal de Ohio, será vitoriosa na Suprema Corte. Assegurando o zoneamento como instrumento derivado do poder de polícia, a Suprema Corte reforma a decisão estadual que havia conferido ao zoneamento de Euclid condição de *regulatory taking*[299] e garantindo assim a inconstitucionalidade da norma.

---

299 *Cf.* Friedman *et al.* "*in land use law, application of Police Power restrictions to a parcel of land that are so restrictive as to produce any reasonable use*". (Friedman *et al*, 1997, p. 339).

Em resposta à adoção nacional do zoneamento e seus eventuais abusos, uma série de casos encaminhados à Suprema Corte visam identificar as normas de zoneamento como *takings*, fazendo com que o procedimento de restrição ao uso do solo culmine em indenização estatal ao proprietário do imóvel, dada a

A decisão da Suprema Corte termina então por garantir o zoneamento de Euclid como constitucional, tornando-se o precedente para a discussão do instrumento. O poder de polícia como fundamento do zoneamento é admitido pela Corte, afastando o pedido da empresa, qual seja, que a lei houvesse ultrapassado o poder de polícia, se tornando um *taking* e, portanto, passível de indenização.

---

perda financeira sobre o valor do bem ensejado pela norma de zoneamento. Em 1987, em *Nollan v. California Coastal Comission* faz-se então o precedente para identificar os casos onde a Administração haveria excedido seu poder de polícia na adoção de regras de zoneamento, configurando assim um *taking* e caracterizando a necessidade de indenização.

Hoje o *taking* é entendido como possível em sua forma direta ou indireta. Na primeira, trata-se de uso do *eminent domain* do poder público: a Administração desapropria para fins públicos o espaço mediante justa indenização. Já o *taking* indireto ocorre quando alguma normativa da Administração, que não objetivava limitar o imóvel em questão termina por inviabilizá-lo em seu uso, diminuindo seu valor de mercado. É o caso de uma Lei de Zoneamento que tenha sido considerada como tal pelo Judiciário.

O *taking* pode ser ainda dividido entre o legislativo e *ad hoc*. Nos casos onde a norma priva todo o eventual benefício econômico que poderia advir da propriedade, a jurisprudência costuma nomeá-lo como *total taking*.

Para o precedente sobre *indirect taking*, ver *PennsylvaniaCoal v. Mahon* (1922) e *Lucas v. South Carolina Council* (1992). Para os casos onde a Administração impôs a um proprietário uma invasão física permanente de sua propriedade, ver *Loretto v. Teleprompter Manhattan CATV Corp.* (1982).

Vale ainda a menção ao caso *Penn Central TransportationCo. v. New York City* (1978), onde foi assegurada legislação da cidade de Nova York que indicou determinadas construções privadas como marcos históricos, impossibilitando sua alteração arquitetônica. Neste caso, a empresa controladora da Pennsylvania Central Station, em dificuldades financeiras, pede a inconstitucionalidade da *New York City Landmarks Law*, alegando que a classificação da referida estação como marco histórico inviabilizaria a sua reforma para a construção de um arranha-céu sobre sua estrutura. O pedido foi negado pela Suprema Corte, garantindo a validade da lei.

Finalmente, cumpre apontar que o *Ad Hoc Taking* é o equivalente ao *exaction* norte-americano, que constitui a necessidade de o proprietário compensar previamente as alterações negativas que virão a ser feitas no local. Para mais informações, ver *Nollan v. California Coastal Commission* (1987).

Assim, a zona euclideana se tornará a referência para outros municípios, sendo garantida não apenas como paradigma jurisprudencial, mas também um modelo para o zoneamento nos Estados Unidos da América.

Assim, será em 1926, com a decisão da corte constitucional, que a questão do zoneamento será pacificada. A validade constitucional do instrumento, repetidamente questionada por proprietários e investidores será finalmente garantida. E, como lembra Franco Mancuso,[300] a segurança jurídica promovida pela decisão não será se não uma nova forma de assegurar o investimento imobiliário. Amplamente limitado pelo direito à livre iniciativa e o direito de propriedade, o zoneamento – calcado no poder de polícia – se travestirá de garantidor da ordem pública para ganhar reconhecimento jurídico. Em outros termos, como se verá adiante, o poder de polícia dará validade ao zoneamento sob a pecha de ser o instrumento jurídico capaz de assegurar condições de saúde pública, segurança e moralidade.

A sedimentação do instrumento via exercício regular do poder de polícia será particularmente importante para o seu reconhecimento nacional. Articulado por Hebert Hoover, o *Standard State Zoning Enabling Act* (SZEA) será publicado em 1924 como marco nacional de padronização das ordenações municipais sobre zoneamento. Hoover, à época Secretário de Comércio do governo federal, trará a pedra fundamental legislativa para que o instrumento do zoneamento seja peça chave para o desenvolvimento urbano. E como aponta Mancuso,[301] o SZEA chegará aos 55 mil exemplares vendidos em seu primeiro ano de vida, além de ser adotado por todos os estados da federação. Juntamente com os

---

300 MANCUSO, Franco. *Las Experiencias del Zoning*. Barcelona: Gustavo Gili, 1980, pp. 211/212.

301 MANCUSO, Franco. *Las Experiencias del Zoning*. Barcelona: Gustavo Gili, 1980, p. 211.

instrumentos de *incentive zoning*[302] e de *performance zoning*,[303] o *euclidean zoning* figura até hoje entre as principais formas de regulação sobre uso e ocupação do solo.

Apesar das inovações no zoneamento estadunidense, a zona euclidiana segue sendo o padrão para a regulação do uso do espaço para a maioria das cidades dos Estados Unidos. Ao garantir a constitucionalidade do modelo, a Suprema Corte termina por pacificar a contenda na dogmática do Direito Administrativo daquele país sobre os limites do poder de polícia administrativa. A matriz liberal que impunha sérias amarras às limitações ao uso da propriedade imóvel é então reconfigurada, permitindo que as administrações locais possam então impor limites ao crescimento urbano.

De fato, há um franco interesse dos municípios em proceder a regulação para o uso do solo. A questão, mais uma vez, é apontar quais são os interesses envolvidos neste processo.

---

302 *Cf.* o *Legal Information Institute* da Faculdade de Direito da Universidade de Cornell, o *incentive zoning* é instrumento que permite ao proprietário não respeitar a regulação de uso do solo por um preço previamente ajustado. Apesar do sistema de zoneamento dos Estados Unidos contar com o *Board of Appeals*, uma espécie de junta recursal para os casos omissos ou dúvidas relativas ao zoneamento, o *incentive zoning* guarda semelhança com a outorga onerosa, com a diferença de ser o *board* o responsável pela precificação e decisões sobre os casos. Disponível em: https://www.law.cornell.edu/wex/incentive_zoning. Acessado em: 06.06.2022.

303 Segundo o periódico digital *Planning & Markets,* da Universidade do Sul da Califórnia, o *performance zoning* aparece como alternativa ao zoneamento tradicional (euclideano). Estabelecendo critérios de uso e ocupação de acordo com padrões (*standards*) de performance, este instrumento de zoneamento observa a consecução de objetivos específicos à Administração. O desenvolvimento de uma área, por exemplo, pode ser limitado à expansão do uso de determinada infra-estrutura urbana, como o transporte público, por exemplo. Conforme aponta o texto: "*For example, the effect of development on the transportation system could be controlled using standards involving maximum levels of trip generation per acre*". Para mais informações, http://www-pam.usc.edu/volume1/v1i1a4s4.html.

Do ponto de vista teórico, apesar de apresentarem matizes diferentes para o surgimento do zoneamento, Fischel e Freund parecem concordar com o diagnóstico frankfurtiano: a imposição de limites ao uso do solo visava atender prioritariamente os interesses das camadas abastadas dos grandes centros urbanos, evitando assim tanto a superpopulação em áreas nobres como também mantendo seu valor de mercado. Subsidiariamente, os incorporadores se valerão do instrumento como forma de garantir a previsibilidade do investimento, aumentando a mais-valia imobiliária e cativando potenciais proprietários.

E se este quadro, recheados de exemplos de Freund e Fischel, parece corresponder também ao que se viu em dois dos principais centros urbanos norte-americanos: Chicago e Nova York.

A constitucionalidade do caso de Euclid consagrará o modelo de zoneamento adotado lá, calcado na justificativa do exercício regular do poder de polícia. Porém, os efeitos econômicos do instrumento serão de fato visíveis nos centros mais desenvolvidos daquele país, como se verá agora.

3.4 O caso de Nova York

Franco Mancuso aponta que o desenvolvimento dos instrumentos de regulação urbana nos Estados Unidos pode ser dividido em três grandes grupos. No primeiro estariam os procedimentos pré-zoneamento, notadamente na costa oeste e com função majoritariamente segregacionista. No segundo grupo estariam as normas introduzidas ao longo das primeiras décadas do século XX, reservadas prioritariamente às maiores cidades. Por fim, o terceiro grupo, que compreende a adoção de um planejamento sistemático, reconhecido como o movimento do *city planning*.[304]

---

304 MANCUSO, Franco. *Las Experiencias del Zoning*. Barcelona: Gustavo Gili, 1980, pp. 196/197.

A cidade de Nova York não é o primeiro caso dos Estados Unidos a se valer de normativa para uso do solo. Décadas antes, na Califórnia, pequenos e grandes centros urbanos já faziam uso de instrumentos de regulação de uso do solo. Contudo, assim como no caso de Frankfurt, a maior metrópole da costa leste trará em sua normativa sobre zoneamento uma série de diferenças que a faz ser o marco regulatório sobre o tema no país.

A primeira diferença diz respeito ao espaço coberto pela norma. Enquanto em outras cidades as normativas diziam respeito a determinadas localidades, a zonificação nova-iorquina, como em Frankfurt, abrangerá toda cidade. A segunda diferença diz respeito às prescrições que cada zona indicará a cada tipo de solo administrado: urbano, rural ou edificado ou mesmo a terra nua terão indicativos para sua edificação. As características de altura, densidade e uso serão indicadas a todas as construções. Por último, após 1926, indica Mancuso que será em Nova York que tais prescrições serão tuteladas pelo Direito, respeitando os princípios constitucionais e sendo garantidos como parte do ordenamento jurídico.[305]

Ao longo da segunda metade do século XIX, Nova York se tornou um polo permanente de imigração. Sem dados exatos, estima-se que nos anos de maior influxo de pessoas, cerca de 200 mil novos moradores fixaram residência por ano. A fixação de uma rede ferroviária transcontinental e a presença de linhas marítimas transatlânticas fará do ano de 1898, quando é constituída a Grande Nova York, um dos momentos de maior ascensão econômica da cidade.

A Grande Nova York é um arranjo político complexo. Fundada em um momento de reconhecido patrimonialismo e corrupção, a cidade será organizada em dois conselhos. O *Board of Estimate and Apportionment* será constituído do prefeito, o

---

305 MANCUSO, Franco. *Las Experiencias del Zoning*. Barcelona: Gustavo Gili, 1980, p. 211.

controller (responsável pelas finanças) e o presidente do *Board of Aldermant*. Este, por sua vez, será composto de 65 membros e um presidente, eleito por toda cidade. Quanto à cidade em si, ela será composta pela fusão dos cinco *boroughs*: Manhattan, Bronx, Brooklyn, Queens e Staten Island. Até então, todos eram cidades administradas de forma independente.

Como aponta Mancuso,[306] a forma como a cidade se consolida é determinante para a discussão e a criação de sua legislação de zoneamento. O momento histórico e quantidade de interesses a serem constituídos serão enormes. Prova disso é que, apesar do controle do partido democrata em praticamente todas as instâncias da cidade, os republicanos, através de grupos de pressão organizados como o *Citizen Union* e o *City Club*, terão em grande medida seus interesses levados em consideração. Não só, as ações da *Fifth Avenue Association* serão decisivas para a criação do zoneamento nova-iorquino.

Avenida mais célebre da cidade, a 5ª Avenida concentra neste momento boa parte das mansões e palacetes de Nova York. Parte integrante da fundação de Manhattan, a avenida será desde a segunda metade do século XIX o local preferido da elite norte-americana. E sua associação é fundada em 1907, com o objetivo de "promover e impulsionar o bem-estar civil, social, comercial e industrial da cidade".[307]

Neste momento o município conta com seus cinco *boroughs* e 94 subúrbios, contando com mais de 5 milhões e 400 mil habitantes. E de toda a área da cidade, já é Manhattan a parte de maior densidade populacional e a que concentra a maior parte das atividades produtivas. Assim, ao longo da ilha concentram-se tanto

306 MANCUSO, Franco. *Las Experiencias del Zoning*. Barcelona: Gustavo Gili, 1980, p. 236.

307 MANCUSO, Franco. *Las Experiencias del Zoning*. Barcelona: Gustavo Gili, 1980, pp. 246 e 247.

aqueles recém-chegados que hão de tentar a sorte e se instalarão em acomodações modestas ou precárias como a face mais rica da sociedade norte-americana.

De um lado, os imigrantes, que tendem a ocupar espaços mais precários, como a região entre a 109 e a 123, cujos quarteirões eram estreitos e com pouca ventilação. O resultado destas ocupações pode ser verificado com os incêndios, largamente registrados entre 1910 e 1912. Dividindo espaço com armazéns e depósitos, as moradias para os emigrantes pobres serão um foco permanente de problemas como os incêndios. Conforme aponta Mancuso,[308] neste período, os prédios localizados entre a 5ª avenida e a Lexington concentrará a maior parte dos incêndios.

Abaixo é possível ver a planta da cidade e o censo de incêndios para a região destacada. A cada quarteirão vê-se a quantidade de incêndios por ano e entre parênteses as somas dos incêndios nos três anos: 1910 a 1912.

308 MANCUSO, Franco. *Las Experiencias del Zoning*. Barcelona: Gustavo Gili, 1980, p. 229.

Figura 10 - Mapa dos incêndios de Manhattan entre 1910 e 1912

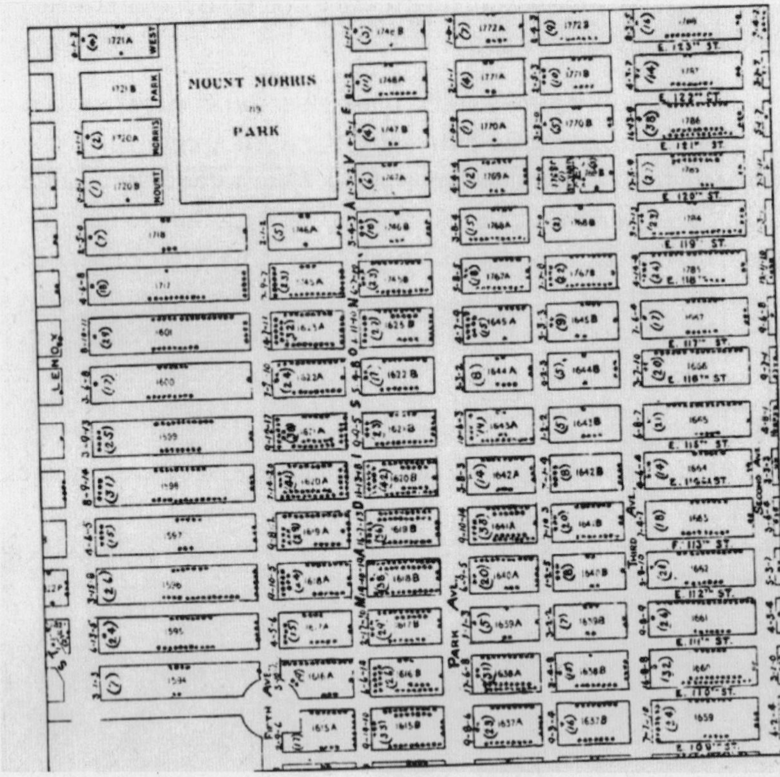

Fonte: Mancuso[309]

De outro lado, Nova York e principalmente Manhattan, havia se tornado o local onde boa parte da elite nacional iria residir. Em um país sob franca expansão industrial, as famílias mais tradicionais irão sistematicamente construir suas mansões e todo o estilo de vida que será a marca da *Gilded Age* (a Era Dourada). Período de intensa concentração de renda e de rápido crescimento econômico datado entre o último quarto do século XIX e as primeiras décadas do século XX, a era em questão será marcada pela consolidação

309 MANCUSO, Franco. *Las Experiencias del Zoning*. Barcelona: Gustavo Gili, 1980, p. 229.

do mercado financeiro nova-iorquino, da construção de grandes ferrovias e da ostentação de uma elite que ficará posteriormente conhecida como *robber barons*.

Famílias já tradicionais ao *crony capitalism*,[310] como os Vanderbilt, os Carnegie, os Rockefeller, Guggenheim, entre outros, fixarão residência na cidade, notadamente na 5ª avenida, que se torna o marco da riqueza e ostentação da época.

Abaixo (figura 11) é possível ver a mansão dos Vanderbilt, na 5ª Avenida em 1910. Nota-se o palacete em primeiro plano, com o Hotel Plaza ao fundo. Não só, é possível verificar pelos trajes dos pedestres e o cuidado com o espaço público, visível pela limpeza e manutenção da via e das calçadas.

Figura 11 - Mansão Vanderbilt na 5ª avenida em 1910

Fonte: domínio público

---

310 Literalmente, "capitalismo de amiguinhos". Equivalente ao "capitalismo entre amigos" ou o capitalismo clientelista.

Este é o quadro que levará à sanção do ordenamento de uso do solo de Nova York. Como toda norma do gênero, obedecerá aos desígnios da elite local, tentando conciliar os interesses dos proprietários, elite econômica e setor da construção, como incorporadores e construtores.

Após algumas tentativas e dificuldades no arranjo de interesses, Edward M. Bassett e George Ford assumem em 1913 o Comitê para o Planejamento Urbano da cidade (*Committee on City Planning*). Apesar de ser familiar com a discussão do urbanismo, Bassett se responsabiliza pela construção jurídica do zoneamento, enquanto Ford tratará das questões técnico-urbanísticas.

Além da zonificação prevista no plano, o modelo adotará um espaço de mediação, o *Board of Appeals*. Para a verificação de recursos administrativos e a decisão sobre casos omissos ou lacunas sobre o zoneamento, o conselho será responsável pela mediação entre a Administração e a iniciativa privada.

E em 25 de julho de 1916 a resolução indicada por Bassett e Ford é aprovada pelo *Board of Estimate and Apportionment*. Como indica Mancuso,[311] a normativa de zoneamento será sensivelmente diferente do modelo alemão. Apesar de Bassett e outros autores como Benjamin Marsh – presente na discussão teórica do plano – estarem firmemente convencidos do modelo alemão iniciado em Frankfurt, o zoneamento nova-iorquino terá diferenças de seu principal predecessor.

Primeiramente porque ao invés de organizar um modelo global para a cidade, como se tentou em Frankfurt, a norma de zoneamento de Nova York será, antes de tudo, um mosaico de interesses. A forma que a cidade foi constituída e os inúmeros interesses econômicos daquela que já se tornava um centro mundial de concentração de riqueza impactará seriamente a configuração do zoneamento. Assim,

---

311 MANCUSO, Franco. *Las Experiencias del Zoning*. Barcelona: Gustavo Gili, 1980, p. 260.

em que pese as normatizações estarem organizadas em torno das questões *altura*, *uso* e *volume*, a forma como elas serão apresentadas e combinadas em cada *borough* será mais para atender os interesses dos proprietários locais do que qualquer outra coisa. Abaixo é possível notar a diferença das marcações das categorias no primeiro plano apresentado pelo *Comitee* e o de versão posterior (figura 12).

Figura 12 - Desenhos do plano de zoneamento de Nova York em 1916. À esquerda, o desenho original do plano de 1916 e, à direita, uma versão posterior, já com as novas emendas

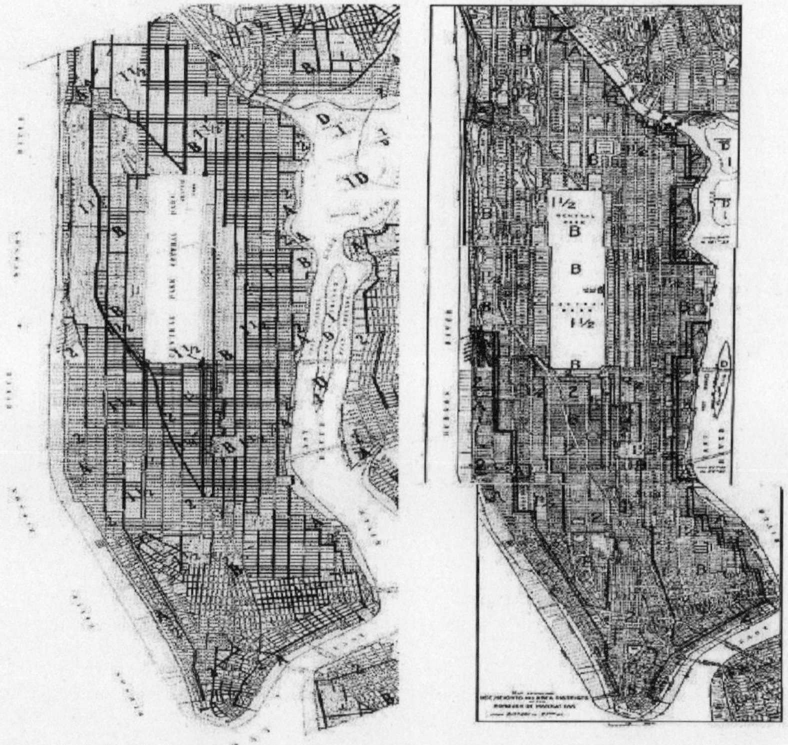

Fonte: Mancuso[312]

312 MANCUSO, Franco. *Las Experiencias del Zoning*. Barcelona: Gustavo Gili, 1980, p. 261.

Em segundo lugar, apesar do modelo adotar as categorias descritas, a introdução dos recuos dará a cada nova construção a possibilidade de maior verticalização. Estes, somados à popularização do elevador elétrico, garantirão ao empreendimento que uma vez asseguradas as condições de iluminação e ventilação, o arranha-céu poderá ser construído em virtualmente qualquer número de pavimentos. Abaixo se vê os estudos do comitê sobre a adoção dos *setbacks*.

Figura 13 - Descrições dos recuos para o plano de 1916

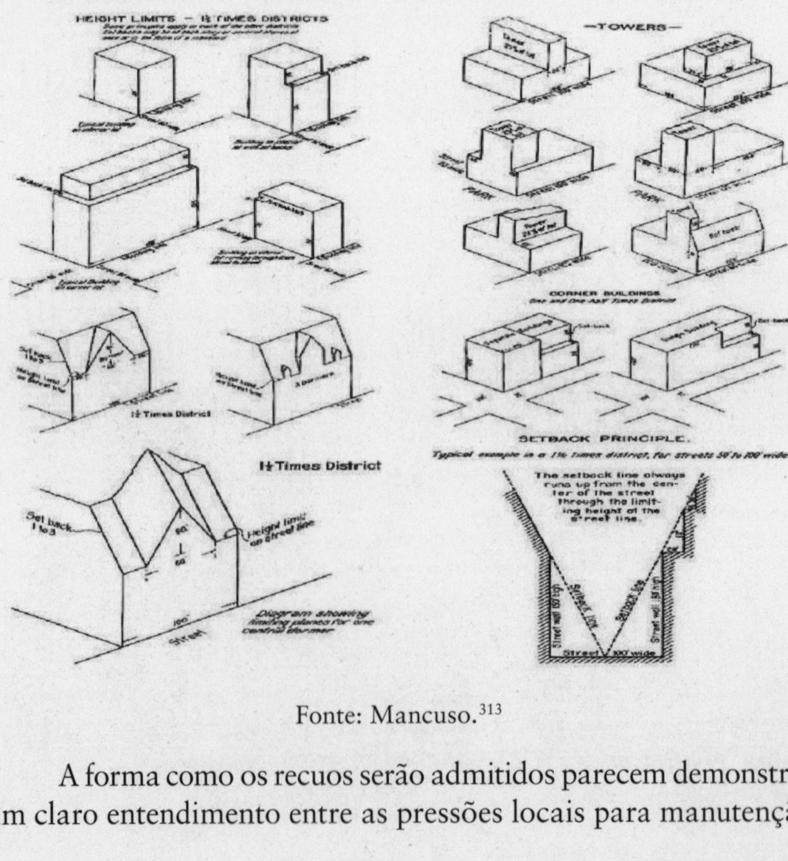

Fonte: Mancuso.[313]

A forma como os recuos serão admitidos parecem demonstrar um claro entendimento entre as pressões locais para manutenção

313 MANCUSO, Franco. *Las Experiencias del Zoning*. Barcelona: Gustavo Gili, 1980, p. 258.

de condições de saúde – como iluminação e ventilação – nas áreas nobres de Manhattan ao passo que os interesses do setor da construção civil serão preservados.

Talvez seja por isso que Franco Mancuso indica que

> estamos diante de uma instrumentação que pode parecer razoável a um nível conceitual e abstrato, mas que não tem significado racional – sem estar a responder a esperanças específicas – em relação a sua aplicação concreta.[314]

Não só, uma das principais questões debatidas na cidade e cujo zoneamento seria o remédio final – a congestão urbana – não será de fato exterminada. À exceção de mudanças de uso em alguns locais da ilha, com a alteração do perfil de uso de residencial para comercial, a maioria dos empreendimentos seguirá em níveis altíssimos de verticalização e superpopulação. A presença direta de empresários do setor imobiliário, representantes de grupos econômicos, financeiros e comerciais dará ao instrumento um caráter de mediação, como o próprio George Ford assinalara. Não à toa, figuras importantes na discussão do planejamento urbano norte-americano, como Benjamin Marsh e Lawrence Veiller, serão contrárias ao documento final, sendo que algumas se recusarão a assinar o documento final.

Apesar de a normativa estar em franco desacordo com a projeção idealista de regulação do espaço da cidade, ela será saudada por boa parte dos urbanistas e planejadores urbanos. Aos dizeres de que "Nova York está salva", várias publicações farão referência ao projeto de 1916. Talvez de fato a cidade estivesse salva. A questão toda será definir: salva para quem?

---

314 MANCUSO, Franco. *Las Experiencias del Zoning*. Barcelona: Gustavo Gili, 1980, p. 260.

3.5 *Zoning* na prática: defesa da propriedade e da segregação

A primeira década do século XX pode ser considerada o marco histórico do zoneamento nos Estados Unidos. O contato de alguns intelectuais com os resultados alemães sobre planejamento urbano e a intensa urbanização que o país atravessava levaram à organização da Primeira Conferência Nacional sobre Planejamento e Congestão, realizada em Washington D.C. em 1909. Neste momento, a divulgação das experiências alemãs e seus resultados darão aos presentes o entusiasmo necessário para que a adoção do zoneamento comece a se popularizar no país.[315]

Assim como em seu país natal, o zoneamento será propagado nos Estados Unidos como um instrumento técnico e racional para otimizar o espaço urbano. Evitando a precarização das cidades e a disseminação de doenças, a organização racional seria a melhor saída para um futuro livre dos males da urbanização e da industrialização do fim do século XIX.

E também, como no caso alemão, a divisão das cidades em zonas escamoteará comportamentos de determinados setores da sociedade: majoritariamente, as normas terão um conteúdo discriminatório e protetor do valor da propriedade imobiliária.

Christopher Silver aponta que o zoneamento irá se popularizar nos Estados Unidos, já nas duas primeiras décadas do século XX como forma de organizar o crescimento aleatório de suas cidades.[316] Porém, apesar do discurso, o autor marca que o pré-zoneamento norte-americano terá seus pés fincados na

---

315 SILVER, Christopher. "Zoning in 20th-Century American Cities". *Oxford Research Encyclopedia of American History*, 2016. DOI: 10.1093/acrefore/9780199329175.013.209.

316 SILVER, Christopher. "Zoning in 20th-Century American Cities". *Oxford Research Encyclopedia of American History*, 2016, p. 2. DOI: 10.1093/acrefore/9780199329175.013.209.

exclusão racial. Em 1910, indica, surge a primeira ordenação de ocupação do solo de cunho racial em Baltimore. Não só, as comunidades da Califórnia, muito antes da lei nova-iorquina ou do precedente de Euclid em 1926, se valiam de normas anti-imigrantes, notadamente a população de origem chinesa.

Porém, foi a introdução da norma de Baltimore em 1910 que ensejou o rápido espraiamento do zoneamento racial[317] nas cidades do sul: Richmond, Norfolk, Portsmouth, Roanoke, Atlanta, Greenville, Asheville, Winston-Salem, Birmingham, Madisonville, Louisville, Charlotte, Charleston, Meridian e Nova Orleans são alguns exemplos de cidades que ou implementaram ou estiveram muito próximas a adotar o zoneamento racial em suas ordenações municipais.[318] Mesmo após a decisão da Suprema Corte em *Buchanan v. Warley*, em 1917, a segregação espacial seguirá existindo.

A maior presença das populações afrodescendentes nas cidades norte-americanas possivelmente deu margem à popularização de normas segregacionistas. Enquanto em 1860 apenas 4,2% dos afro-americanos residiam em cidades, em 1890, cerca de 20% já estavam ocupando o espaço urbano.[319]

O episódio de Baltimore[320] é emblemático por ir contra a análise economicista mais apressada. Power demonstra que no caso,

---

317 O termo *racial zoning* foi traduzido aqui como "zoneamento racial". Contudo, quando se vale deste termo se deve ter em mente que o zoneamento descrito não é o instrumento de organização total do espaço urbano, como se usa neste trabalho, e sim a segregação de determinadas áreas da cidade às populações afrodescendentes.

318 SILVER, Christopher. "Zoning in 20th-Century American Cities". *Oxford Research Encyclopedia of American History*, 2016, p. 10. DOI: 10.1093/acrefore/9780199329175.013.209.

319 POWER, Garret. "Apartheid Baltimore Style: the Residential Segregation Ordinances of 1910-1913". *Maryland Law Review*, 1983, p. 290.

320 Baltimore é de fato um caso importante para o estudo urbano nos Estados Unidos. Apenas a título de curiosidade, as tensões raciais no início dos anos 1960 serão o combustível para que David Harvey, recém-admitido na

o mercado imobiliário demonstrou que pode facilmente se adaptar à segregação imposta pela lei. Rebatendo críticas que diziam não haver sentido em uma organização de interesses entre participantes do mercado imobiliário, o autor demonstra que mesmo após a derrocada do zoneamento racial o mercado imobiliário encontrou maneiras de seguir segregando, sempre com a ajuda do poder público.[321] Mesmo em 1960 é possível notar nos projetos levados a cabo pelo poder público um reforço para o que chamou de *dual housing market*, com as comunidades negras recebendo menos obras de infraestrutura que as não-negras.

Garrett Power levanta que o zoneamento racial de Baltimore será determinante para a divisão do mercado imobiliário da cidade. Com a proibição de negros em residirem em bairros com mais de 50% de moradores brancos e vice-versa, todo um setor da construção civil será organizado para atender os dois casos: bairros brancos e negros.

E o *apartheid* não se restringiu às cidades do sul. A *Fifth Avenue Association* irá mover ação contra a presença dos trabalhadores do setor têxtil em sua região. Por serem trabalhadores pobres e na sua maioria emigrados, a Associação dos Proprietários da 5ª Avenida tentará a todo custo removê-los, dado ocuparem uma das áreas mais caras de todo o país. Como diz Mancuso, "o imigrado está na medula do zoneamento".[322]

Seu foco está nas leis antirraciais da Califórnia, que localmente irão proibir a instalação de atividades típicas aos imigrantes chineses, como visto anteriormente. A política aberta anti chinesa

---

Universidade Johns Hopkins, comece a discutir a questão urbana, levando-o a se tornar um leitor de Marx.

321 POWER, Garret. "Apartheid Baltimore Style: the Residential Segregation Ordinances of 1910-1913". *Maryland Law Review*, 1983, p. 323.

322 MANCUSO, Franco. *Las Experiencias del Zoning*. Barcelona: Gustavo Gili, 1980, p. 196.

culmina em 1882 na *solução final* imigratória: a proibição completa da entrada de chineses para todo o território californiano.

Porém, o aumento contínuo do fluxo de afro-americanos para as cidades fará com que o zoneamento racial se espalhe pelo sul do país. Como visto, não apenas através da forma de proibição geral, via zoneamento, mas também nos casos individuais, como na adoção de *covenants*, a exclusão racial será garantida. Será em *Shelley v. Kraemer*, apenas 1945, que a Suprema Corte se manifestará contra as *racial covenants*. Ao final, será apenas após a aprovação da *Civil Rights Act*, em 1966, que a Corte se manifestará contra qualquer forma de discriminação – pública ou privada – na comercialização de bens imóveis. Em *Jones v. Mayer*, em 1968, faz-se o precedente proibindo qualquer discriminação, de origem privada ou pública, garantindo que a 13ª Emenda da Constituição termina por autorizar o Congresso Norte-Americano a proibir qualquer forma de discriminação racial.

Neste contexto de divisão étnica promovida inicialmente pelo *zoneamento racial*, é importante ressaltar um fato: por mais que exista conteúdo sociocultural para a promoção do racismo, sua origem é, em larga medida, atribuível à desigualdade econômica imposta às populações negras dos Estados Unidos. Assim como no caso brasileiro, a abolição do trabalho escravo criará uma massa de desempregados, depreciando seriamente o salário pago ao trabalhador de baixa renda. Assim, além das questões relativas ao subemprego, regimes de servidão e assemelhados, dada a baixa escolaridade e toda precariedade imposta às populações negras, estas terão na média rendas mais baixas que a população branca.[323]

O racismo – agora sob a perspectiva estrutural – é então parte integrante da desigualdade imposta às populações de ex-escravos. Com menor acesso ao crédito, sem perspectiva de crescimento

---

323 POWER, Garret. "Apartheid Baltimore Style: the Residential Segregation Ordinances of 1910-1913". *Maryland Law Review*, 1983, p. 323.

econômico e baixíssimas oportunidades de qualificação, a família negra estará muito mais exposta à vulnerabilidade social que os não-negros. A formação dos guetos, indica Power, estará em larga medida associada a este quadro.

Assim, as normas geográfico-segregacionistas terão o intuito de preservar o patrimônio das famílias mais abastadas. Dado que mesmo nos estados do norte, como Illinois, tais famílias são essencialmente brancas, estas tratarão de organizar formas de manutenção de seu patrimônio, associando diretamente a questão racial nesta discussão. Por isso, a inclusão do discurso racial no debate sobre o zoneamento não precede seu conteúdo de classe.

O que se vê nos Estados Unidos é a adequação do debate classista enfrentado pela lei frankfurtiana: a presença da mão de obra escrava e de imigrantes nos antecedentes da formação do zoneamento norte-americano implicará na adoção não apenas em um recorte de classe, mas também étnico. Por óbvio, as decorrências do racismo implícito no pré-zoneamento estadunidense irão transbordar as questões econômicas, resistindo culturalmente.

E toda esta articulação racista pré-zoneamento será estendida a partir da lei de 1916. O zoneamento, ao limitar a densidade populacional em determinadas regiões das cidades, empurra a massa de ex-escravos e precarizados para estes novos guetos. Onde possível, os contratos de compra e venda ou incorporação, como visto, contarão com as *covenants* raciais, garantido a segregação espacial. Mais à frente, o que se verá na década de 1940 em diante é o fortalecimento da suburbanização norte-americana, com seus lotes unifamiliares. E mais uma vez esta política reforçará a formação de guetos dentro das áreas centrais, agora abandonadas.

No caso nova-iorquino há de se destacar ainda o nível mais articulado entre os interesses dos proprietários de imóveis e a construção civil. Apesar do recorte aqui apresentado ainda se dar em nível local, tanto a forma como a norma é constituída quanto o volume de capital empregado apontam para um cenário mais complexo do que o frankfurtiano.

Em primeiro lugar, a constituição do zoneamento nova-iorquino contará com foro administrativo específico para dirimir questões eventuais. Como aponta Sarah Feldman,[324] a introdução do *Board of Appeals* irá criar um local específico dentro da Administração para acomodar os interesses do setor público e da iniciativa privada, seja na figura do proprietário seja na figura de qualquer outro componente do setor da construção civil.

O Conselho de Apelação instituído pela normativa de 1916 visava também dirimir questões relativas às eventuais interpretações judiciais de abusos da Administração. A principal função do conselho seria então evitar que a norma – no todo ou em parte – pudesse ser caracterizada pelo judiciário como *taking* indireto, garantindo ao proprietário o direito à indenização e inviabilizando a normativa. Trata-se de articular a garantia de previsibilidade jurídica, cara ao sistema e manifestada sob a chamada segurança jurídica. Em outros termos, o conselho administrativo visava aparar arestas entre o capital e o Estado, fazendo com que o segundo pudesse auxiliar o primeiro em sua trajetória de acumulação.

A autorização de recuos também será interpretada como forma de acomodar os interesses do setor da construção – em franca expansão – com a defesa de um ambiente mais salubre, um dos principais motes de defesa da adoção do zoneamento. Ao permitir que após determinada altura os prédios pudessem seguir sendo construídos desde que respeitassem um recuo construtivo em sua estrutura fará com que na prática a verticalização não seja afetada. Ao contrário, a marcha dos arranha-céus seguirá seu ritmo, fazendo com que a norma de 1916 seja uma efetiva garantidora da

---

324 FELDMAN, Sarah. *Planejamento e Zoneamento, São Paulo 1947-1972*. São Paulo: Edusp, 2005.

acumulação de capital mediante a criação de solos, especialmente nas áreas nobres de Nova York.

A imagem abaixo data de 1932. Dezesseis anos após a aprovação da Lei de Zoneamento, os *setbacks* passam a integrar a paisagem, sem impedir a verticalização da cidade. *Midtown Manhattan*, à época um dos principais centros econômicos do país, será o espaço de construção do Edifício Chrysler, que entre 1930 e 1931 figurou como mais alto edifício do mundo, sendo superado pelo *Empire State*.

Figura 14 - Midtown Manhattan em 1932

Fonte: Coleção da Biblioteca do Congresso dos EUA.
Crédito: Samuel Gottscho

Porém o *zoning*, seja em Los Angeles, Baltimore ou Nova York seguirá também sua essência: a manutenção dos interesses dos proprietários de imóveis em função de seu patrimônio. Adapta-se nos Estados Unidos à questão racial, compondo sempre que possível um elemento a mais na segregação espacial. No mais, por vezes através de demandas supostamente justas, dado que para boa parte dos proprietários seu imóvel é seu bem mais valioso, a pressão pela adoção do padrão de *zoneamento eucliedeano* ensejará um viés classista.

Notou-se também que tanto em Frankfurt quanto em Nova York, a decisão de dividir o espaço urbano em zonas termina por atender a uma demanda de empreiteiros e incorporadores. A adoção de construções verticais dentro do perímetro urbano trará consigo a necessidade de segurança no investimento. A verticalização das cidades necessita de grande imobilização de capital, cujos retornos se dão em maior prazo de tempo. Assim, a norma de zoneamento atenderá também aos anseios de previsibilidade para o investimento de capital. Assegura também, como se viu, a mobilização do excedente econômico para o mercado imobiliário.

A questão é que mesmo nos Estados Unidos do início do século XX, como dito, a operação da construção civil se dava em nível local. Apesar da forte expansão do capitalismo financeiro e industrial daquele país na primeira década do século passado, a atuação na verticalização urbana ainda era um fenômeno localizado e com um alcance limitado ao que dizia respeito à imobilização de capital e sua consequente reprodução.

Porém, a adoção do capitalismo organizado, primeiramente durante a era progressista[325] do *New Deal* de Roosevelt importará

---

325 A *Progressive Era*, como ficou conhecida, foi o período entre 1900 e 1921 da história dos Estados Unidos da América. Em resposta à *era dourada (Gilded Age)*, marcadamente corrupta, a era progressista foi marcada pela inclusão de políticas consideradas progressistas, como a adoção da legislação antitruste, ampliação dos direitos das mulheres e combate à corrupção. Composta pelas administrações de Theodore Roosevelt (republicano1901 – 1909); William Taft (republicano 1909 – 1913), e Woodrow Wilson (democrata 1913 – 1921), a era progressista se confunde com a chamada era republicana (*Republican Era*) que vai de 1860 a 1932. Neste período, dos dezesseis presidentes eleitos, apenas quatro eram do partido democrata, razão do nome em referência.

em um sensível alargamento da atividade imobiliária, levando este setor da economia a novo patamar. O zoneamento se torna então peça imprescindível para a operação do mercado imobiliário. A necessidade de segurança jurídica ao processo de acumulação no setor será tão forte que forçará a administração central dos Estados Unidos a parametrizar o instituto do zoneamento.

Da *gilded age* ao *new deal* o zoneamento guardará todas as suas características originais, porém, será a interface local necessária para criar um setor fundamental de reprodução do capital. De norma mobilizadora de um excedente local e de um rentismo de uma pequena faixa das comunidades municipais, a Lei de Zoneamento será introduzida como fator necessário para a reprodução do capital em larga escala.

3.6 Da *Gilded Age* ao *New Deal*

> *Beautiful Credit. The Foundation of modern Society. Who shallsay that this is not the golden age of natural trust, of unlimitedreliance upon human promises?*[326]

O período que se estende ao longo dos últimos trinta anos do século XIX nos Estados Unidos é popularmente conhecido como *Gilded Age*. A idade dourada, termo cunhado por Mark Twain, foi momento de forte expansão do capitalismo norte-americano, que ocorrerá não sem graves fraturas sociais. Através de seu Coronel Sellers, Twain monta o cenário pós-Guerra Civil norte-americana. Uma geração de sonhadores que almejavam amealhar na menor quantidade de tempo possível a maior quantidade de riqueza.

326 TWAIN, Mark; WARNER, Charles Dudley. *The Gilded Age*. p. 243.

Sob a presidência de Ulysses S. Grant, republicano responsável pela reconstrução do país após a Guerra Civil, os Estados Unidos presenciam um governo notadamente corrupto. Grant governará entre 1869 até 1877 e em seus dois termos como presidente, a expansão da malha ferroviária patrocinada pelo governo central será não só o foco de proliferação dos *robber barons* como dará causa à grande depressão de 1873.[327]

O processo de reconstrução do país, que se inicia com o final da Guerra Civil (1861 a 1865), será organizado pelos governos centrais e estaduais, sendo conduzido pelo capital privado. Atuando apenas como indutor, o Estado norte-americano repassará à iniciativa privada o planejamento para ampliação do sistema. Não só, os Estados Unidos não contavam com um arcabouço regulatório adequado no âmbito macroeconômico.

Desta forma, a rápida expansão do sistema ferroviário irá ultrapassar a demanda por novos projetos, fazendo com que o retorno financeiro sobre o investimento no setor caia velozmente. Em franco declínio, o setor será fortemente atacado em maio e setembro de 1873, quando um *crash* na Bolsa de Viena obriga os investidores estrangeiros a desinvestir grandes somas de recursos, especialmente de títulos das empresas de ferrovias. A sequência de fatos segue o roteiro tradicional: a inadimplência das corporações rapidamente contamina o sistema bancário, levando à falência a banca Jay Cookeand Co. O *default* leva a uma descrença no sistema financeiro, obrigando a bolsa de Nova York a suspender suas atividades por dez dias em 20 de setembro – a primeira vez desde sua abertura. Ao todo, mais de cem bancos encerrarão suas atividades neste evento.[328]

---

327 WICKER, Elmus. *Banking Panic at the Gilded Age*. Cambridge: Cambridge University Press, 2000, p. 17.

328 RICHARDSON, Gary; SABLIK, Tim. "Banking Panics of the Gilded Age". *Federal Reserve History*, 2015. Disponível em: http://www.federalreservehistory.org/Events/DetailView/98. Acessado em: 06.08.2022.

Como aponta Hunt,[329] os Estados Unidos e a Inglaterra experimentarão a partir da década de 1850 ao menos onze crises financeiras. Os Estados Unidos vivenciarão as crises de 1854, 1857, 1873, 1884 e 1893. Já a Inglaterra presenciará crises em 1857, 1866, 1873, 1872, 1890 e 1900. Elmus Wicker, em seu *Banking Panics of the Gilded Age*,[330] mostra como a falta de regulação para o setor financeiro norte-americano ensejará em uma série de crises antes do grande evento de outubro de 1929.

Wicker foca seus estudos nas crises de 1873, 1893, indo até 1907. Esta última, causada majoritariamente por J. P. Morgan, que ao assumir a reestruturação do *Knickerbocker Trust* termina por agravar a situação do truste, contaminando todo o mercado financeiro no curso de uma semana.[331]

Em um ambiente de regulação frouxa,[332] a distribuição do excedente econômico às classes trabalhadoras será basicamente inexistente. Em um quadro de forte concentração econômica, o resultado para as camadas populares será também o esperado: aumento da miséria e da exclusão.

O processo de criação de excedente e sua concentração em uma pequena faixa da população acontece neste momento em um franco processo de urbanização. Em meio à intensificação de sua revolução industrial, os Estados Unidos enfrentam o mesmo

---

329 HUNT, E. K. *História do Pensamento Econômico*. Rio de Janeiro: Elsevier, 2005, p. 383.

330 WICKER, Elmus. *Banking Panic at the Gilded Age*. Cambridge: Cambridge University Press, 2000.

331 WICKER, Elmus. *Banking Panic at the Gilded Age*. Cambridge: Cambridge University Press, 2000, p. 84.

332 O FED – Banco Central Americano será criado em 1913, substituindo o *First Bank ofthe United States*, fundado por Alexander Hamilton e desprovido de qualquer autorização para formular políticas monetárias. A *Security Exchange Comission* – SEC será fundada em 1932, após o *crash* de 1929 para regular o mercado financeiro.

quadro descrito pela Alemanha ou mesmo a Inglaterra: a urbanização e sua consequente pauperização da classe trabalhadora. Há ainda dois complicadores, percebidos em maior ou menor intensidade de acordo com o Estado-membro da federação, mas que não está presente nos países europeus: o fim da escravidão e a imigração em massa.

Viu-se que o processo imigratório traz neste momento impacto à economia da Califórnia, levando as cidades daquele Estado a um aumento sistemático da legislação restritiva à presença de chineses. Já o fim da escravidão fará dispersar ao longo do último quartel do século XIX milhões de ex-escravos pelo país. Jim Downs[333] aponta que entre 1862 e 1870, ou seja, ao longo e após a Guerra Civil, centenas de milhares de libertos irão morrer de fome, cólera ou varíola. A realidade da emancipação, ao contrário do que se esperava, manteve os afrodescendentes em situação de exclusão e vulnerabilidade. E este quadro, assim, como a questão imigrante, terá graves implicações urbanas.

Do ponto de vista legislativo e jurídico, este trabalho já apontou algumas questões: o zoneamento racial, o surgimento das *covenants* e as leis de exclusão da população chinesa em cidades da costa oeste. Ao final deste capítulo serão propostas algumas reflexões sobre a utilização do zoneamento enquanto instrumento de mediação entre o capital e o trabalho no espaço. Por hora, cabe apontar ainda as consequências práticas do período que antecede a implementação do zoneamento em Nova York para seus moradores.

A relação entre a alta formação de capital, concentração de renda e a consequente exclusão do período talvez tenha seu retrato

---

333 DOWNS, Jim. *Sick From Freedom*: African-American Illness and Suffering During the Civil War and Reconstruction. Nova York: Oxford University Press, 2012.

mais fiel feito por Jacob Riis,[334] em seu *How the Other Half Lives*. Referência para o período, a obra traz não só a descrição dos bairros mais pobres como também registra em imagens a situação de penúria da parte mais pobre de Nova York.

São inúmeras passagens sobre a situação limítrofe que viviam várias comunidades nova-iorquinas. Negros, judeus e outros grupos sociais estavam em situação de penúria, dividindo o pouco espaço disponível em grandes quantidades de pessoas. Em situação análoga às *mietekasernen*, as *tenements*[335] serão o espaço onde a classe trabalhadora da cidade irá morar. Inicialmente vista como uma benção, dado aproximar o trabalhador de seu local de trabalho – as *tenements* serão o centro de difusão de epidemias e doenças infecto-contagiosas. Nas palavras de Riis,[336]

> As business increased, and the city grew with rapid strides, the necessities of the poor became the opportunity of their wealthier neighbors, and the stamp was set upon the old houses, suddenly become valuable, which the best thought and effort of a later age has vainly struggled to efface. Their "large rooms were partitioned into several smaller ones, without regard to light or ventilation, the rate of rent being lower in proportion to space or height from the street; and they soon became filled from cellar to garret with a class of tenantry

334 RIIS, Jacob A. *How the Other Half Lives*. Nova York: Charles Scribner's Sons, 1890, p. 101. Disponível em: http://elearn.uni-ofia.bg/pluginfile.php/170076/mod_resource/content/1/JacobRiis_hypertext.pdf. Acessado em: 06.08.2022.

335 A melhor tradução encontrada por este trabalho para *tenement* é "casa de habitação para aluguel de baixa renda". Ao que consta, seria algo muito próximo, mas não necessariamente, de um cortiço.

336 RIIS, Jacob A. *How the Other Half Lives*. Nova York: Charles Scribner's Sons, 1890, p. 101. Disponível em: http://elearn.uni-ofia.bg/pluginfile.php/170076/mod_resource/content/1/JacobRiis_hypertext.pdf. Acessado em: 06.08.2022.

> living from hand to mouth, loose in morals, improvident in habits, degraded, and squalid as beggary itself".

Assim, o quadro de exclusão do pré-zoneamento nova-iorquino obedece ao padrão descrito em Frankfurt: o processo de industrialização em um quadro de livre acumulação de excedente econômico dado em um ambiente de baixa regulação levará a um cenário de rápida urbanização sob o símbolo da precarização da classe trabalhadora. No caso de Nova York, o panorama é agravado em função da libertação dos escravos e da presença de imigrantes.

Neste cenário, a elite econômica local vai se valer do poder público e do discurso de saúde pública para impor uma norma de regulação do uso do espaço urbano. Da mesma forma vista na Alemanha, a normatização do uso do espaço urbano terá que mediar as relações entre o setor da construção e a elite rentista, proprietária de imóveis. No caso de Nova York, o modelo será mais flexível, tanto no desenho urbano quanto na regra jurídica.

Figura 15 - Cortiço de 1863, que acomodava até 12 famílias em cada apartamento

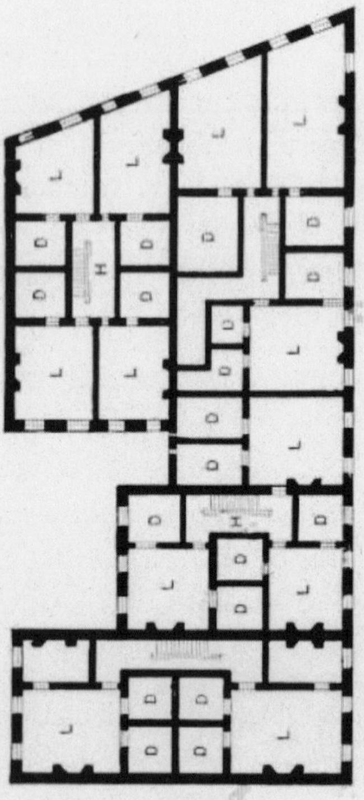

Fonte: Jacob Riis[337]

Como visto, enquanto o zoneamento nova-iorquino faz da cidade um mosaico de zonas de uso e limites construtivos, o modelo alemão opera uma divisão plana das áreas da cidade. Ainda, enquanto a normativa municipal de Frankfurt empurrará para o Judiciário eventuais soluções de conflitos, o modelo norte-americano também apresentará uma maior maleabilidade. Apesar do zoneamento norte-americano só ser validado 10 anos depois de Nova York, a legislação municipal já antevendo os conflitos judiciais em

337 RIIS, Jacob A. *How the Other Half Lives*. Nova York: Charles Scribner's Sons, 1890, p. 8.

face à restrição do direito de propriedade, se valerá de uma Câmara Administrativa, para tratar de eventuais arestas regulatórias.

O quadro desenhado ao final da *Gilded Age* parece ser em alguma medida semelhante ao alemão de 1890. As diferenças estão no tempo e na força do capital financeiro no debate de acumulação. Apesar da presença do sistema bancário em todo o período alemão, os Estados Unidos – e notadamente Nova York – terão presença mais acentuada do sistema financeiro sobre o processo de urbanização e industrialização.

Nova York chega a 1916 então tendo atravessado uma série de crises financeiras, algumas com repercussão nacional, e basicamente todas relacionadas com as sequelas da Guerra Civil. Boa parte das classes mais baixas sofre com as moradias precárias, refletindo em péssimas condições de vida para a maioria da população.

Em outra medida, o rápido acúmulo de capital faz com que a parte rica da cidade tenha disponibilidade para proporcionar uma intensa verticalização, mediada por avanços tecnológicos como o elevador elétrico e posteriormente o concreto armado. A possibilidade agora de extração de grandes níveis de excedente econômico através da indústria da construção civil fará com que o *zoning* opere também de forma a garantir os interesses também deste setor.

É neste cenário então que o modelo do zoneamento se dirige para o abismo de 1929. Entre crises e períodos de relativa estabilidade, o mercado norte-americano se desenvolve como no microcosmo de Manhattan.

3.7 O *Crash* de 1929 e seus impactos na construção civil e no mercado imobiliário

Sabe-se que as fundações que levaram a economia norte-americana para a quinta-feira negra de 31 de outubro de 1929 se fixam sobre o final da Primeira Guerra Mundial. Enquanto países como a Alemanha terão que equacionar uma explosão do déficit habitacional em função do retorno de seus combatentes aliado à explosão da dívida pública, os Estados Unidos saem em situação oposta. O otimismo com a expansão econômica e principalmente a expectativa de um crescimento sustentado do mercado financeiro serão os combustíveis de 1929 e da subsequente Grande Depressão.

Os *Roaring Twenties*, como ficaram conhecidos os anos da década de1920 foram marcados pelo mesmo signo que antecedeu a explosão da *Gilded Age*. Em um novo ciclo de expansão da indústria, o setor ferroviário, bem como a siderurgia, o setor elétrico, o setor automotivo e a indústria em geral, além do cinema e o rádio, demonstrarão crescimento acelerado. Há avanços nos direitos civis, como a discussão e a aprovação do voto feminino. O setor financeiro norte-americano se imporá sobre o resto do mundo, colocando à sua sombra o inglês. Nas artes, florescem o jazz e o *Art* Déco.

Encerrando um período de recessão na década de 1910, os anos 1920 serão tocados sob a batuta liberal em três mandatos republicanos. A redução do imposto de renda, cuja alíquota máxima havia chegado a 77% para o financiamento da Primeira Guerra, será um exemplo da política econômica do período. Em outra medida, para lidar com a crise herdada da década anterior, o Banco Central norte-americano cortará as taxas de juros e permitirá uma distensão do crédito ao consumidor.

Na economia real, a ampliação da infraestrutura de energia, telefonia e de transporte rodoferroviário também servirá de estímulo para o aumento dos níveis de emprego e consumo. A produção em massa de automóveis se torna realidade, abrindo o caminho para o fordismo.

O cenário mais uma vez deságua em intensa urbanização. Será nesta década que a população urbana ultrapassará a rural, principalmente na região do meio-oeste. Fixa-se também o quadro de uma crescente classe média urbana, cujo padrão fora forjado no final do século XIX e que esperará o segundo pós-guerra para se tornar a regra da sociedade norte-americana.

O crédito barato aliado a uma expansão sustentada do mercado de trabalho levará a um quadro conhecido: bolhas especulativas no setor imobiliário e no mercado de capitais. Talvez o primeiro sinal no mercado tenha surgido com o *boom* imobiliário da Flórida, cuja bolha irá explodir em 1925. Financiada por investidores de todo o país, a bolha da Flórida pode ser considerada como um sinal de que a especulação sobre um determinado mercado imobiliário pode causar danos à economia como um todo.[338]

Este cenário, aliado a um baixo compromisso com a saúde futura da economia se forma então as condições para o *crash* de 1929. E a quebra do final da década de 1920 terá impacto direto sobre o mercado imobiliário, que ensejará políticas expansionistas no período seguinte, o *New Deal* de Roosevelt.

Como se verá adiante, os desígnios de Washington, tanto para o mercado da construção civil quanto para o mercado imobiliário, serão de centralização de instrumentos, fomentando expansão – organizada, porém privada – dos setores. Por isso, é imperioso salientar que apesar das origens das políticas intervencionistas de Roosevelt estarem sob condução republicana, quase uma década antes do *New Deal*, o modelo apresentado por Hoover terá diferenças importantes.

A primeira é o caráter eminentemente privatista do período. Herbert Hoover será por quase nove anos o Secretário de Comércio dos Estados Unidos, para em 1928 ser eleito presidente. As políticas para a construção civil e o mercado imobiliário do

---

338 WHITE, Eugene N. "The Great American Real Estate Bubble of the 1920s: Causes and Consequences". *Working Paper: Rutgers University*, 2008. Disponível em: http://www.sv.uio.no/econ/english/research/news-and-events/events/guest-lectures-seminars/Thursday-seminar/2009/Thursday-spring09/white.pdf. Acessado em: 06.08.2022.

período possuem caráter de expansão do lado da oferta, enquanto a adequação da demanda será propiciada principalmente pelo relaxamento do crédito. Ao contrário das políticas de Roosevelt após a década de 1940, o modelo de Hoover nos anos 1920 será de orientação do mercado ao aumento da eficiência pela oferta: padronizações legislativas, facilitação do crédito e outras medidas não operarão no ganho de massa salarial. O que ocorrerá é uma dinamização destes mercados, cuja demanda será alimentada via acesso ao crédito e expansão do mercado de trabalho.

Este cenário será observado mais adiante. Aqui, cumpre ressaltar os resultados do *crash* de 1929. Assim como a quebra de 2008, o evento de 1929 será precedido de um cenário de valorização desmedida não só dos ativos financeiros, mas também do setor imobiliário. Ainda, da mesma forma que o ocorrido na primeira década do século XXI, os efeitos sobre os setores da construção e do mercado de imóveis serão incomensuráveis.

A melhor descrição sobre os impactos da crise de 1929 sobre o mercado imobiliário norte-americano em geral e nova-iorquino em particular parece ter sido apresentada por Tom Nicholas e Anna Scherbina.[339] Analisando o incremento sustentado do mercado imobiliário de Nova York dos anos de 1929 e o início da Grande Depressão, os autores demonstram a correlação entre o mercado de imóveis e o financeiro.

O trabalho em referência confirma a comparação entre a crise de 2008 e 1929 no que diz respeito aos efeitos sobre o mercado imobiliário. Como esperado, o mercado imobiliário nova-iorquino sofre violento baque após o estouro da bolha. Apesar dos dados sobre o resto do país ainda serem de pequena monta, sabe-se que à época Manhattan respondia por 1,5% da população e 4% de

339 NICHOLAS, Tom; SCHERBINA, Anna. "Real Estate Prices During the Roaring Twenties and the Great Depression". *Real Estate Economics*, vol. 41, 2013. DOI: 10.1111/j.1540-6229.2012.00346.x.

toda riqueza imobiliária americana. Não só, apenas Manhattan correspondia por quase 10% do valor total de planos de construção para as 310 principais cidades dos Estados Unidos.[340]

O nível de dependência do mercado imobiliário ao mercado de ações é tal que será apenas na década de 1960 que o valor das transações imobiliárias da ilha de Manhattan irá recuperar os patamares pré-1929, apontam os autores.[341]

Gráfico 2 - Índices imobiliários de Manhattan no período selecionado

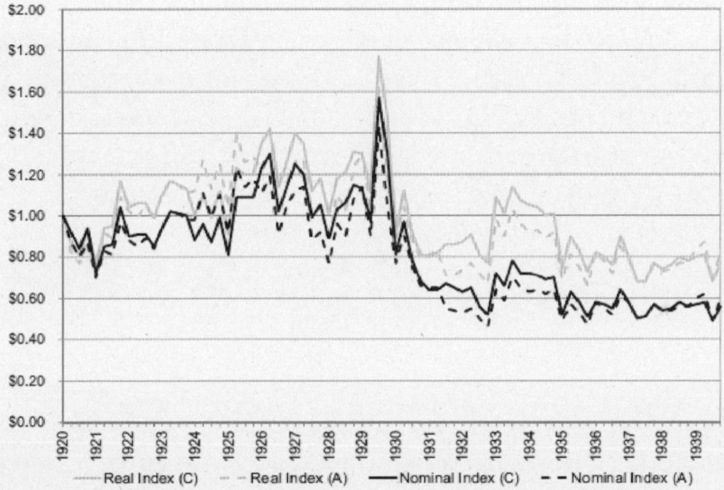

Fonte: Nicolas; Scherbina[342]

340 NICHOLAS, Tom; SCHERBINA, Anna. "Real Estate Prices During the Roaring Twenties and the Great Depression". *Real Estate Economics*, vol. 41, 2013, pp. 278/279. DOI: 10.1111/j.1540-6229.2012.00346.x.

341 NICHOLAS, Tom; SCHERBINA, Anna. "Real Estate Prices During the Roaring Twenties and the Great Depression". *Real Estate Economics*, vol. 41, 2013, p. 303. DOI: 10.1111/j.1540-6229.2012.00346.x.

342 NICHOLAS, Tom; SCHERBINA, Anna. "Real Estate Prices During the Roaring Twenties and the Great Depression". *Real Estate Economics*, vol. 41, 2013, p. 295. DOI: 10.1111/j.1540-6229.2012.00346.x.

No gráfico nº 2, é possível notar a variação negativa dos índices de preços para os imóveis de Manhattan. O eixo vertical mostra a variação por dólar investido, enquanto o eixo horizontal aponta para a variação trimestral.

Já o gráfico nº 3 indica a variação da atividade construtiva da ilha e as emissões de ações das empresas do setor pela Bolsa de Nova York. O trabalho trata de comparar o comportamento do mercado de construção e o de emissão de títulos junto à NYSE no período citado. Conforme os autores apontam, é possível que o mercado imobiliário da ilha tenha tentado aproveitar o momento de aumento de preços através tanto de um aumento da oferta de imóveis quanto do aumento de oferta de ações. Enquanto o eixo vertical esquerdo apresenta a variação dos valores contratados para novas construções (em milhões de dólares), o eixo vertical direito indica a variação de emissão de ações do setor, também em milhões de dólares. Ainda, o eixo horizontal aponta a variação ano a ano.

Gráfico 3 - Série de novas construções e novas emissões de ações para o período selecionado

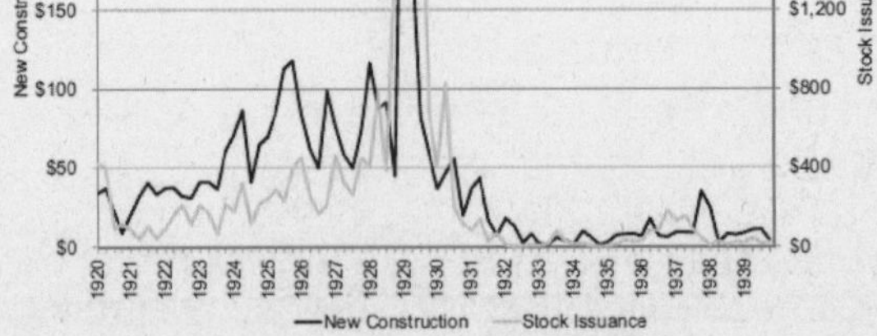

Fonte: Nicolas; Scherbina[343]

343 NICHOLAS, Tom; SCHERBINA, Anna. "Real Estate Prices During the Roaring Twenties and the Great Depression". *Real Estate Economics*, vol.

É facilmente perceptível o pico de 1929 e a queda subsequente para os anos da Grande Depressão. Nota-se também que apesar das variações em ambos os gráficos, a curva até 1929 é crescente, sendo que é no ano da quebra que há um pico desproporcional.

Sabe-se que o cenário pós-1929 é desolador. O nome *Grande Depressão*, dado ao período que segue ao estouro da bolha, havia sido dado à década de 1870 à Inglaterra, em face à crise que o país atravessará após os eventos de 1873. Até então, aquela havia sido a maior crise que os ingleses haviam enfrentado. Após 1929, o título foi então dado à década de 1930, particularmente aos Estados Unidos.

A crise do setor imobiliário estadunidense é marca latente da depressão dos anos trinta. Apenas 1932 e 1933, as instituições de crédito hipotecário retomam o equivalente a US$ 238 milhões e 800 mil dólares.[344] É também consequência do *crash*, a ascensão do nazi-fascismo e a nova corrida armamentista, antessala da Segunda Guerra Mundial. É neste quadro também que será constituído o *New Deal*. E como se verá a seguir, é nele que a Lei de Zoneamento passa a ser um instrumento operado em outro nível. O governo central dos Estados Unidos operará em escala para viabilizar normas de uso e ocupação do solo que permitam a adoção em escala nacional de políticas habitacionais.

A indústria da construção civil se torna peça-chave da economia daquele país, fazendo com que a norma jurídica de regulação do solo local seja um dos principais instrumentos garantidores para a expansão do capital em âmbito nacional. A regulação municipal terá agora uma função macrojurídica: o zoneamento auxilia a ação em nível local uma política econômica nacional.

41, 2013, p. 301.

344 NICHOLAS, Tom; SCHERBINA, Anna. "Real Estate Prices During the Roaring Twenties and the Great Depression". *Real Estate Economics*, vol. 41, 2013, p. 302. DOI: 10.1111/j.1540-6229.2012.00346.x.

3.8 Antecedentes ao *New Deal*: *Better Homes in America*, o *Standard State Zoning Act* e o *Planning Act*

Hebert Hoover possivelmente entrou para a história como o Presidente que – sem sucesso – tentou encontrar saída à Grande Depressão.[345] Eleito em 1928 e exercendo seu mandato entre 1929 e 1933, Hoover foi escolhido sob os efeitos da bolha especulativa de Wall Street. E enquanto sua passagem pela presidência dos Estados Unidos é comumente vista como um esforço sem sucesso para a retomada econômica, seu mandato como Secretário de Comércio dos Estados Unidos, entre 1921 e 1928, pode ser analisada sob outra perspectiva.

Atravessando os mandatos de Warren Harding e Calvin Coolidge[346] por quase toda a década de 1920, Hoover terá de enfrentar alguns dos mesmos desafios apontados aos sociais-democratas alemães em Weimar. Assim como a Alemanha, os Estados Unidos terão de lidar com a falta de moradias em razão do retorno das tropas da Primeira Guerra Mundial.

Como aponta Doan,[347] a produção de moradias nos Estados Unidos sofrerá um baque ao longo da Primeira Guerra Mundial, mantendo uma média de aumento de apenas 1,3% de aumento durante os anos de 1917 a 1920. Conforme aponta, o resultado imediato da diminuição da oferta de moradias foi o aumento dos aluguéis, que chega a ser 35% superior em 1920 ao registrado em 1914.

---

345 Republicano, Hebert Hoover se notabilizou por uma série de ações políticas redistributivas como o aumento das alíquotas do imposto de renda em 1932 – que elevou a alíquota máxima de 25 para 63% – e a imposição de novas alíquotas às importações de mais de vinte mil produtos através do *Smoot-Hawley Tariff Act*.

346 Ambos filiados ao Partido Republicano.

347 DOAN, Mason C. *American Housing Production, 1880-2000*: A Concise History. Lanham: University Press of America, 1997, pp. 27/28.

Este cenário é confirmado por Gail Radford.[348] Justificado pelo aumento de custos de construção em face da economia de guerra inaugurada no período pré-1920, o quadro de construção de moradias sofrerá recuo durante os anos da guerra, retomando logo após. Os *roaring twenties*, iniciados nos estertores da *Progressive Era* serão a consolidação do período anterior, porém, com outras nuanças. A dilatação das linhas de crédito fará com que o nível de consumo aumente, notadamente no setor imobiliário. E, como aponta Radford, até a grande depressão, aqueles com acesso ao financiamento de imóveis poderão usufruir das políticas do período.[349]

E no caso americano, boa parte desta construção jurídica para enfrentar a crise de moradia se dará na Secretaria de Comércio. Sob o comando de Hoover, serão editadas ao menos duas normas para lidar com a questão da moradia: uma norma nacional para padronização do zoneamento e outra, com o mesmo fim, mas para o planejamento urbano. Não só, um programa voluntário intitulado *Better Homes in America* será capitaneado pelo então Secretário com o fim de reformar, construir e promover a aquisição de imóveis residenciais. Ainda, Hoover irá padronizar nacionalmente o código de construção, tentando garantir unicidade às práticas construtivas para projetos economicamente mais eficientes.

Como aponta Radford,[350] é fato que as operações de Hoover trarão mais eficiência ao setor da construção civil. Entretanto, apesar do discurso pró-consumidor, o que se verá será um aumento do lucro das empresas do setor. O ganho de eficiência em escala resultará mais em uma distribuição de excedente econômico ao setor do que aos proprietários.

348 RADFORD, Gail. *Modern Housing for America*: Policy Struggles in the New Deal Era. Chicago: University of Chicago Press, 1996, p. 22.

349 RADFORD, Gail. *Modern Housing for America*: Policy Struggles in the New Deal Era. Chicago: University of Chicago Press, 1996, p. 23.

350 RADFORD, Gail. *Modern Housing for America*: Policy Struggles in the New Deal Era. Chicago: University of Chicago Press, 1996, p. 52.

Em alguma medida, esta será em parte a tônica do fordismo, ao menos neste primeiro período. A *era progressista* trará mais avanços à economia norte-americana, porém, sem alcançar o nível de distribuição excedentária que se verá na década de 1940. De qualquer forma, parece inegável que a organização proposta por Hoover alterará de forma significativa a indústria da construção civil norte-americana e, com ela, a relação entre Estado e a regulação do espaço urbano.

Como foi dito até aqui o zoneamento sai de um patamar de articulação local da distribuição do excedente econômico e se insere – notadamente sob o fordismo – dentro de uma articulação macrojurídica para a organização dos fluxos excedentários. E se é possível determinar um período na história do zoneamento norte-americano em que os diferentes níveis de governo começam a organizar esta articulação, este momento se dá sob o comando de Hoover junto à Secretaria de Comércio do governo central.

Hoover articulará entre 1921 e 1924: lei de diretrizes para os estados-membros sobre zoneamento; lei com diretrizes para o planejamento urbano; regras para o financiamento e hipotecas em nível nacional e regras para a padronização de materiais de construção. Não só, o próprio Secretário será ativo na organização e divulgação de uma rede de cerca de cinco mil comitês denominada *Better Homes in America.*[351]

3.8.1 *Better Homes in America*

O movimento por melhorias nas residências norte-americanas é caso de estudo de comunicação de massa nos Estados Unidos.[352]

---

351 KNACK, Ruth; MECK, Stuart; STOLLMAN, Israel. "The Real Story Behind the Standard Planning and Zoning Acts of de 1920s". *Land Use Law*, fevereiro 1996, p. 3.

352 ALTMAN, Karen E. "Consuming Ideology: The Better Homes in America Campaign". *Critical Studies in Mass Communication*, nº 7, 1990.

Encetado pela iniciativa privada, o movimento logo ganha simpatia de Hoover, que irá capitanear sua organização em nível nacional.

Em suas raízes, aponta Altman,[353] o *Better Homes in America* busca mobilizar a sociedade para a aquisição e reforma da casa própria. A ideia é disciplinar a classe trabalhadora para um consumo responsável, criando um padrão de consumo ligado à organização de economias domésticas com o fim específico de ampliação do número de proprietários de imóveis.

Altman inclui o movimento em questão como demonstração da propaganda de massas como veiculadora do que chama de *ideologia de consumo*. Ao que interessa a esta tese, importa dizer que o movimento foi instantaneamente absorvido pelo Secretário de Comércio. Encaixando-se em um esquema proto-fordista desenhado por Hoover, o *Better Homes in America* será a âncora civil de suas ações de governo. Conforme apontam Knack; Meck; Stollman,[354] o foco das políticas da Secretaria estava em garantir uma expansão da produção e aquisição de moradias.

É neste sentido que o movimento se insere. De cunho autônomo e com mais de 5 mil comitês em seu ápice, ele será peça importante na construção do estilo de vida da década de 1920. Será também, como Altman indica, a reificação das condições daquela década por indicar necessidades econômicas objetivas, realidades políticas e valores culturais como naturais ou universais. É, nos dizeres da autora, um trabalho ideológico, dado articular condições histórico-culturais específicas.[355]

---

353 ALTMAN, Karen E. "Consuming Ideology: The Better Homes in America Campaign". *Critical Studies in Mass Communication*, nº 7, 1990, p. 286.

354 KNACK, Ruth; MECK, Stuart; STOLLMAN, Israel. "The Real Story Behind the Standard Planning and Zoning Acts of de 1920s". *Land Use Law*, fevereiro 1996, p. 3.

355 ALTMAN, Karen E. "Consuming Ideology: The Better Homes in America Campaign". *Critical Studies in Mass Communication*, nº 7, 1990, pp. 227 e 288.

E de fato, com um forte discurso patriótico, o material divulgado pelo movimento apela para a defesa dos interesses nacionais através da expansão da aquisição de moradias, reformas e aquisição de bens de consumo como eletrodomésticos. Não só, um discurso científico para criar o culto à disciplina econômica doméstica e criando o que o próprio movimento chamará de consumo responsável. Através da renúncia de interesses menores, o cidadão-consumidor deveria se empenhar para conquistar a casa própria.[356]

Hoover se interessa particularmente pelo movimento, escrevendo abertamente a jornais de todo o país. A divulgação do movimento objetivava contaminar a sociedade civil sobre a importância da questão imobiliária. A publicidade gerada pelo movimento – recheado de referências à cultura do período – seria positiva para os planos do Secretário.

3.8.2 *Standard State Zoning Enabling Act* (SZEA)

Enquanto o movimento por reformas de moradia ocupa uma posição de convencimento para a política de Hoover, a produção legislativa da Secretaria de Comércio durante toda a década aqui relatada será o real produto do período. Ao articular duas normas federais para a organização estadual de normas municipais, algo muito pouco usual no histórico legislativo norte-americano, a Secretaria construirá o arcabouço regulatório para a operacionalização do zoneamento e do planejamento urbano em todo o espaço nacional. A operacionalização da reprodução do capital no espaço sob o signo do modo de produção fordista será de fato alçado à prática a partir de Roosevelt. Porém, é na década anterior que as condições macrojurídicas para que ela se realize são estabelecidas.

---

356 MELLONEY, W. B. "Better Homes in America". *Demonstration Week October*, 2012. Disponível em: http://www.gutenberg.org/cache/epub/7992/pg7992-images.html. Acessado em: 08.06.2022.

A lei de padronização estadual para a promoção do zoneamento possui particularidades importantes. Primeiramente, por se tratar de texto indicativo não-vinculante, a adoção ou não do texto dependerá da vontade do legislador local. E ao contrário do que tradicionalmente ocorre, o legislador local adotará seu texto quase que na integralidade.[357]

Escrito por Edward Bassett a pedido da Secretaria de Comércio, o texto da norma será debatido com entidades e organizações que debatem a questão.[358] O *Mr. Zoning*, como já era conhecido, dispõe logo na introdução da lei que tanto o controle de vocábulos e definições quanto a adoção de parâmetros seguirão o senso comum sobre o tema.[359] Nesta linha, a normativa federal adotará o zoneamento de usos, alturas e áreas – no modelo nova-iorquino. Ainda, a norma ratifica o direito ao zoneamento como forma adequada da utilização do poder de polícia. Não só, indica o *Board of Adjustments*[360] como forma de solução de conflitos para os casos não previstos (US Department of Commerce, 1926).

---

357 MECK, Stuart. "Model planning and zoning enabling legislation: a short story". *In*: AICP. *Modernizing State Planning Statutes*: The Growing Smart Working Papers. vol. 1. Washington: APA Publications, 1996, pp. 1 e ss.

358 KNACK, Ruth; MECK, Stuart; STOLLMAN, Israel. "The Real Story Behind the Standard Planning and Zoning Acts of the 1920s". *Land Use Law*, fevereiro 1996, p. 5.

359 Dado que a primeira norma completa sobre zoneamento foi escrita por Bassett em Nova York em 1916 e em boa medida outras normas seguiram suas convenções, o senso comum é na verdade o senso do próprio autor.

360 Também denominada *Board of Appeals*, é definida por Bassett como o órgão que deve atuar para evitar arbitrariedades e permitir variações às definições do zoneamento, sem, contudo, deixar de lado o espírito da Lei de Zoneamento. As variações, segundo Bassett, não poderia ser alterações às ordenações ou aos mapas estabelecidos pela norma, devendo apenas o Poder Legislativo ter a capacidade de alterá-los. (BASSETT, Edward Murray. "Fundamentals of American Zoning with Special Reference to the Vital Importance of Court Review". *Planning Problems of Town, City and Region*. Baltimore: The Norman Remington Company, 1925, p. 428).

A norma federal em sua redação final de 1924 adota 9 seções. As mais relevantes tratam de expor o que foi demonstrado aqui: o poder de polícia como fundamento para o zoneamento, as formas indicadas para zonear e o conselho de ajustes.

O que se nota – e o que nos parece relevante aqui – é a adoção de parâmetros de padronização em escala nacional para a produção do espaço. Ao regular o assunto local em âmbito nacional, o Estado norte-americano irá buscar dar segurança ao investimento. A normatização local é fundamental para que o capital alocado no setor da produção do espaço possa circular livremente.

A legislação em comento ganha ainda mais relevância quando inserida na política de Hoover do período. Como dito, a Secretaria de Comércio atua tanto no plano normativo quanto no político e econômico.

E a importância da norma parece ser evidente pelo seu nível de adoção. Pouco mais de 11 anos depois de editada, a SZEA já era adotada por trinta e cinco Estados. Não muito tempo depois ela foi adotada por todos os 50 Estados e na década de 1990, com modificações ainda era adotada por 47 deles.[361]

Outro aspecto importante a ser ressaltado é a complementaridade que a norma geral de zoneamento terá com sua irmã mais nova, a lei de promoção do planejamento urbano, como se verá a seguir.

3.8.3 *Standard City Planning Enabling Act* (SCPEA)

Exatamente na mesma linha da lei federal sobre zoneamento, a Secretaria de Comércio edita em 1928 norma para orientar os Estados-membros a estabelecerem parâmetros aos municípios

361 MECK, Stuart. "Model planning and zoning enabling legislation: a short story". *In*: AICP. *Modernizing State Planning Statutes*: The Growing Smart Working Papers. vol. 1. Washington: APA Publications, 1996, p. 3.

que desejassem instituir normas de planejamento urbano. Como a introdução da norma indica, o objetivo seria contemplar os quatro principais tópicos – que a experiência demonstrou – para a criação de uma legislação de planejamento urbano, a saber: a feitura do plano, organização e poderes da comissão municipal de planejamento; o controle das subdivisões jurisdicionais; o controle dos edifícios nas ruas mapeadas, e; o planejamento regional e sua comissão.

Vê-se que o sentido desta norma opera nos mesmos termos da lei anterior: garantir previsibilidade jurídica às normas locais de planejamento urbano. Ao estabelecer os parâmetros em que o poder público local deve planejar, o intuito – como a introdução escrita pelo Secretário Hoover indica – é garantir uma maior articulação entre o poder público e o privado (US Department of Commerce, 1928, p. III).

Em sintonia com a norma de zoneamento tratada anteriormente, a SCPEA trata de viabilizar normativas que sejam dotadas de semelhança por todo o território norte-americano. Ao garantir padrões idênticos de definições, parâmetros e limites ao uso do poder de planejar da Administração local, a normativa – também instituída em caráter indicativo, dada a estrutura federativa daquele país – irá tentar construir um padrão para a atividade planejadora urbana.

Não à toa, a sessão 11 da norma indica que a comissão de planejamento não apenas deve garantir a existência da comissão de zoneamento como uma vez completo o processo de zoneamento da referida cidade, os poderes conferidos àquela comissão deveriam ser transferidos à comissão de planejamento urbano.

Ou seja: a consonância entre ambas se dá na medida em que as ações tomadas pela norma de zoneamento sejam mantidas pela atividade planejadora, que se mantém no tempo. Este ponto já era admitido na SZEA, que indicava a necessidade de o zoneamento estar inserido "*in accordance with a comprehensive plan*".

Conforme aponta Meck,[362] a SCPEA teve como escopo definir o que seria o *comprehensive plan* da lei anterior.

Ao que interessa aqui, cumpre então demonstrar que o governo central dos Estados Unidos busca construir uma parametrização legislativa para facilitar a produção imobiliária, notadamente residências. Como dito anteriormente, há ainda tentativas da Secretaria de Comércio para facilitar o acesso à hipoteca, ao financiamento imobiliário como um todo e organizar a produção de insumos da construção civil.

Uma vez visto como Washington passa a organizar as normativas de zoneamento pelo país, passa-se a ver agora o cenário aberto pelo *New Deal*.

3.9 O *New Deal*: regulação e indução ao mercado

Conforme aponta Mason Loan, ao término de 1928, os Estados Unidos registrarão pela primeira vez desde 1880 um aumento dos proprietários de imóveis em relação ao número de inquilinos. Enquanto as famílias que viviam de aluguel chegam a 1,8 milhão, o número de proprietários alcança a marca de 2,8 milhões, perfazendo 61% da soma de ambos.[363]

Porém, a partir da década de 1930 a curva se inverte. Com a rápida deterioração do orçamento familiar, o peso das hipotecas – incentivado anos antes na gestão Hoover – irá se tornar insuportável. Apenas entre 1929 e 1932, Loan indica haver uma verdadeira hemorragia de execuções hipotecárias, perfazendo 725

362 MECK, Stuart. "Model planning and zoning enabling legislation: a short story". *In*: AICP. *Modernizing State Planning Statutes*: The Growing Smart Working Papers. vol. 1. Washington: APA Publications, 1996, p. 3.

363 LOAN, Mason C. *American Housing Production, 1880-2000*: A Concise History. Washington: UPA, 1997, p. 31.

mil ao total, além de um número desconhecido de casos em vias de execução.[364]

A política de incentivos organizada por Hoover a partir de 1924 trará um sólido aumento do número de proprietários de imóveis, consolidando inclusive a curva de urbanização que se acentuara a partir do final do século XIX. Todavia, após a deflagração da crise de 1929, o governo central será obrigado a articular novas políticas habitacionais, para reverter as consequências da Grande Depressão.

O *New Deal* se caracterizou por uma extensa lista de medidas de Estado e governo, que vão da criação de agências à inauguração de políticas públicas, passando pela adoção de novas legislações à liberação de crédito para construção de moradias.

Da infinidade de ações proposta pelas administrações Roosevelt, esta tese ressaltará apenas três: a criação da *National Resources Planning Board*, as medidas para reorganizar o setor imobiliário nos Estados Unidos pós-*crash* de 1929 e o ganho salarial a partir da segunda metade da década de 1940. A questão salarial, como se verá, está inserida dentro da discussão sobre o acesso à casa própria. A escolha se dá em face da restrição do objeto: sabe-se que políticas como a expansão da atividade industrial e a consolidação do fordismo em sua face industrial trarão benefícios à massa trabalhadora do período.

Mais do que isto, há um intenso debate sobre as diferenças das políticas dos anos 1920 para a expansão do consumo e as inauguradas ao final da Segunda Guerra Mundial. Enquanto a primeira beneficiou os setores mais ricos da sociedade e garantiu baixos

---

364 LOAN, Mason C. *American Housing Production, 1880-2000*: A Concise History. Washington: UPA, 1997, p. 34.

aumentos salariais,[365] canalizando o excedente à produção e aos controladores do capital industrial e financeiro, o modelo adotado por Roosevelt privilegiará também o aumento da massa salarial.

Por óbvio este ponto é importante para o sucesso da política econômica da era Roosevelt e trará impactos na aquisição de moradias. A questão é que o objeto aqui proposto está centrado na norma de zoneamento e sua função na distribuição dos recursos excedentários. Assim, importa saber sobre as políticas de expansão da construção de residências, mas sempre com o foco nas implicações nas normas de zoneamento.

Desta feita, correlacionar o *New Deal* ao desenho do complexo da construção civil seria tarefa para uma pesquisa à parte. O que interessa aqui é demonstrar que no bojo das políticas nacionais de ativação econômicas – de cunho eminentemente contracíclicos – há a necessidade de operar localmente para a produção do espaço urbano.

Por isso, ao longo dos tópicos a seguir serão apresentados, na medida da necessidade imposta, dados referentes à massa salarial, questões relativas às hipotecas e números assemelhados. O aprofundamento destes itens, entretanto, está comprometido em face do exposto.

3.9.1 Financiamento imobiliário e programas de incentivo à infraestrutura urbana

Ao tratar sobre a questão do financiamento imobiliário, Gail Radford[366] se preocupa em demonstrar que um dos principais itens a diferenciar o modelo de financiamento da casa própria é o papel

365 RADFORD, Gail. *Modern Housing for America*: Policy Struggles in the New Deal Era. Chicago: University of Chicago Press, 1996, p. 23.

366 RADFORD, Gail. *Modern Housing for America*: Policy Struggles in the New Deal Era. Chicago: University of Chicago Press, 1996.

que o Estado – leia-se Washington – desempenhará. Conforme o autor, até a emergência da falta de residências ocorrida na Primeira Guerra, o Estado não figurará como agente financiador ou incentivador do sistema de crédito para a aquisição da casa própria.

Citando o surgimento do Federal Reserve (FED) e de todo o seu sistema regulatório em 1913, o autor aponta para como medidas de governo incentivaram o financiamento imobiliário: como forma de estímulo às entidades bancárias para ingressarem ao *Federal Reserve System*, Washington irá remover as limitações à oferta de crédito impostas pela legislação bancária até então. Na mesma medida, a promulgação em 1916 do *Federal Farm Loan Act* – que garantiu taxas de juros subsidiadas de longo ao produtor rural – abre o precedente para que o Estado se valha deste tipo de prática em outros setores, como a construção civil.[367]

O pleno emprego e as políticas de fomento à indústria, durante ou após a Primeira Grande Guerra, trarão, como dito, um aumento dos custos de produção, sentidos também no mercado de construção de imóveis. Atente-se ao fato de que à época os Estados Unidos não contavam com construtoras e incorporadoras de larga escala. Em 1929, 80% das empresas do setor possuíam um volume de negócios de menos de US$ 9 mil. Enquanto isso, em 1927, a planta de Riverside, da Ford Motors, gastava cerca de US$ 30 milhões apenas para a troca do equipamento elétrico de sua linha de montagem. Mesmo as grandes construtoras construíam em média 50 casas por ano.[368]

Ao longo dos anos 1920 haverá um intenso debate sobre a permanência do Estado como fomentador da construção de moradias. Enquanto o Congresso norte-americano irá se opor à

---

367 RADFORD, Gail. *Modern Housing for America*: Policy Struggles in the New Deal Era. Chicago: University of Chicago Press, 1996, p. 14.

368 RADFORD, Gail. *Modern Housing for America*: Policy Struggles in the New Deal Era. Chicago: University of Chicago Press, 1996, p. 12.

permanência de incentivos estatais, parte da iniciativa privada não. Apesar disso, dada a explosão de demanda por novos imóveis, empresas como a *General Motors' Modern Housing Corporation* e *Ford Homes* iniciarão suas atividades.

É neste momento, como visto, que o Departamento de Comércio irá atuar firmemente para a consolidação da indústria da construção civil. Para Hoover, o setor não era vital apenas do ponto de vista econômico. O secretário atribuía à casa própria caráter ideológico, em seus próprios termos, *espiritual*.[369]

E se as políticas de Hoover – como Secretário de Comércio ou Presidente dos Estados Unidos – não produziram os resultados esperados, suas ações são fundamentais para compreender o período subsequente. Mesmo porque suas críticas serão a pedra de toque do fordismo: Hebert Hoover apontava que nos níveis salariais da época e com os custos de produção naqueles patamares, não haveria esperança para que a classe trabalhadora vivesse em suas casas próprias. Ou seja, ele mesmo já apontava que a relação salarial seria componente importante para o sucesso do que chamamos de fordismo.

Este é o cenário da questão imobiliária nos Estados Unidos após 1929. Viu-se que o modelo iniciado ao final do século XIX e perpetuado até a década de 1920 foi construído a partir da expansão do capitalismo industrial. Entre a *Gilded Age* e a *Progressive Era*[370] o país observa um avanço econômico sem precedentes, porém, limitado a determinados setores da sociedade.

---

369 RADFORD, Gail. *Modern Housing for America*: Policy Struggles in the New Deal Era. Chicago: University of Chicago Press, 1996, p. 51.

370 A Era Progressista é nome dado ao período entre 1890 e 1920 dos Estados Unidos. O nome se dá em função ao desgaste institucional e os inúmeros casos de corrupção do período anterior, a *Gilded Age* (Era Dourada). O cunho "progressista" de dá em função da adoção de políticas de avanços dos direitos civis (como o sufrágio feminino), o combate à corrupção, a adoção de uma legislação para organizar a concorrência (*Sherman Act*) e o

Ao longo da Era Dourada, o crescimento econômico garante ao estrato mais rico da sociedade norte-americana boa parte do excedente criado. O capitalismo de amigos será organizado de forma abertamente corrupta e concentradora. Já os quarenta anos subsequentes – a Era Progressista e os Ruidosos Anos Vinte – até a crise de 1929, o processo será menos restrito. Menos por sua política salarial e mais por ganhos de eficiência pelo lado da demanda e afrouxamento do crédito, a década de 1920 experimentará uma expansão da aquisição de imóveis.

Como visto, é do final da década de 1920 o surgimento de corporações de grande porte no setor. Não só, a construção de novas moradias é ainda relativamente modesta se comparada com o quadro inaugurado pós-Segunda Guerra Mundial. Entretanto, não é desprezível que ao término daquela década o mercado tenha entregado em um ano quase um milhão de novas unidades, nem o fato de que pela primeira vez desde 1870 o número de proprietários tenha crescido mais do que o número de locatários. Desta forma, a quebra da bolsa trará consigo uma crise no setor da construção e também hipotecário, como é possível observar no gráfico abaixo.

espraiamento do pensamento científico, como por exemplo, o taylorismo como método de organização empresarial.

Gráfico 4 - Início de novas construções e variação do débito hipotecário no período selecionado

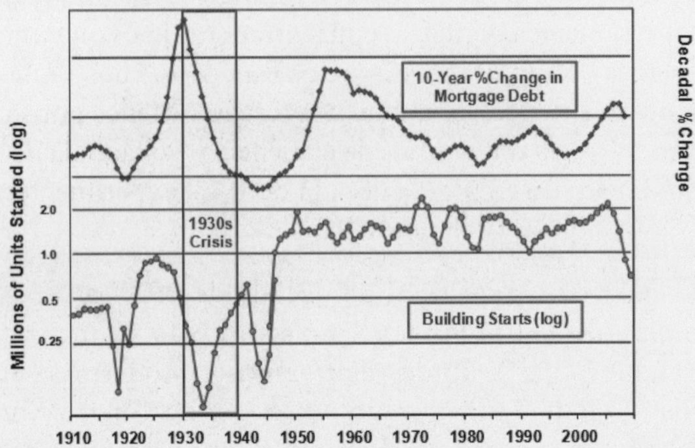

Fonte: SNOWDEN[371]

A crise fará com que o mercado da dívida hipotecária encolha sensivelmente, assim como o próprio mercado da construção. E é este o quadro que primeiramente Herbert Hoover – agora como presidente – e Franklin Roosevelt terão de lidar. Conforme aponta Snowden, o quadro pré-1929 foi sensivelmente agravado em função do modelo de hipotecas adotado: popularizam-se os chamados *balloons loans*,[372] que ofereciam carência de até cinco anos, subscrevendo até 50% do valor do imóvel.[373]

371 SNOWDEN, Kenneth A. *The Anatomy of a Residential Mortgage Crisis*: A Look Back to the 1930s. 2009. Disponível em: https://sedonaweb.com/attach/schools/NCBEfaculty/attach/chapter-297.pdf. Acessado em: 08.06.2022.

372 Os empréstimos-balão, como ficaram conhecidos, são os empréstimos onde por cinco anos o tomador iria saldar apenas os juros, pagando o valor efetivamente tomado para a aquisição do bem apenas ao final do quinquênio. FRIEDMAN, Jack P.; HARRIS, Jack C.; LINDEMAN, J. Bruce. *Dictionary of Real Estate Terms*. 4ª ed. Nova York: Barron's Educational Series, 1997, p. 34. Este modelo se inviabilizou após 1929.

373 Em verdade, o autor usa o padrão comparativo para demonstrar como a bolha imobiliária de 2008 foi muito maior e mais severa do que em 1929.

Apesar de modesto para os níveis da crise de 2008, o modelo de negócios adotados pelo mercado de crédito – notadamente os bancos comerciais – causará forte impacto no setor. Não por menos, o Estado norte-americano pós-*crash* irá assumir um papel ainda mais ativo na coordenação de interesses da construção de imóveis.

A primeira ação consistente para enfrentar a crise do setor será conduzida por Catherine Bauer. Liderança daquele país para a construção de moradias populares, Bauer é a principal responsável pela elaboração do *Housing Act* de 1937. Baseada em sua obra *Modern Housing* de 1934, a política de moradia defendida pela autora é fortemente influenciada pelas ideias de Ernst May, da chamada Viena Vermelha e de Lewis Mumford.[374] Na obra, Bauer aponta que a questão habitacional é política, não técnica. Assim, a solução para o problema se daria através da pressão política da sociedade civil.

A lei de 1937 traz para dentro do governo a questão da moradia. Agravado pela crise, o déficit habitacional, que caíra na década anterior, voltava a subir. Assim, a norma trará de apontar a *United States Housing Authority* (USHA), agência responsável por garantir os subsídios àqueles impossibilitados de adquirir seu imóvel. Ainda, a norma institui a *Federal Housing Authority* (FHA), que será responsável por segurar os títulos hipotecários sob determinadas condições, absorvendo o risco do mercado em questão.

Cumpre ressaltar apenas que a discussão da moradia do *New Deal* se inicia em 1933, com outra agência, a *Public Works Administration* (PWA). Mais tarde renomeada por Roosevelt para *Works Project Administration* (WPA), a agência, sob a guarda do

---

No evento de 2008, o sistema de crédito oferecia múltiplas hipotecas sobre o mesmo imóvel, concedendo os conhecidos empréstimos NINJAs (*no income no jobs and no assets*), que posteriormente seriam securitizados em pacotes de investimentos (os SIV – *structured investiment vehicles*) e revendidos no mercado financeiro.

374 RADFORD, Gail. *Modern Housing for America*: Policy Struggles in the New Deal Era. Chicago: University of Chicago Press, 1996.

Ministério do Interior, será responsável por viabilizar a construção de casas populares. O projeto inicial está inserido em outro maior – o NIRA – *National Industrial Recovery Act*. Este outro ato, de maior abrangência, será o esforço nacional para a retomada da indústria.

Em suma, as políticas de moradia conduzidas pelo governo central no período se concentrarão em viabilizar crédito barato para a retomada do setor da construção, além de assegurar a retomada do setor das hipotecas.

E nos dois casos, Roosevelt irá abordar ampliar o leque de ações iniciado por Hoover quando Secretário de Comércio. Isto se deve à outra medida, a recuperação salarial, que será de fato conseguida a partir do último quartel da década de 1930. É neste período que as políticas do *New Deal* definitivamente decolam.[375] A retomada industrial, desta vez acompanhada de um ganho efetivo de massa salarial, irá viabilizar o mercado imobiliário.

Alexander Fields[376] demonstra como a recuperação do setor imobiliário dos Estados Unidos foi lenta. A expansão vivida durante toda a década de 1920 será oposta à retração da década subsequente. Como visto o setor não possuía ainda grandes empresas, porém, enquanto entre 1924 e 1927 a construção residencial chegou a representar 5% do PIB dos Estados Unidos, em 1933

---

375 Existe um intenso debate sobre os reais motivos que fizeram a crise norte-americana perdurar. Independentemente da posição, monetarista ou keynesiana, o fato é que a decolagem dos EUA acontecerá de fato a partir da década de 1940, às portas da Segunda Grande Guerra. Os dados podem ser confrontados por instituições como da *Economic History Association* ou o *National Bureau of Economic Research*. Ao que interessa a esta pesquisa, cumpre ressaltar que a atividade econômica norte-americana será sôfrega ao longo da década de 1930, se comportando de forma errática. Por isso, e dado não ser o objeto desta tese, há de se considerar apenas o consenso: de que será após a segunda metade da década de 1940 que os índices econômicos dos Estados Unidos irão demonstrar níveis expressivos de recuperação.

376 FIELD, Alexander. *Housing and Mortgage Markets in Historical Perspective*. Chicago: University of Chicago Press, 2014, p. 65.

ela representou apenas 1%. Entre 1926 e 1933, o setor observa um encolhimento de 89%.

Para enfrentar o quadro, Roosevelt irá inaugurar no período uma série de agências e empresas governamentais. O objetivo seria reorganizar o setor do crédito imobiliário, fulminado em 1929. Nesta linha, o governo central cria em 1933 a *Home Owner's Loan Corporation* (HOLC). A empresa operava emitindo títulos, e com o crédito, comprava empréstimos hipotecários de famílias inadimplentes. Funcionando entre 1933 e 1951, a HOLC foi um dos instrumentos do *New Deal* para reestruturar o mercado de hipotecas. Apenas entre 1933 e 1936, a empresa comprou e renegociou mais de um milhão de empréstimos hipotecários não-rurais.[377] Ao final, a empresa teve como resultado absorver os prejuízos do sistema, retirando os empréstimos inadimplentes do mercado e devolvendo novas hipotecas refinanciadas e de pagamento provável pagamento.

Em 1948, durante a administração Truman, segue-se o processo de reestruturação do sistema de hipotecas e é criada a *Federal National Mortgage Association*, popularmente conhecida como *Fannie Mae*. Seguindo como empresa pública até 1954, quando a nova lei de moradias torna-a uma sociedade de economia mista,[378] Fannie Mae será a titular da carteira de empréstimos hipotecários feitos tanto pela FHA quanto pelo DVA – *Department of Veterans Affairs*, responsável por garantir os empréstimos hipotecários estabelecidos pela *GI Bill* (lei de auxílio aos veteranos de Roosevelt, ver abaixo).

Após 1970 a criação da co-irmã *Freddie Mac – Federal Home Loan Mortgage Corporation* – organizará o mercado secundário de

377 FISHBACK, Price V.; FLORES-LAGUNES, Alfonso; HORRACE, William; KANTOR, Shawn E.; TREBER, Jaret. "The Influence Of The Home Owners' Loan Corporation On Housing Markets During The 1930s". *National Bureau Of Economic Research Working Paper*, nº 15824, 2010, p. 24.

378 DIVENTI, Theresa R. "Fannie Mae and Freddie Mac: Past, Present, and Future". *Cityscape*, vol. 11, nº 3, 2009, p. 233.

hipotecas. A nova empresa será a responsável pela securitização do segundo mercado, dando ainda mais dinamismo à financeirização do sistema de hipotecas residenciais norte-americano.

Como visto, o *New Deal* inaugura um processo de reorganização do mercado imobiliário. Dando sequência ao proposto por Hoover, os anos Roosevelt serão marcados pelo estímulo ao setor em todas as frentes. Do ponto de vista financeiro, há uma dupla operação (que depois se desdobrará em uma terceira): a desintoxicação dos créditos hipotecários pré-1929 através da HOLC e a emissão de novos empréstimos, através da FHA e DVA, que será organizado através da carteira da Fannie Mae.

Na outra ponta, a economia real, o *New Deal* inaugura nos Estados Unidos o planejamento centralizado. Primeiro através da *Public Works Administration* – PWAe a lei de recuperação da indústria nacional – a NIRA – *National Industry Recovery Act.* Após a década de 1940, com a escalada da economia de guerra, o planejamento se torna imperativo.

Não só, uma série de ações de infraestrutura será iniciada após o *New Deal.* A *Tennessee Valley* (TVA), famosa inspiradora da Companhia do Vale do São Francisco, é inaugurada em 1933 e se torna a referência estadunidense para o desenvolvimento regional.[379] O planejamento regional do vale do rio Tennessee será centralizado pelo governo central, que disporá sobre a construção de represas, usinas e demais recursos de infraestrutura para incentivar a região, que sofria com os efeitos da grande depressão.

Ao longo de toda a era Roosevelt, seja através da PWA ou por outras agências, centenas, talvez milhares de projetos de infraestrutura serão gestados e executados. O ponto destacado aqui é a interseção das políticas de pleno emprego do período

379 BERCOVICI, Gilberto. *Desigualdades Regionais, Estado e Constituição.* São Paulo: Max Limonad, 2003, p. 83.

com a retomada do setor da construção civil e negócios imobiliários. Em sequência ao iniciado por Herbert Hoover, Roosevelt irá proceder a centralização do planejamento dos setores. Viu-se como o governo central irá operar o mercado de títulos, tentando reaquecer o mercado imobiliário. Quanto à construção civil, o que se verá é uma interseção do planejamento industrial com o urbano. Especialmente durante a Segunda Guerra Mundial, o governo norte-americano se preocupará com a construção da cidade, seja para garantir a reprodução do capitalismo, seja para planejar o retorno dos mais de oito milhões de norte-americanos que estarão envolvidos de alguma forma com os dois palcos da guerra, o Pacífico e a Europa.

Durante as décadas subsequentes o que se virá nos Estados Unidos será a busca pela retomada da construção civil. E como dito, esta retomada dependerá de uma coordenação de esforços, aos moldes de Hoover. Não por menos, Roosevelt irá apelar para a criação da *National Resources Planning Board,* que terá como função a sistematização do planejamento urbano. O intuito, como antes, era promover segurança e estabilidade para a construção civil, como se verá a seguir.

3.9.2 A *National Resources Planning Board* (NRPB) e o planejamento urbano

Sabe-se que, ao longo de seu esforço político, Roosevelt travou uma série de disputas com seus opositores, notadamente do setor privado. Avessos a qualquer tipo de regulação mais rígida sobre a atividade econômica, grandes corporações, o setor financeiro e elites locais resistirão à centralização política promovida ao longo do *New Deal.*

Durante os anos da economia de guerra – seja pela decolagem da economia seja pelo apelo social em torno dela – diminui-se a resistência ao intervencionismo de FDR, o que leva a uma expansão dos planos governamentais para um pós-guerra. Entretanto, antes disso, Washington terá que enfrentar longas disputas judiciais para garantir seu modo de ação.

Entre as medidas tomadas está a criação da *National Resources Planning Board* (NRPB), em 1939. Derivada de discussão ainda na gestão de Herbert Hoover, em 1933, a NRPB terá como principal função auxiliar o gabinete presidencial em assuntos relacionados ao planejamento central. A agência será desativada em 1943, sendo que sua existência será controversa, inclusive entre democratas conservadores, que enxergavam nela algum trejeito comunista.

Ao longo de sua existência, a NRPB tratará de popularizar o planejamento central em várias áreas, notadamente as que considerava como recursos naturais, indústria e mão de obra. Além de panfletos para a população em geral, a NRPB tratará de construir relatórios de toda sorte, com o fito de orientar as ações da presidência.

E mais do que um ator do processo de planejamento, a *National Resources Planning Board* será uma espécie de porta-voz das políticas do *New Deal*. O intuito era garantir que a população em geral fosse convencida das ações do governo, combatendo a resistência política e econômica às medidas de FDR.

Dentre as ações que a NRPB toma durante sua existência está a sumarização da política nacional de planejamento urbano. Já em 1943, a agência publica o documento *Better Cities: Building America*. Escrito por Charles S. Ascher em linguagem acessível ao grande público, a publicação visa demonstrar a importância da retomada do planejamento urbano em escala nacional.[380] Não só, a reconstrução em larga escala – forma como o documento se refere à reorganização das regiões metropolitanas dos Estados Unidos – deve garantir a existência de um interesse público

380 ASCHER, Charles S. *Better Cities*. Washington: National Resources Planning Board, 1943, p. 4.

metropolitano. Este interesse deve abarcar não apenas um espaço urbano socialmente justo, garantindo, por exemplo, uma divisão mais equitativa dos custos da cidade: os bem-estabelecidos dos subúrbios devem participar no financiamento das escolas daqueles que vivem nos centros urbanos e possuem renda mais baixa.[381] Não só, as propostas de planejamento urbano devem comportar os desígnios de toda a metrópole, invalidando quaisquer formas de construção jurídica que proibissem a existência de serviços como hospitais, lavanderias e matadouros.[382]

Outra característica apontada é a necessidade de garantir às cidades do pós-guerra mais do que o documento chama de *wellfare centers*. A ideia central é se valer de formas de controle de uso do solo, políticas fiscais e de um uso mais amplo do poder de polícia. Conforme o documento aponta,[383] o uso do poder de polícia através do zoneamento fora limitado, garantindo que exceções de não-conformidades permanecessem. Nesta reconstrução das regiões metropolitanas, o poder de polícia deveria garantir que a Administração pudesse remover aqueles que previamente estabelecidos à Lei de Zoneamento, mantivessem seu funcionamento baseados na teoria do *nonconforming use*.[384] Em outros termos, Roosevelt advoga uma política de endurecimento das normas de

---

381 O modelo de financiamento do sistema educacional norte-americano é organizado através do equivalente ao Imposto Predial e Territorial Urbano. Isso significa, na prática, que o montante que financia as escolas depende exclusivamente do valor arrecadado via IPTU: quanto mais rico o bairro, mais dinheiro disponível para suas escolas.

382 ASCHER, Charles S. *Better Cities*. Washington: National Resources Planning Board, 1943, p. 5

383 ASCHER, Charles S. *Better Cities*. Washington: National Resources Planning Board, 1943, p. 13.

384 Segundo Friedman, Harris & Lindeman, o nonconforming use é: "*A use that violates zoning regulations or codes but is allowed to continue because it began before the zoning restriction was enacted*". FRIEDMAN, Jack P.; HARRIS, Jack C.; LINDEMAN, J. Bruce. *Dictionary of Real Estate Terms*. 4ª ed. Nova York: Barron's Educational Series, 1997, p. 233.

zoneamento, fazendo com que as exceções – as não-conformidades – sejam eliminadas.

Em suma, o documento sintetiza os interesses da Administração Roosevelt para os centros urbanos: fortalecimento do planejamento urbano, garantindo mais poder às municipalidades, para que estas garantam uma democratização das cidades. Tal democratização passa pela garantia de serviços públicos de qualidade a todas as classes, sem deixar de lado, porém, a inclusão econômica do processo.

Sabe-se que o chamado *New Deal* não é propriamente um conjunto uniforme de medidas, havendo inclusive literatura que aponte a existência de dois *New Deal*s. O primeiro, que durará de 1933 até 1935, quando será lançado um novo plano, ainda mais agressivo e que durará até 1938. Do ponto de vista empregatício, o nível de sucesso do plano de recuperação de Roosevelt irá depender do momento. Entre 1933 até 1937, o número de desempregados cai de 14 milhões para 8 milhões. Porém, em 1938, este número sobre à casa dos dez milhões de desocupados, só voltando a cair em 1939, conforme a economia norte-americana se organiza para a Segunda Guerra Mundial.

Em outra medida, do ponto de vista de orientação do Estado norte-americano, o sucesso parece evidente. Os "3 R" – *Relief, Recovery and Reform* (alívio, recuperação e reforma) se traduzirão na construção de uma política de assistência social, emprego intensivo de capitais no setor da infraestrutura, políticas de recuperação salarial e crédito que seguirão até meados da década de 1970. Se Hoover lança as bases estatais do modo de regulação fordista, será através do discurso keynesiano-intervencionista defendido e aplicado por Roosevelt que tal modo de regulação se confirmará nos Estados Unidos.

Enquanto política de alívio para a pobreza extrema que se alastrava pelos Estados Unidos, não há dúvida que o plano de Roosevelt será vitorioso. Não só, há também efeitos sobre a confiança – política e econômica – do país. De resto, as políticas contracíclicas do período de fato criarão as condições para uma retomada pré-1929 apenas após a década de 1940.

E aparte a este movimento há de se ter em conta a forma como o modo de produção estará organizado no período. Tão importante quanto o comportamento do governo em relação à atividade econômica privada será como as relações entre capital e trabalho estarão organizadas. Neste campo, o modo de produção fordista – que como visto se inicia antes da administração Roosevelt – é a forma como tais relações estarão organizadas. Sob a mediação de um Estado keynesiano, o fordismo organizará a produção mediante ao menos uma chave principal: a produção em massa depende de um consumo em massa.

Por isso, o esforço iniciado nos primórdios do século XX para garantir um padrão de consumo que garanta o novo padrão de produção será alcançado de fato a partir da década de 1940 nos Estados Unidos.

O aprimoramento do método taylorista proposto por Henry Ford demandará não apenas uma maior especialização da produção. Como Gramsci[385] aponta, o fordismo demandará uma mão de obra mais qualificada e, principalmente, bem paga. Em 1914, Henry Ford inaugura o salário de US$ 5,00 em uma jornada de oito horas diárias, garantindo assim condições de consumo para seus trabalhadores. Ao longo do tempo, o modelo se expandirá para outras empresas, notadamente após a Primeira Guerra Mundial.

E será justamente sob a presidência de um dos seus maiores desafetos que Ford verá suas ideias serem abarcadas em nível nacional. Propostas inicialmente no âmbito privado da relação capital-trabalho, a lógica de ganhos de eficiência via organização

---

385 GRAMSCI, Antonio. "Americanismo e Fordismo". *In*: _____. *Cadernos do Cárcere*. vol. 4. Rio de Janeiro: Civilização Brasileira, 2001, pp. 274/275.

produtiva, melhoria nas condições de trabalho e pagamento de salários que permitam ao trabalhador fabril consumir em escala serão o *modus operandi* dos três mandatos de Roosevelt.

Ford, que era forte opositor ao fortalecimento sindical, tem em seu currículo uma miríade de eventos que depõe contra o nome que empresta ao modo de regulação. Entre eles está o recebimento da Grande Cruz da Águia Alemã em 1938, ano de seu 75º aniversário.[386]

Apesar da contradição inerente entre sua figura, suas ideias e o que será conhecido como fordismo, os parâmetros de produção estabelecidos por Henry Ford se tornarão mais do que um modo específico de produção dentro do capitalismo industrial.

Como David Harvey expõe, o fordismo abarca um regime de acumulação intensiva, com consumo de massa e produção voltada para o mercado interno, sob regulação monopolista, que é calcado sob relações de trabalho estáveis, assim como as relações estabelecidas entre o sistema bancário e o complexo produtivo, controle monetário pelo Estado, que opera um estado de bem-estar com forte regulação econômica.[387]

E como visto, o início do modo de regulação fordista está alinhado com o fim da Era Progressista, especialmente nos *ruidosos anos vinte*, que implementará algumas das condições para sua prevalência, sem, contudo, universalizar o padrão salarial, visto apenas na década de 1940 – especialmente ao término da Segunda Guerra.

Neste quadro, o modelo fordista trará ao zoneamento uma nova funcionalidade: mediador local para a reprodução do capital em escala nacional.

---

386 É de Henry Ford a obra antissemita "O Judeu Internacional", de 1920. A obra é considerada como marco para a divulgação do antissemitismo no período.

387 HARVEY, David. *A Condição Pós-Moderna*. 15ª ed. São Paulo: Loyola, 2006.

CAPÍTULO IV

O MODO DE REGULAÇÃO FORDISTA E O ZONEAMENTO

Do que se viu até aqui, a construção do modo de regulação fordista nos Estados Unidos ocorrerá no entreguerras, ao longo dos chamados ruidosos anos vinte. Como também já foi citado, o ciclo completo do fordismo enquanto modo de regulação se dará naquele país após os anos 1940, notadamente com a organização da economia de guerra.

O zoneamento norte-americano, em outra medida, percorreu tortuoso caminho até sua confirmação como instrumento válido para organização do espaço urbano nos Estados Unidos. Entre as normas incompletas propostas nos municípios californianos, sua proposição enquanto modelo fechado de uso e ocupação do solo em Nova York, a confirmação da Suprema Corte no caso de Euclid até a promulgação do *Standard Zoning Enabling Act* por todos os estados norte-americanos, o zoneamento foi duramente questionado em sua natureza limitadora à propriedade privada. A imposição do instrumento enquanto *taking*, as Comissões de Ajustamento e a relativização do conceito de poder polícia administrativa foram talvez as principais operações práticas e teóricas dentro do Direito estadunidense para garantir a sua existência.

Entretanto, a passagem da década de 1920 parece indicar que o instrumento do zoneamento alça nova perspectiva dentro da organização jurídica para viabilizar a circulação de capital para a construção do espaço. Os efeitos locais do *zoning* se tornam fundamentais para possibilitar que o capital se reproduza de forma nacional. Dentro da perspectiva fordista da construção do espaço, a norma em questão parece se tornar basilar para dar mais previsibilidade e calculabilidade à reprodução do capital no espaço. O desenvolvimento em larga escala de uma indústria da construção civil e de um mercado imobiliário nos padrões vistos a partir da década de 1950, quando pela primeira vez na história dos Estados Unidos mais da metade da população se tornou proprietária de ao menos um imóvel.

Abaixo é possível observar que a segunda metade da década de 1940 inaugura uma combinação de fatores até então desconhecidos do mercado imobiliário mundial. Ao mesmo tempo em que o sistema de hipotecas alimentado a crédito barato possibilitará um acesso sem precedentes à casa própria, o momento histórico terá ainda um índice de desemprego abaixo dos 6% e também um aumento sem precedentes no que diz respeito à inauguração de novos empreendimentos imobiliários.

Gráfico 5 - Evolução da propriedade imobiliária, do desemprego e da inauguração de novos empreendimentos imobiliários para o período selecionado

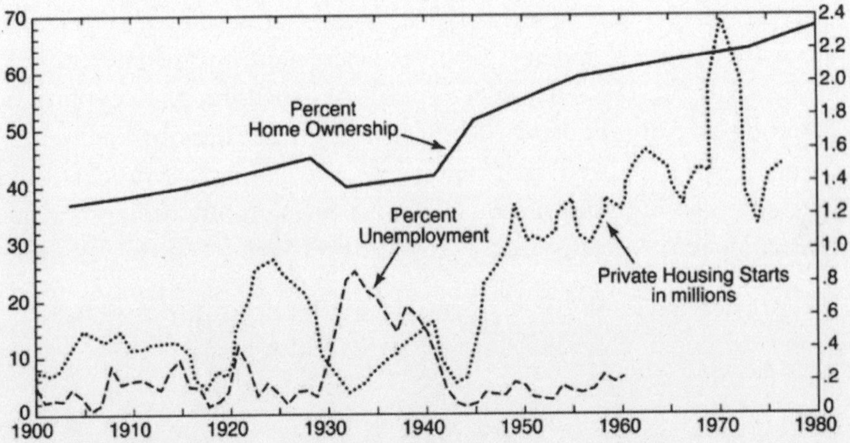

Fonte: Earle.[388]

E quanto aos salários, já em 1933, ao endereçar a lei de recuperação da indústria (NIRA), Roosevelt indica que nenhum negócio, que para sua existência dependa do pagamento de um salário menor do que o mínimo necessário a uma vida digna tem direito de continuar neste país. Em 1938, aprova-se a lei federal de salário-mínimo, que obriga os estados que não legislaram sobre o tema a tomar seus valores.

Michel Aglietta,[389] mostra como foi a evolução salarial e a produtividade não apenas no período, mas por quase todo o século XX. No gráfico abaixo é possível ver a evolução do salário real, o custo do salário indireto[390] e o valor agregado por homem/hora

---

388 EARLE, Carville. *The American Way*: A Geographical History of Crisis and Recovery. Lanham: Rowman & Littlefield Publishers, 2003, p. 388.

389 AGLIETTA, Michel. *A Theory of Capitalist Regulation. The US Experience.* Nova York: Verso, 2015, p. 30.

390 *Social wage*, que conforme o dicionário Oxford seria *"the amenities provided within a society from public funds"*. São os serviços públicos e direitos

entre 1900 e 1970. Atenta-se para o fato de que é a partir do final da década de 1940 que há um salto tanto na produtividade quanto nos salários reais.

Assim, o que se verá não é apenas uma conformação do aumento real dos salários. O investimento em infraestrutura e o aumento da prestação de serviços públicos garantirão uma expansão da renda do trabalhador ainda durante a grande depressão. Porém, como se vê, é a partir do final da Segunda Guerra Mundial que há de fato uma expansão nos salários reais, acompanhados pela manutenção de um custo do salário indireto relativamente estável.

Gráfico 6 - Evolução da produtividade, dos salários reais, e do custo dos salários indiretos

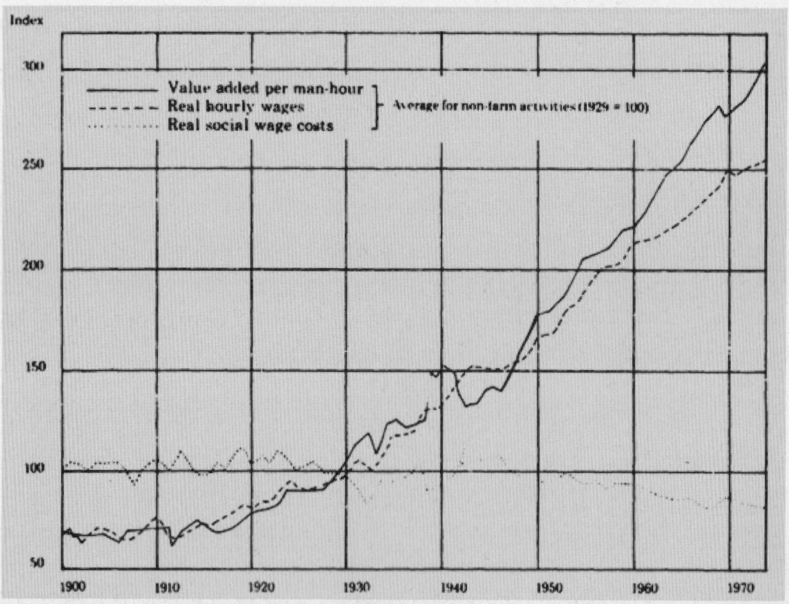

Fonte: Aglietta.[391]

sociais que quando efetivados, impactam na renda do trabalhador.

391 AGLIETTA, Michel. *A Theory of Capitalist Regulation. The US Experience.* Nova York: Verso, 2015, p. 30.

Este é o quadro em que o zoneamento está inserido a partir de agora. A cidade fordista se organiza não apenas para garantir o consumo em massa: sua produção faz parte deste processo. É neste quadro, como dito, que a produção imobiliária – o centro da produção da cidade norte-americana – estará inserida.

Dado que o objetivo desta tese é outro, registra-se apenas que o mercado imobiliário comercial, em alguma medida, acompanhará o quadro residencial. Porém, como dito exaustivamente até aqui, a questão da moradia para a classe trabalhadora é um dos pontos originários da discussão sobre o zoneamento. Dos *mieteskasernen* alemãs aos *tenements* nova-iorquinos, passando pelas *slums* britânicas, a falta de salubridade em moradias operárias e suas consequências para a saúde pública das cidades estão entre as principais justificativas para que o Estado regule o uso e ocupação do solo.

E como se verá, a discussão sobre a moradia urbana, que antes preenchia os quadros de saúde pública e saneamento irá se tornar central para a difusão econômica. A construção de imóveis – notadamente os residenciais – será parte importante para a transformação apontada por Harvey: a cidade não é mais apenas onde o capitalismo se reproduz. Sua construção é a própria reprodução do sistema como um todo, em nível nacional.

E do ponto de vista da residência, a inauguração de um modelo de construção em larga escala atende a outros fatores. O fordismo, agora em âmbito nacional e repetido em todas as linhas de produção da indústria de bens de consumo duráveis, necessitará não apenas de uma classe trabalhadora apta a consumir, mas também estocar tais bens. Assim, a residência suburbana da nova classe média norte-americana terá que se adaptar para que o modelo de consumo de massas possa se reproduzir no tempo.

4.1 Fordismo, consumo de massas e o espaço doméstico

Como visto até aqui, são várias as proposições governamentais que de alguma forma influenciaram a atividade econômica e a produção do espaço. O Estado keynesiano-fordista em sua plêiade de ações, agências e políticas públicas fará com que a produção do espaço urbano seja severamente aprofundada.

Das inúmeras ações não listadas neste trabalho, há uma que a partir do final da Segunda Guerra produzirá efeitos importantes na produção imobiliária: a *GI Bill* de 1944. A nova lei de veteranos de guerra passada por Roosevelt garantirá benefícios no setor imobiliário, educacional e empregatício, sendo considerada talvez a principal causa do *baby boom* vivido ao longo da segunda metade dos anos 1940.[392]

O centro da política de recepção dos veteranos da Segunda Guerra estava em evitar os problemas vistos após o final da guerra anterior. De um lado, uma massa de homens sem qualificação adequada para os postos de trabalho. De outro, uma indústria que muito em função da própria guerra havia se modernizado, aumentando o fosso de qualificação entre os que lutaram e as demandas da indústria. Não só, assim como outros países, a volta dos combatentes criaria uma pressão natural sobre o preço dos imóveis, como visto nos Estados Unidos e na própria Alemanha no pós-Primeira Guerra. Dado que mais uma vez o campo de batalha se deu fora dos Estados Unidos, os veteranos retornarão a um país com um enorme pátio industrial, largas somas de excedente econômico em função da indústria da guerra e um quadro de evolução tecnológica, especialmente no que tange a bens de consumo duráveis.

O ponto é que o volume de soldados que retornam ao país excede também todas as marcas anteriores. Em função da garantia

392 ALTSCHULER, Glenn; BLUMIN, Stuart M. *The GI Bill. A New Deal for Veterans*. Oxford: Oxford University Press, 2009.

de financiamento universitário aos veteranos, cerca de 50% dos 2,3 milhões de matriculados em cursos universitários em 1947 serão ex-combatentes. Em 1945, eram apenas 88 mil.[393]

A formação de mão de obra qualificada em função da *GI Bill* alcança números expressivos após seu início. A legislação incorporará ao mercado de trabalho 450 mil engenheiros, 180 mil profissionais da saúde (médicos, dentistas, e profissionais de enfermagem), 360 mil professores, 150 mil cientistas, 243 mil contadores e 107 mil advogados, totalizando quase 1,5 milhão de pessoas.[394] Apenas para efeitos comparativos, a população norte-americana em 1947 estava em cerca de 143 milhões de habitantes.

Ao todo, o país somava ao final da década de 1940 cerca de 8,3 milhões de veteranos de guerra. O retorno de todos os combatentes aos Estados Unidos, como dito, trará uma pressão natural sobre o mercado imobiliário. E como dito, tentando antecipar os resultados sobre todo o sistema, Roosevelt insere à nova lei de auxílio aos veteranos de guerra uma nova política de financiamento imobiliário baseado em hipotecas. As *VA* (*veterans affairs*) *mortgages* tentarão viabilizar aos que retornavam a chance de adquirirem a casa própria. Todavia, o modelo proposto inicialmente em 1944 não trará os resultados esperados. Mesmo com o aumento expressivo de formação de novas famílias e o surgimento da famosa geração dos *babies boomers*, será apenas com alterações ao projeto inicial que o modelo irá decolar.

Contanto ainda com ajustes em 1950 e 1955 – este último já alterado em função da Guerra da Coreia – o programa de hipotecas para os veteranos se tornará de fato efetivo nesta década. A partir de 1950 o programa adotará prazos de até 30 anos (contra 25

---

393 ALTSCHULER, Glenn; BLUMIN, Stuart M. *The GI Bill. A New Deal for Veterans*. Oxford: Oxford University Press, 2009, p. 86.

394 ALTSCHULER, Glenn; BLUMIN, Stuart M. *The GI Bill. A New Deal for Veterans*. Oxford: Oxford University Press, 2009.

anteriormente), aumentará o valor das garantias dadas ao agente financeiro, possibilitará o financiamento de até 60% do imóvel, incluirá as chamadas viúvas de guerra não-casadas (*unmarried war widows*) e com isso alcançará números expressivos. Enquanto em 1944-1945 os valores levantados não superavam os US$ 142 milhões, em 1946-1947 o montante ultrapassa os US$ 3,3 bilhões. Em 1955, após os últimos ajustes, 88% dos veteranos que financiavam seus imóveis estavam adquirindo sua primeira casa própria. No sistema tradicional de financiamento imobiliário, esta situação se aplicava a 55% dos tomadores.[395]

A explosão do financiamento imobiliário trará consigo a pressão inflacionária sobre os preços dos imóveis e dos insumos para construção. Como visto, a inauguração de novos projetos tem baixa sensível durante a depressão, sendo lentamente retomada ao longo do *New Deal*. Porém, com a economia de guerra, recursos e mão de obra são drenados para o esforço bélico, fazendo com que a entrega de imóveis novos volte a cair. Será de fato na década de 1950 que o mercado voltará a entregar novas unidades em ritmo acelerado.

De qualquer forma, o quadro desenhado ao final dos anos Roosevelt e ao longo da década seguinte trará a consolidação do modo de produção fordista da cidade. Internacionalmente regido sob as linhas de Breton Woods e nacionalmente organizado sob a linhagem keynesiana-fordista, os Estados Unidos experimentará um quadro mais completo do consumo de massas.

E neste processo, a absorção da mão de obra nacional se dará sob o signo do pleno emprego, trazendo naturalmente impactos sobre os salários. Em 1950, o salário correspondia a duas ou três vezes os valores pagos em 1935. Segundo informações do Birô de Estatísticas Laborais do governo norte-americano, a renda familiar média irá aumentar em 178% desde 1934-1936.

---

395 ALTSCHULER, Glenn; BLUMIN, Stuart M. *The GI Bill. A New Deal for Veterans*. Oxford: Oxford University Press, 2009, pp. 180-184.

Neste quadro de acumulação intensiva orientado para o consumo em um mercado interno, as políticas de expansão da massa salarial e do crédito desaguaram também sobre o consumo. Conforme aponta Earle,[396] o consumo de automóveis recua após 1929 e seu comportamento se mantém errático até o final da Segunda Guerra Mundial, quando a porcentagem de residências com automóveis volta a crescer. Enquanto em 1945 pouco mais de 45% das casas possuía um automóvel, em 1950 este valor chega a quase 60%. Não só, em 1950 quase a totalidade dos lares norte-americanos já possui rádio e refrigerador, sendo esta década em que o consumidor estadunidense tomará contato com a lava-louça, a secadora de roupas e o ar-condicionado. Já a televisão em preto e branco estará presente apenas em 10% dos lares dos Estados Unidos no início da década de 1950, passando a mais de 64% cinco anos depois.[397]

Michel Aglietta,[398] da mesma forma, apresenta em sua tese sobre a teoria da regulação uma série de dados de como, sob o fordismo, há uma grande expansão dos padrões de consumo. A revolução produtiva iniciada por Taylor agora encontra sua outra face: a revolução da demanda. Automóveis, roupas, itens domésticos e toda a sorte de produtos industrializados, derivados da produção intensiva propiciada pelo fordismo, serão absorvidos em outro padrão de escala.

A alteração do padrão de consumo altera consigo a própria residência: a cozinha planejada, a sala de estar ampla, a popularização da garagem e mais tarde o espaço para a televisão são algumas alterações vistas na casa suburbana norte-americana para dar conta da chamada *era do consumo*.

---

396 EARLE, Carville. *The American Way*: A Geographical History of Crisis and Recovery. Lanham: Rowman & Littlefield Publishers, 2003.

397 Fonte: *Televison Factbook n. 18*. Disponível em: http://www.tvhistory.tv/Annual_TV_Households_50-78.JPG. Acessado em: 07.06.2022.

398 AGLIETTA, Michel. *A Theory of Capitalist Regulation. The US Experience.* Nova York: Verso, 2015, pp. 30 e ss.

Como aponta Earle,[399] o avanço da casa própria será também incentivado pela *Federal Housing Authority* (FHA), que, aos moldes dos empréstimos para veteranos, lançará novas modalidades de crédito para a aquisição de imóveis. O resultado é o que o autor chama de *suburban land rush*: a década seguinte à Segunda Guerra terá 30% das novas construções e 42% do débito hipotecário não-agrícola baseados no sistema VA/FHA.[400]

O avanço dos subúrbios no período é confirmado por Kenneth Jackson.[401] O autor aponta que, ao contrário do processo de suburbanização ocorrido nas décadas anteriores, o modelo de casa própria, patrocinado por Hoover e organizado por Roosevelt no pós-guerra, irá acentuar a saída de uma nova classe média aos subúrbios.

Se o início do processo de espraiamento urbano, como descrito por William Fischel, foi liderado por um setor da classe média alta e logo depois acompanhado pela classe trabalhadora, o novo momento dos subúrbios trará consigo a volta das classes mais altas para as áreas afastadas. E, neste momento, o zoneamento terá um papel fundamental.

4.2 Zoneamento como segurança jurídica ao investimento familiar

Kenneth Jackson[402] é enfático ao afirmar o papel central do zoneamento neste período. Respeitando seu caráter excludente, as normas de zoneamento serão fundamentais para dar segurança ao proprietário dos novos subúrbios. Veteranos de guerra ou não, os

---

399 EARLE, Carville. *The American Way*: A Geographical History of Crisis and Recovery. Lanham: Rowman & Littlefield Publishers, 2003, p. 388.

400 DOAN, Mason C. *American Housing Production, 1880-2000*: A Concise History. Lanham: University Press of America, 1997, p. 189.

401 JACKSON, Kenneth T. *Crabgrass Frontier. The suburbanization of the United States*. Nova York: Oxford University Press, 1985.

402 JACKSON, Kenneth T. *Crabgrass Frontier. The suburbanization of the United States*. Nova York: Oxford University Press, 1985, cap. 13.

novos proprietários de imóveis encontrarão nas normas de uso e ocupação do solo um porto seguro à manutenção de seu investimento.

Prova disso é a baixa densidade dos novos bairros. Enquanto os centros urbanos se tornam cada vez mais suscetíveis a atender apenas os interesses dos empreendimentos comerciais, os novos subúrbios irão sedimentar a residência unifamiliar. Loteamentos isolados serão incorporados em volume cada vez maior, concretizando o *american dream* propagado no período.[403]

Com a reorganização do mercado de hipotecas garantindo prazos cada vez maiores de financiamento aos tomadores, o investimento na casa própria se consolidará – agora em níveis de consumo de massa – como o negócio da vida das famílias americanas. E se desde sempre a aquisição do imóvel próprio demandou um nível de previsibilidade e segurança bastante alto às pessoas físicas, com a ascensão da construção civil nos moldes do período, a necessidade de segurança se tornará premente.

Neste ponto, dentre as inúmeras ferramentas jurídicas – no campo da economia financeira e real – destaca-se a importância do zoneamento.

Esta tese aponta que um dos vieses importantes para o surgimento da Lei de Zoneamento, desde Frankfurt, é a segurança jurídica – a previsibilidade ao investimento – que a norma municipal pode dar àquele que investe em seu imóvel. Agora, no caso dos Estados Unidos, esta importância toma uma dimensão nacional. A alta mobilidade da força de trabalho pelo território norte-americano enseja em garantias aos que se deslocam pelo país.

Por isso o zoneamento tem um papel fundamental para garantir que o subúrbio não será descaracterizado no tempo, evitando que o futuro proprietário perca praticamente todo o seu

403 JACKSON, Kenneth T. *Crabgrass Frontier. The suburbanization of the United States*. Nova York: Oxford University Press, 1985.

patrimônio. Esta garantia, como aponta Jackson, servirá também aos propósitos de exclusão de classe,[404] como já apontado no caso de Frankfurt. As normas de zoneamento impostas aos subúrbios servirão também como obstáculo para que famílias de baixa renda consigam adquirir ou construir suas casas.

Todavia, ao que nos parece, a previsibilidade garantida em nível nacional pela Lei de Zoneamento beneficiará os setores da construção civil, do mercado imobiliário e posteriormente o sistema financeiro como nenhum outro. Como se viu até aqui, desde a década de 1920 Washington articula um novo padrão de participação do Estado nas atividades econômicas privadas.

Se o Estado desde o surgimento das economias capitalistas é peça fundamental para a sobrevivência do modo de produção, a nova relação gestada nos Estados Unidos terá peculiaridades, posteriormente observadas em todo o capitalismo industrial desenvolvido. O modo de produção fordista, como se verá, organiza a relação do Estado com os agentes privados de forma própria. Não só, ele articula também uma outra relação entre Estado, lei e produção do espaço.

4.3 Modo de regulação fordista, keynesianismo espacial e o zoneamento

Robert Boyer classifica os eixos principais do modo de regulação fordista: sua forma coletiva de manutenção de ganhos salariais (através da garantia sindical), intensa regulação monetária e financeira específica; e, a admissão da forma concorrencial monopolista. Tudo para beneficiar a expansão do mercado interno, garantindo a reprodução social ao passo que busca garantir estabilidade ao sistema.

---

404 JACKSON, Kenneth T. *Crabgrass Frontier. The suburbanization of the United States.* Nova York: Oxford University Press, 1985.

O fim é também garantir a equalização da distribuição do excedente econômico. Admite-se de plano a crise econômica como parte do modo de produção capitalista. Ao mesmo tempo, através da planificação e regulação dos eixos acima propostos (salário, moeda e concorrência intercapitalista), opera-se para evitar a sua ocorrência. A transferência de excedente via Estado é se não uma forma de tentar contornar a inerente tendência à crise que o modo de produção capitalista possui.

Como demonstram Martin e Sunley,[405] o Estado keynesiano usa como unidade geográfica essencial a escala nacional. Elencado como ator soberano, o Estado em nível nacional é a unidade geográfica para a organização econômica, acumulação e regulação. Através das facilidades propostas pela unidade monetária, institucional e legislativo-jurídica, a escala nacional é prioritária para o modelo keynesiano de organização estatal.

As vantagens "naturais" da escala nacional se traduzem na possibilidade de acumulação e reprodução do capital em larga escala. E se em todas as nações a macroespacialidade do Estado nacional é um fator a ser considerado na expansão do capitalismo regulado, as nações continentais, como os Estados Unidos e o Brasil, podem usufruir ainda mais destas vantagens em termos de reprodução e acumulação de capital.

Entretanto, a nacionalização destes termos depende de uma uniformização de fato dos parâmetros-chave de acumulação, quais sejam, moeda, instituições e a norma jurídica.[406] As duas primeiras, moeda e instituições, além de não serem objetos desde estudo, já estavam dadas sob a unidade nacional. Já a norma jurídica,

---

405 MARTIN, Ron; SUNLEY, Peter. "The Post-Keneysian State and the Space Economy". *In*: LEE, Roger; WILLIS, Jane. *Geographies of Economies*. Londres: Routledge, 1997, p. 869.

406 RADICE, Hugo. "The National Economy: a Keneysian Myth?" *Capital & Class*, nº 22, 1984.

se do ponto de vista organizativo já se balizava há muito sob a perspectiva nacional, o modo de produção fordista demandará uma nova relação entre os diferentes níveis de produção normativa (*i. e.* União, Estados, Distrito Federal e Municípios; além das categorias *lei, decretos* e afins).

Assim, o zoneamento estará localizado dentro dos instrumentos que viabilizam as estratégias e projetos espaciais do Estado nacional fordista. Não à toa que de forma *sui generis*, a SZEA, lei federal não vinculante aos estados-membros para que estes induzam seus municípios a produzirem normas de zoneamento nos anos 1920 será adotada por todos os membros da federação norte-americana. Não por acaso, que até o último levantamento que esta tese apurou, datado do final dos anos 1990 – mais de 70 anos depois, 47 estados ainda se valiam de normas estaduais que operavam em consonância com a SZEA.

No caso norte-americano a regulação municipal do espaço urbano obedece agora também aos parâmetros nacionais para a reprodução do capital no espaço. Opera assim como reguladora local da canalização do excedente econômico que circula em nível nacional para o âmbito local. É também instrumento de mediação pública para a canalização do capital privado, notadamente no âmbito da construção civil de habitações. Nos Estados Unidos da década de 1950 até meados dos anos de 1980, o ato de zonear é condição para a circulação de capital em escala.

E aqui se insere a construção emprestada de Jessop e Brenner sobre a nova relação estabelecida no Estado fordista dentro da Lei de Zoneamento. Em ordem de garantir a estratégia keynesiano-fordista de acumulação, a ação do Estado nacional implicará em uma alteração da norma de ocupação do espaço urbano. Há o que se pode chamar de nova uniformização legislativa nação-localidade, onde a Lei de Zoneamento deve obedecer aos parâmetros mínimos de condição para a acumulação de capital fordista. Captura-se a norma local em função da política do Estado nacional.

Nesta linha, a Lei de Zoneamento deve dar conta não apenas da mediação das relações entre interesses dos capitalistas locais e proprietários. Soma-se aqui a necessidade de mediar também com interesses financeiros em escala nacional, bem como a consequente nacionalização da produção residencial em escala. No caso estadunidense, esta nacionalização se dará em todos os setores do processo produtivo: construtoras, incorporadoras, produtores de matéria-prima e material para acabamento e todo o complexo financeiro, estatal e privado.

A Lei de Zoneamento está agora inserida dentro da panóplia regulatória do regime de acumulação fordista. Fora do processo de produção capitalista do espaço, a norma de zoneamento ainda está condicionada, por exemplo, às relações salariais. Isso porque sem um processo de requalificação de ganhos pela classe trabalhadora, a configuração do uso e ocupação do solo seria outra. Assim, é possível dizer também que a norma de zoneamento está também condicionada à estratégia de distribuição do excedente nas relações de trabalho. É possível imaginar que se o fordismo norte-americano não houvesse operado dentro da perspectiva de qualificação da massa salarial, a construção de uma nação suburbana de residências unifamiliares estaria comprometida.

Apesar do autor se valer do conceito para nortear sua crítica ao modelo construído na Europa Ocidental no período assinalado, o modelo adotado por ele, com alguns ajustes, servirá ao que ocorreu nos Estados Unidos da América. Talvez a principal diferença entre o modelo europeu e o norte-americano esteja na construção dos subúrbios.[407] A consolidação da máquina de crescimento urbano[408] se dará através da construção do modelo suburbano.

---

407 FLORIDA, Richard; JONAS, Andrew. "U.S. Urban Policy: The Postwar State and Capitalist Regulation". *Antipode*, vol. 23, nº 4, 1991.

408 MOLOTCH, Harvey. "The City as a Growth Machine". *American Journal of Sociology*, vol. 82, nº 2, 1976; LOGAN, John R.; MOLOTCH, Harvey

No caso da produção habitacional, o que se vê é a popularização da casa pré-fabricada nos subúrbios, com famílias adotando um padrão de consumo em massa bem próximo uma das outras. Automóveis, eletrodomésticos e mobílias modificarão as plantas residenciais e, como apontou Earle,[409] com a inundação de crédito acessível aos veteranos de guerra e à classe média como um todo, o que se verá é uma corrida de terras nos subúrbios.

As novas localidades residenciais suburbanas serão construídas sob as seguintes premissas: subúrbios distantes dos centros urbanos, com pouco ou nenhum acesso ao transporte público de massas, demandando deslocamento via automóvel particular; baixa densidade, com preferência por unidades unifamiliares; incorporação em larga escala, com lotes sendo construídos em padrões idênticos; utilização de matérias-primas padronizadas, inclusive no desenho das plantas dos imóveis, e; financiamento imobiliário largamente subsidiado por políticas nacionais.

O que se nota é que parte considerável da regulação espacial destes novos subúrbios dependerá de normas de zoneamento que assegurem uma baixa densidade na ocupação do solo, porém, sem inviabilizar a expansão da *growth machine* de Molotch. Não por menos, Brenner indica que o avanço do keynesianismo espacial será sobre áreas rurais ou subdesenvolvidas: alvo preferencial dos loteamentos residenciais que se popularizarão neste período.

O instrumento de regulação do solo aqui estudado passa então a compor um complexo de regras cujo direcionamento é nacional. Ressalta-se que isso não inviabiliza a norma como mediadora das tensões locais entre proprietários e construtores,

---

L. *Urban Fortunes*: The Political Economy of Space. Berkley: University of California Press, 2007.

409 EARLE, Carville. *The American Way*: A Geographical History of Crisis and Recovery. Lanham: Rowman & Littlefield Publishers, 2003.

muito menos nas relações espaciais entre classes.[410] O que há é uma adequação do instrumento local aos desígnios da circulação de capital em nível nacional.

É também importante notar que a circulação de capital em nível nacional se dá tanto na indústria da construção civil quanto na forma financeira. O zoneamento vai ser então mais uma peça no caleidoscópio regulatório para a reprodução do capital em seu estado financeiro. Como norma de uso do solo, ela auxilia a parametrização do investimento, garantindo a circulação de capital financeiro em nível nacional ao passo que não se opõe à sua forma originária, de conciliação de interesses locais.

Há também consequências sobre as operações de infraestrutura urbana. A baixa densidade dos bairros residenciais que as normas de zoneamento operam nos subúrbios implica na reprodução em grande escala de todo o complexo de infraestrutura urbana: rodovias, avenidas e toda sorte de vias pavimentadas; água, luz e esgotamento sanitário; telefonia etc. Este aspecto, não abordado por esta tese, merece apenas esta nota em face da sua importância no modo de produção e regulação fordista. O crescimento infinito – característica do fordismo se vale da construção da infraestrutura urbana como um dos seus centros de permanência desta condição de crescimento.

Vê-se então que a norma de uso e ocupação do solo faz uma relação dual dentro do Estado fordista: ao passo que é consequência da opção pelo modelo de crescimento, ela é também um mecanismo de reprodução desse padrão de crescimento infinito. Ao optar pelo crescimento como forma de acumulação e distribuição do excedente econômico – no tempo e no espaço – a Lei de Zoneamento

410 Uma demonstração dos efeitos indiretos deste tipo de uso do solo para residências está no financiamento do sistema educacional norte-americano, garantido pelo imposto territorial. Em regra, as escolas públicas são financiadas pelo IPTU do bairro onde se localizam. Desta forma, subúrbios ricos tendem a ter escolas melhor financiadas, dado arrecadarem mais impostos sobre os seus imóveis.

aparece como ferramenta necessária para viabilizar a circulação do capital pelo território nacional. Em outra medida, conforme a opção pela *growing machine* se concretiza, o zoneamento irá se moldar à forma de acumulação no espaço: enquanto na Europa a ocupação espacial obedece aos limites naturais do espaço urbano, nos Estados Unidos as leis locais tratarão de garantir o espraiamento da mancha urbana por todo o território.

Talvez este fato forneça elementos para explicar as diferenças nas categorias de zonas estabelecidas pela legislação alemã e a legislação norte-americana exploradas por Sonia HIRT.[411] Sob o fordismo, o Estado alemão também tratará de criar seu regime jurídico do zoneamento em escala nacional, que assegura, por exemplo, que as zonas residenciais sempre possuam o comércio de subsistência. Em muitas das cidades norte-americanas, subúrbios inteiros restringem a existência de pequenos comércios, criando áreas puramente residenciais com seus tradicionais centros comerciais. Enquanto na Alemanha há limites à expansão da reprodução do capital no espaço, não se vê o mesmo problema nos Estados Unidos. Assim, as regras de uso e ocupação do espaço urbano estadunidenses podem permitir um isolamento habitacional maior do que as nações europeias que completaram o circuito fordista.

Esta posição parece dialogar também com a proposição de William Fischel. O autor advoga que o surgimento do zoneamento nos Estados Unidos tem relação com a introdução do motor à combustão nos Estados Unidos, sendo não uma decisão de gabinete, tomada a partir dos urbanistas nova-iorquinos, mas sim uma ideia cujo tempo chegou.

Primeiramente, há de se ressaltar que a proposta de Fischel ignora o conjunto macroeconômico, social e político vivido nas primeiras décadas do século XX, onde a criação de Henry Ford

---

411 HIRT. Sonia. "Form Follows Function? How America Zones". *Planning, Practice & Research*, vol. 28, nº 2, 2013.

está inserida. A construção do modo de regulação fordista, como visto, depende da própria existência do fordismo enquanto relação de produção e também como forma de orientação do Estado.

Ainda, Fischel adota uma posição relativamente simplista sobre o que considera como Lei de Zoneamento. Como visto, ao dizer que Nova York não foi a primeira cidade norte-americana a se valer desta normativa, o autor se vale da ideia de que normas restritivas de uso e ocupação do solo que não se preocupavam em organizar o território municipal como um todo eram leis de zoneamento. Porém, não é este o conceito aplicado à norma de zoneamento. Caso fosse, regressaríamos às ordenações napoleônicas que, como citadas aqui, já previam restrições à execução de atividades insalubres dentro do perímetro urbano. Ou quem sabe, voltaríamos à origem da grelha urbana, com as restrições à construção de habitações nas áreas destinadas aos templos religiosos.

Porém, se Fischel ignora as condicionantes *macro* onde o próprio Ford está inserido, é fato que o zoneamento ganha uma dimensão nacional dentro do contexto do modo de produção (e regulação) que leva o nome de Henry Ford. Assim, se há um nome para a ideia cujo tempo chegou de Fischel, seria fordismo. Se ele não é a razão das origens do zoneamento dos Estados Unidos, é sem dúvida um potencializador.

Por tudo, o zoneamento é então considerado aqui como sendo a normativa de uso e ocupação do solo que dispõe sobre o território de toda a municipalidade (ou unidade geográfica assemelhada). E, por isso, mantêm-se a premissa de que a Lei de Zoneamento municipal é instrumento totalizante do espaço da cidade, podendo, inclusive, prever a aquisição de novos territórios. Foi assim em Frankfurt e em Nova York.

Há também uma perspectiva racial a ser analisada. A declaração de inconstitucionalidade pela Suprema Corte dos zoneamentos raciais ocorre em 1917. Após, o modelo de exclusão racial subsistirá através das covenants raciais, cuja inconstitucionalidade será assinalada em 1945. E apenas após a consolidação do *Civil Rights Act* (1966) que a Suprema Corte garantirá em 1968 a constitucionalidade do *Fair Housing Act*, que bania qualquer possibilidade de restrição à aquisição de imóveis baseadas em critérios racistas.

Dado ser mais um dos itens não problematizados nesta tese, fica a nota que as datas que marcam o avanço dos direitos dos afro-americanos guardam relação com o avanço do Estado keynesiano-fordista nos Estados Unidos. Apesar de ser impossível afirmar com os dados levantados haver alguma relação entre o avanço dos direitos civis e o modo de regulação aqui analisado, resta apenas a ressalva que este item poderia merecer uma análise mais detida em outro momento.

No mais, é preciso ter em mente a relação salarial e a própria forma de regulação monetária e do mercado de capitais a fim de entender como a construção do zoneamento se dá no espaço. Sem a financeirização da construção civil norte-americana – ainda que fortemente regulada pelo Estado – e o sucessivo aumento dos salários no período, a norma de zoneamento teria se comportado de forma distinta.

Por fim, faz-se a ressalva que esta análise é aplicável aos Estados Unidos, que como dito, além de compor o conjunto de economias desenvolvidas – condição para a adoção do modo de regulação fordista terá a disponibilidade de capital para operar neste nível de articulação jurídico-político-econômica. Nos países do fordismo periférico, como se verá, este quadro sob o signo do que Francisco de Oliveira chamou de dependência imperfeita.[412] O crescimento infinito proposto pelo fordismo não se realizará no fordismo periférico.

---

412 OLIVEIRA, Francisco. *A Economia da Dependência Imperfeita.* 5ª ed. Rio de Janeiro: Graal, 1989.

4.4 Outras considerações sobre o zoneamento norte-americano

O instrumento do zoneamento nos Estados Unidos será juridicamente constituído através do poder de polícia. Porém, por questões ligadas à própria história do Direito Administrativo norte-americano, o poder de polícia é revestido em grande medida como uma forma de limitar a ação do Estado sobre a propriedade individual. Enquanto a matriz do poder público alemão em Frankfurt residia em alguma medida ao *Estado Polícia*, nos Estados Unidos da América a linha adotada será uma restritiva ao poder público. Como disse Freund, nos Estados Unidos o Direito Administrativo continua a ser tratado como o Direito que controla a Administração e não o Direito produzido por ela.

Porém, a construção dogmática norte-americana é também uma saída para a viabilização prática do instrumento. O domínio eminente, utilizada anteriormente nos casos de zoneamento parcial do espaço urbano, custava à administração a indenização aos proprietários cujos imóveis foram de alguma forma prejudicados pelas regras de uso. O poder de polícia, inadequado para Freund, se torna a forma de viabilizar uma interferência estatal sobre a propriedade. Se o poder de polícia viabiliza a organização de um instrumento político de uso e ocupação do solo, as cortes estadunidenses irão se preocupar e mediar os interesses dos proprietários de imóveis. Os *takings* são a saída para limitar o poder da Administração sobre a propriedade imobiliária. O curioso é que nos Estados Unidos, o nascimento do instrumento que media as apropriações de excedente econômico é também uma mediação de interesses. De um lado a necessidade social da produção do espaço. De outro, os interesses de determinadas frações de classe – os proprietários de imóveis – que querem preservar seu patrimônio.

Esta diferença auxilia a explicação sobre as diferenças de construção sobre o instrumento de organização espacial municipal na Alemanha e nos Estados Unidos. Franco Mancuso acusa o zoneamento nova-iorquino de apresentar o mapa urbano como um mosaico de interesses, enquanto o frankfurtiano pensava a cidade como um todo.

Em termos práticos, isso pode ter ocorrido em alguma medida pela concentração de interesses no interior da Administração no caso alemão: as câmaras legislativas eram dominadas pelos proprietários de imóveis e a política de industrialização de Bismarck comprimia salários em razão da canalização do excedente para a expansão industrial. No caso novaiorquino se observa uma cidade que vive outro momento: a canalização de excedente econômico e de mão de obra se dá em nível internacional. Isso significa tanto que a classe trabalhadora será composta de imigrantes recém-chegados – e portanto mais suscetível à precarização – quanto que os interesses econômicos em disputa serão mais pulverizados (em número de agentes, não quantidade ou poder de mercado).

No marco teórico, em contraposição à centralização vista em Frankfurt, o que se vê nos Estados Unidos é a sedimentação da premissa liberal de restrição ao poder público, onde o quadro acima descrito compõe o conjunto de fatores que impõe tal agenda ao Direito Administrativo norte-americano. No caso de Freund, pesa ainda o fato de ele próprio ter estudado na Alemanha de Bismark.

Por tudo, a matriz liberal imposta ao zoneamento produz um instrumento que refina seus mecanismos de previsibilidade. O *Conselho de Ajustes* é um deles: sua missão é evitar a excessiva judicialização das demandas referentes ao zoneamento. A construção dos *takings*, em outra monta, busca parametrizar dentro do sistema de precedentes quais são os limites impostos à Administração e como se procederão as eventuais indenizações. Até nos casos onde o particular poderá criar uma não-conformidade – e com isso indenizar o poder público – o modelo de *taking* se preocupou, como é o caso do *ad hoc taking*.

A proposta de William Fischel, se peca pela falta de recorte metodológico ao instrumento e seu excesso de microeconomicidade – dado que trata o zoneamento como uma disputa entre indivíduos que não se concatenam em interesses comuns – parece coadunar com algumas propostas apresentadas aqui. Tomando a inovação disruptiva como inserida no processo de industrialização e reorganização da sociedade norte-americana sob a perspectiva do modo de regulação fordista, o surgimento de um instrumento jurídico que organize a produção do espaço imaginando uma totalidade municipal não pode ser descolado dos impactos da inovação do motor a diesel, e vice-versa. Por isso, faz parte do complexo de formação do fordismo a introdução do ônibus e do caminhão. A produção em escala demanda o transporte em escala de funcionários e matérias-primas. Além disso, a distribuição de bens manufaturados pelo espaço urbano em escala nacional demandará um nível de articulação impossível ao transporte sobre trilhos.

Em outra medida, o zoneamento em Nova York e sua subsequente assimilação pelo Poder Judiciário refina ainda mais o caráter de *mediador de tensões*, intra e extraclasses. Do ponto de vista da organização das frações de classe, o modelo é o mesmo: mediar interesses entre proprietários e construtores, à medida que o espaço em questão é disputado mais em seu valor de uso ou valor de troca. O *Board of Appeals (ou Board of Adjustments)* e os *setbacks* (recuos de acordo com a altura dos edifícios) são demonstrações de ajuste na mediação de interesses.

Ao mesmo tempo em que se delimita o uso, o potencial construtivo e a densidade, garante-se algum nível de segurança ao proprietário do imóvel (e investidor) em relação a novos empreendimentos. Com os recuos, mantém-se em Nova York a possibilidade de maiores ganhos de mais-valia imobiliária através da intensa verticalização das áreas valorizadas. Já o conselho de recursos, viabiliza uma solução não-judicial – mais rápida e menos custosa – para eventuais questionamentos à Lei de Zoneamento. Não só, a normativa de 1916 obedece ao padrão frankfurtiano, evitando a formação de moradias precárias e expulsando a classe trabalhadora das áreas de maior valor imobiliário.

A norma é também peça importante para a produção social da cidade nos parâmetros de David Harvey. O ajuste espacial que se vê em

Nova York e Manhattan, seja nos estertores da Primeira Guerra – a Era Progressista e os Ruidosos anos 20 – ou na Grande Depressão, é intenso e possivelmente figura entre os maiores do planeta.

A norma de Nova York é de 1916. Os treze anos seguintes serão de intensa verticalização urbana, transferindo excedente ao setor da construção e ao mercado de imóveis em razões nunca percebidas. Concentrando 1,5% da população e 4% da riqueza imobiliária do país, a cidade concentrará 60% de todos os lançamentos imobiliários para as 310 principais cidades do país em 1929. Se não é possível medir a importância da lei na configuração deste cenário, é pelo menos possível afirmar que ela está completamente inserida neste quadro.

Ainda mais quando se leva em conta o cenário construído na década de 1920. As políticas de Hoover para aquisição da casa própria e todo o aparato jurídico criado em torno da nacionalização do zoneamento de Nova York estão inseridos no paradigma fordista e pré-fordista de produção estatal do espaço. Aliado ao relaxamento das regras de empréstimos imobiliários iniciado em 1913 – ano do surgimento do Sistema FED – o problema do ganho salarial será mitigado como barreira ao crescimento do mercado imobiliário.

Esta tese não pode explorar os pormenores da ideologia da máquina de crescimento na Nova York do período. Contudo, dada a intensa movimentação em torno da expansão da cidade no período, se não há uma concatenação organizada a ser demonstrada aqui, ao menos os resultados indicados levantam a suspeita de que o mote de Molotch possa estar presente. Assim como em Frankfurt, a supervalorização imobiliária que Manhattan vive nos anos 1920, a verticalização desenfreada que colocará em seu território os maiores arranha-céus do mundo pode ser forte indicativo de uma *growth machine*.[413]

---

413 Em função da pouca disponibilidade de tempo para aprofundar a pesquisa, este debate será encerrado momentaneamente desta forma. Sabe-se, entretanto, que o período das décadas de 1940 e 1950 será de clara demonstração

Quanto ao keynesianismo espacial, ele é pedra de toque pós-Hoover. Após a Secretaria de Comércio avocar para si a organização da produção imobiliária, notadamente residencial, o que se verá é uma escalada do processo de centralização da produção estatal do espaço. Após o *New Deal*, o keynesianismo espacial se torna então o padrão estadunidense.

A legislação tributária, toda a política de financiamento do setor – HOLC, Fannie Mae, GI Bill etc. – as agências e leis de recuperação da indústria e do comércio (NIRA), a adoção de uma política de propaganda e organização do planejamento estatal através da *National Resources Planning Board* são formas de estabelecer projetos e estratégias espaciais específicos, coordenando em todos os níveis da Administração norte-americana, a atuação estatal sobre o espaço. Normas federais, estaduais e municipais. Ações federais que condicionam outras em nível local (como a Autoridade do Vale do Tennesee) ou municipal – como o refinanciamento de liberação de crédito imobiliário – são demonstrações de como o keynesianismo espacial atuará.

Esta atuação resulta, dentre outros, na explosão da suburbanização dos Estados Unidos. Um país que já praticava há muito este movimento, terá na sequência da Segunda Guerra Mundial o ajuste espacial realizado através do subúrbio.

O excedente econômico canalizado no pós-guerra servirá para a produção do subúrbio em toda a sua essência. Das casas ao *american dream*, nada resistirá à articulação das políticas keynesianas no espaço com o estado da arte do modo de regulação fordista. Após o padrão monetário de Bretton Woods, com os ganhos salariais garantidos através de uma política prévia de

---

da ideologia do crescimento em Nova York. Robert Moses, o *corretor do poder*, é a personificação deste modelo. Não só, Nova York experimentará no período a atuação direta do *keynesianismo espacial* dentro do fordismo norte-americano.

fortalecimento de sindicatos, um capitalismo monopolista com sua produção voltada ao mercado interno e um Estado-nação protecionista, o modo de regulação propiciará uma expansão dos subúrbios em níveis nunca imaginados.

O zoneamento é então inserido nesta malha ampla de reprodução do capital em nível nacional. A articulação entre padrões de salários, concorrência capitalista e uma forma específica de produção do espaço coloca a Lei de Zoneamento entre os principais (se não o principal) elementos jurídicos locais para transmissão das políticas nacionais de organização e produção econômica do espaço.

A Lei de Zoneamento atua, por exemplo, na manutenção dos subúrbios. A definição de grandes áreas urbanas destinadas à construção de moradias unifamiliares garante grandes margens de excedente econômico aos proprietários de terras, ao setor da infraestrutura, da construção civil e do mercado imobiliário. Caso o padrão de zoneamento fosse outro, os marcos da reprodução e acumulação de excedente seriam outros.

Assim, a norma de zoneamento também participa de um debate mais amplo, sobre a circulação de capital em âmbito nacional, propiciado pelo fordismo e articulado através do keynesianismo espacial. Como foi dito, ainda que sem perder seu caráter local, a Lei de Zoneamento está dentro de um debate multiescalar: em nível federal e estadual, por exemplo.

Outro ponto a ser indicado é a relação da Lei de Zoneamento como mediadora do ajuste espacial em nível nacional. A lei responde localmente aos desígnios de reprodução do capital no espaço nacional. O excedente produzindo durante a economia de guerra foi destinado em parte para a produção dos subúrbios. O zoneamento dá parâmetros ao investimento, garante a produção de vários setores da economia, fazendo assim o *spatial fix*. Se em alguma medida o ajuste espacial foi o motor do fordismo, a inserção de normativas de uso do solo urbano por todos os Estados Unidos está contida neste modelo.

Feitas tais considerações, passa-se agora a analisar o caso paulistano.

PARTE III

O ZONEAMENTO NA PERIFERIA DO CAPITALISMO

CAPÍTULO V

O ZONEAMENTO NO FORDISMO PERIFÉRICO

"A cobra estava muito feliz: não precisava mais se mover para conseguir alimento. Certo dia, apavorada, percebeu que comia a si mesma, pela cauda".

José Carlos de Figueiredo Ferraz foi apontado como prefeito de São Paulo em 1971. Dois anos depois, em 1973, foi demitido pelo então governador de São Paulo, Laudo Natel. Sua firme posição contra o crescimento da cidade foi o que deu causa à demissão: em tempos de milagre econômico, advogar contra o crescimento depunha contra o "ame-o ou deixe-o". Em 1975, durante palestra na Câmara dos Deputados em Brasília, usou da metáfora caipira para ilustrar o que pensava sobre as grandes metrópoles brasileiras, em especial São Paulo.[414]

---

[414] FERRAZ, José Carlos de Figueiredo. "A cobra estava muito feliz: não precisava mais se mover para conseguir alimento. Certo dia, apavorada, percebeu que comia a si mesma, pela cauda". *Figueiredo Ferraz*, 2007. Disponível em: http://www.figueiredoferraz.com.br/br/empresa/imprensa/

A expectativa de Ferraz era controlar a verticalização e espraiamento da cidade, dado que vários de seus efeitos indesejados já se faziam presentes. A falta de infraestrutura e controle do uso e ocupação do solo de maneira mais rígida seriam dois pontos principais dos congestionamentos, malversação da verticalização da cidade e ocupação do solo urbano sem garantir qualidade de vida aos paulistanos. É sob sua gestão que será promulgada a Lei n. 7.805 de 01 de novembro de 1972, a Lei Geral de Zoneamento da cidade de São Paulo (LGZ).

Figueiredo Ferraz era engenheiro e entusiasta do controle local sobre o crescimento urbano. Além da LGZ, foi durante sua gestão que se fundou a EMURB (Empresa Municipal de Urbanização), aprovou-se um novo Código de Obras, a L. 8.001/73 – que trata das áreas verdes do município – e uma nova regulamentação para arruamentos e loteamentos em São Paulo.

A frase de Figueiredo Ferraz traduz a tradicional contradição em torno da máquina de crescimento no subfordismo. Enquanto interesses empurram o discurso da cidade que não pode parar (de crescer), os efeitos deletérios do movimento desigual e combinado que se vê no fenômeno metropolitano periférico impelem a setores das elites locais a necessidade de desligar a máquina de crescimento.

Seguindo então o roteiro aqui proposto, passa-se a discutir a Lei de Zoneamento de São Paulo de 1972 (LGZ). De forma inversa à discussão feita sobre o quadro norte-americano, a tese sai do nível nacional para estudar a questão local. Uma vez que a explosão da verticalização da cidade ocorre nos anos anteriores à adoção da Lei de Zoneamento,[415] cumpre buscar entender quais

---

item/159-prefeito-jose-carlos-de-figueiredo-ferraz-2007. Acessado em: 08.06.2022.

415 SOMEKH, Nadia; GAGLIOTTI, Guilherme. "Metrópole e verticalização em São Paulo: exclusão e dispersão". *Anais dos encontros nacionais da ANPUR*, Recife. Desenvolvimento, planejamento e governança - Recife,

foram as condicionantes macroeconômicas que criaram tal quadro. Após a conformação do quadro geral, passa-se ao particular, qual seja, a cidade de São Paulo.

5.1 Fordismo periférico no regime de exceção

Se a reconfiguração do modo de regulação fordista adotado pelos Estados Unidos a partir da década de 1940 contou em grande medida com a expansão da massa salarial, o mesmo não pode ser dito no Brasil pós-1964. Enquanto o crescimento da economia norte-americana acompanhou forte expansão da remuneração do trabalho, o modelo brasileiro será calcado no arrocho salarial. Contrariamente à política de expansão da remuneração na indústria observada ao longo da década de 1950 e início da década de 1960, o que se verá é uma contensão ímpar – até então – da expansão dos salários. Sob um discurso de contensão inflacionária, o que se viu foi um subterfúgio, garantido um aumento da transferência de excedente ao empresário privado, da indústria ou do setor de serviços.

No mais, o quadro observado no período que se inicia em 1964 não estará restrito ao controle dos salários. Das várias formas de se analisar o regime de exceção, é possível dividir o período – sob seu aspecto econômico – em duas fases distintas: a primeira, ilustrada aqui pelo PAEG – Programa de Ação Econômica do Governo – será de modernização conservadora do aparelho burocrático, criação de um arcabouço legislativo referente ao sistema financeiro e a tentativa de controle inflacionário. Já a segunda fase, iniciada no governo Costa e Silva, será de expansão da base monetária via contratação de empréstimos internacionais e apoio à industrialização associada ao capital internacional.

---

vol. 15, 2013; SOMEKH, Nadia. *A (Des)Verticalização de São Paulo*. São Paulo: FAU-USP, 1987. (Dissertação de Mestrado).

Sabe-se que já no PAEG há a discussão para a retomada das importações de bens de capital para a manutenção do processo de industrialização.[416] Como se verá abaixo, o discurso de estabilização, liderado no regime militar por Roberto Campos como Ministro do Planejamento e Gouveia Bulhões como Ministro da Fazenda, terá como justificativa a estabilização econômica para que o capital privado retomasse o processo de industrialização.

Porém, na prática, o PAEG e a gestão estatal neste primeiro período da ditadura servirão principalmente como reorganização do aparato estatal. Em linhas gerais, o que se tentará entre 1964 e 1967 é a imposição de uma agenda legislativa que possa viabilizar a acomodação do capital internacional no país.

A Lei n. 4.595 de 31 de dezembro de 1964 dispõe sobre a política e as instituições monetárias, bancárias e creditícias, cria o Conselho Monetário Nacional e o Banco Central do Brasil. Em agosto daquele ano é publicada a Lei n. 4.380/64, que cria o Sistema Financeiro de Habitação (SFH), o Serviço Federal de Habitação e Urbanismo (SERFHAU) e o Banco Nacional de Habitação (BNH).

Não só, em 29 de agosto de 1964 edita-se a Lei n. 4.390, que vai alterar substancialmente a Lei n. 4.131 de 03 de setembro de 1962 – lei de remessas de lucros e dividendos ao exterior. A norma de agosto de 1964 irá alterar substancialmente o texto de 1962, revogando os artigos 31, 32 e 33, que limitavam a remessa ao exterior entre 10 e 12% do capital registrado ou investido naquele ano. Ainda, é importante apontar que já em 1964 é editada a Lei n. 4.591/64, regulando os condomínios em edificações e a incorporação imobiliária.

Já em 1966 edita-se o novo Código Tributário Nacional, instituindo o novo Sistema Tributário Nacional. Entre as tantas

---

416 SKIDMORE, Thomas. *Brasil*: de Castelo a Tancredo. Rio de Janeiro: Paz e Terra, 1991, pp. 121-123.

novas definições que a Lei n. 5.172 de outubro de 1966 traz, destacamos a definição de zona urbana, para fins da cobrança do Imposto sobre a Propriedade Predial e Territorial Urbana.[417] [418] Um mês antes, em 13 de setembro de 1966, publica-se a Lei n. 5.107, que cria o Fundo de Garantia do Tempo de Serviço (FGTS).

Em outros termos, as primeiras medidas do governo federal sob o regime visam facilitar a circulação do capital internacional e seu excedente, transferindo este aos países de origem daqueles. E será sob este signo que a política econômica do período estará organizada. Será a consolidação do fordismo periférico no país.

---

417 Art. 32. O imposto, de competência dos Municípios, sobre a propriedade predial e territorial urbana tem como fato gerador a propriedade, o domínio útil ou a posse de bem imóvel por natureza ou por acessão física, como definido na lei civil, localizado na zona urbana do Município.

§ 1º Para os efeitos deste imposto, entende-se como zona urbana a definida em lei municipal; observado o requisito mínimo da existência de melhoramentos indicados em pelo menos 2 (dois) dos incisos seguintes, construídos ou mantidos pelo Poder Público:

I - meio-fio ou calçamento, com canalização de águas pluviais;

II - abastecimento de água;

III - sistema de esgotos sanitários;

IV - rede de iluminação pública, com ou sem posteamento para distribuição domiciliar;

V - escola primária ou posto de saúde a uma distância máxima de 3 (três) quilômetros do imóvel considerado.

418 Cumpre ainda lembrar que o Decreto-Lei n. 271 de 1967 – que dispõe sobre o loteamento urbano – irá apontar para outra definição de zona urbana (para fins do disposto no Decreto): a edificação contínua das povoações, as partes adjacentes e as áreas que, a critério dos Municípios, possivelmente venham a ser ocupadas por edificações contínuas dentro dos seguintes 10 (dez) anos.

5.1.1 Do desenvolvimentismo nacionalista ao internacionalista

Ricardo Bielschowski em seu *Pensamento Econômico Brasileiro 1930 – 1964: o ciclo ideológico do desenvolvimentismo* discute o debate sobre o desenvolvimento econômico no Brasil ao longo do século XX. A obra, referência no debate sobre o pensamento econômico nacional, traduz não apenas as escolas econômicas e suas inclinações teóricas como também as correntes organizadas no debate sobre desenvolvimento nacional.

Dividindo as correntes entre neoliberal, desenvolvimentista nacionalista, desenvolvimentista internacionalista, comunista e o pensamento independente de Ignácio Rangel, Bielschowski aponta como algumas destas correntes se organizaram no interior da máquina estatal.[419] Como o autor mesmo aponta, o quadro de parcela significativa do século XX será dividido entre os agentes que gestavam a máquina pública admitindo um viés desenvolvimentista nacionalista e outra, também desenvolvimentista, mas de cunho internacionalista.

Já abordamos o tema anteriormente em nossa dissertação de mestrado. Àquela época, demonstrou-se como a disputa pelos rumos do desenvolvimento nacional foi dividida nos dois campos referidos. Pela magnitude dos autores, optou-se por seguir a divisão de Bielschowski, cuja referência teórica sobre o desenvolvimentismo nacionalista é apoiado no pensamento de Celso Furtado, enquanto o internacionalista, em Roberto Campos. Segue-se da mesma forma nesta tese. Primeiro pela referência que ambos representam ao pensamento nacional. Em segundo lugar, porque o foco aqui é apontar o giro que o Estado nacional operou durante a ditadura militar.

---

419 BIELSCHOWSKY, Ricardo (Coord.). *Pensamento econômico brasileiro 1930 - 1964*: o ciclo ideológico do desenvolvimentismo. 4ª ed. Rio de Janeiro: Contraponto, 2004.

Celso Furtado esteve à frente não apenas do pensamento acadêmico nacionalista. Próximo a Juscelino Kubistchek e João Goulart, foi peça importante em questões como o planejamento e o desenvolvimento regional. O modelo furtadiano, calcado na valorização do capital nacional – privado e público – viverá seu ápice dentro do aparato governamental neste período.

Porém, será Roberto Campos e seu modelo desenvolvimentista "não nacionalista" o vencedor da disputa na década de 1960. Apesar de o golpe de Estado ter se escorado em um discurso de austeridade, não tardará até o modelo adotado pelo regime de exceção se alinhar ao pensamento de Campos. Conforme Bielschowski, Roberto Campos:

> [f]oi, sem dúvida, o economista da nova ordem do Brasil, que passava da velha estrutura agrário-exportadora à nova estrutura da economia industrial internacionalizada. Campos apostou na industrialização pela via da internacionalização de capitais e do apoio do Estado – e ganhou.[420]

No campo teórico, definir tanto Roberto Campos quanto o chamado desenvolvimentismo "não nacionalista" não é tarefa tão simples. Campos e seus adeptos defendiam sérias restrições à participação do Estado – via empresas estatais – na economia, ao mesmo tempo em que se colocavam como ávidos defensores do planejamento econômico como ferramenta fundamental para o desenvolvimento.[421]

Inicialmente próximo ao neoliberalismo de Gudin, foi a influência de parte do pensamento de Roberto Simonsen que

---

420 BIELSCHOWSKY, Ricardo (Coord.). *Pensamento econômico brasileiro 1930 - 1964*: o ciclo ideológico do desenvolvimentismo. 4ª ed. Rio de Janeiro: Contraponto, 2004, p. 105.

421 SALGADO, Rodrigo O. *Constituição e Desenvolvimento*: o mercado interno na Constituição de 1988.São Paulo: USP, 2013. (Dissertação de Mestrado).

garantiu ao "não nacionalista" muito do estofo teórico que posteriormente viria a postular.

Sabe-se que Simonsen está entre os primeiros autores a discutir a questão do desenvolvimento no Brasil. Em seu *Evolução industrial do Brasil e outros estudos*, o autor sintetiza seu pensamento, afirmando que "a industrialização de um país como o Brasil é indispensável para que ele possa atingir um estágio de alta civilização".[422]

Se Simonsen se notabilizou por semear as ideias do desenvolvimento e da industrialização com participação estatal, Roberto Campos procurará absorver apenas a ideia da necessidade fundamental da industrialização.

Este será o pensamento chave dos economistas e pensadores identificados como desenvolvimentistas "não nacionalistas": a defesa, desde a década de 1950, de um processo de industrialização internacionalista, com planejamento estatal e sem nenhuma – ou muito pouca – participação deste. Mesmo no campo do planejamento, os "não nacionalistas" se prontificavam a atacar o modelo nacionalista, implementado pelos desenvolvimentistas estruturalistas, o planejamento integral. Ao contrário, apontavam para o planejamento seccional, que consistiria no planejamento de alguns poucos setores da economia, "considerados prioritários por seu poder intrínseco de geração de crescimento".[423]

Ao subdividir a atividade planejadora do Estado, os "não nacionalistas" reduziriam substancialmente a intervenção, ainda que indireta, na economia, característica marcante de seu pensamento. Conforme apontara o próprio Roberto Campos,

---

422 SIMONSEN, Roberto. *Evolução industrial do Brasil e outros estudos*. São Paulo: Companhia Editora Nacional, 1973, p. 288.

423 BIELSCHOWSKY, Ricardo (Coord.). *Pensamento econômico brasileiro 1930 - 1964*: o ciclo ideológico do desenvolvimentismo. 4ª ed. Rio de Janeiro: Contraponto, 2004, p. 111.

> [O]planejamento seccional teria ainda, argui-se, a vantagem de circunscrever a área de intervenção governamental ao mínimo necessário para o desenvolvimento econômico, considerando esta que é de alguma importância quando a eficiência técnica dos órgãos públicos deixa a desejar.[424]

Assim, percebe-se que a opção do regime de exceção será por uma industrialização fundada tanto no término do processo de substituição de importações quanto pelo crescimento econômico equilibrado, com participação do capital internacional. A complementaridade deste último seria o fator determinante para a manutenção de um ambiente de crescimento sem grandes impactos inflacionários, problema central observado por Campos. Nas palavras do Ministro do Planejamento do Governo Castelo Branco em 1964,

> a ação governamental, nos sistemas políticos democráticos, deve orientar-se no sentido do estabelecimento das condições que assegurem a maior eficiência possível ao funcionamento da economia de livre empresa, ou seja, do sistema de preços.[425]

A opção pelo modelo de desenvolvimento equilibrado fica mais clara quando se observa o quadro de reposição salarial. O período de imposição do pensamento de Campos, que será a tônica de todo o regime militar, será de forte controle estatal à expansão da massa salarial. O gráfico abaixo, elaborado por Bastian,[426] dá conta de indicar a desvalorização do salário-mínimo no período.

---

424 CAMPOS, Roberto. "Planejamento do desenvolvimento econômico de países subdesenvolvidos". *Digesto Econômico*, São Paulo, abril de 1952, p. 25.

425 BRASIL. Ministério do Planejamento e Coordenação Econômica. *Programa de Ação Econômica do Governo – 1964-1966,* 2ª edição. Brasília, maio de 1965, p. 13

426 BASTIAN, Eduardo. "O PAEG e o Plano Trienal: Uma Análise Comparativa de Suas Políticas de Estabilização de Curto Prazo". *Estudos Econômicos*,

Gráfico 7 - Índice de salário-mínimo real no mês de reajuste (1963 = 100). (deflator: índice do custo de vida do Rio de Janeiro – RJ)

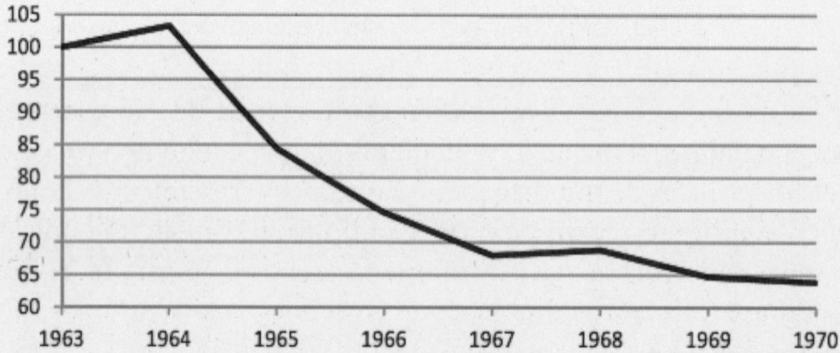

Fonte: Bastian.[427]

Ao manter os ganhos salariais em patamares menores do que os ganhos da indústria, o regime irá não apenas controlar o processo inflacionário, mas também garantir que mais excedente produtivo seja destinado ao capital industrial – nacional ou internacional. A opção do modelo ditatorial será em garantir o avanço do setor industrial sem o correspondente ganho salarial. Ao contrário do caso norte-americano, o fordismo brasileiro não trará consigo o consumo de massas. Apesar da economia nacional observar um aumento da aquisição de bens de consumo duráveis, o quadro estará não só distante do modelo estadunidense. Será também, como se verá, insuficiente para realizar o ciclo fordista.

Em suma, ainda que de forma errática e não necessariamente coesa, o regime militar, cuja expressão teórica na política econômica

São Paulo, vol. 43, nº 1, jan./mar 2013.

427 BASTIAN, Eduardo. "O PAEG e o Plano Trienal: Uma Análise Comparativa de Suas Políticas de Estabilização de Curto Prazo". *Estudos Econômicos*, São Paulo, vol. 43, nº 1, jan./mar 2013, p. 157.

é Roberto Campos, não precederá do desenvolvimento industrial, ao menos no longo prazo.

Ao contrário, se em um primeiro momento o discurso e a prática estão alinhados com a austeridade – reforma do Estado, criação de um mercado financeiro e a estabilização monetária – no médio prazo o governo optará pela retomada do crescimento industrial.

Neste segundo momento o Estado será peça importante para executar a fase final da industrialização para substituição de importações. Porém, a centralidade da política econômica estará em garantir meios para que o capital privado possa atuar, tentando retirar o protagonismo público neste processo. Ou seja, em linhas gerais, o modelo se focará em utilizar o Estado como garantidor do processo de estabilização. Seja como indutor do capital privado – através do endividamento público – seja como regulador do influxo de capital internacional, ou ainda como retentor do excedente econômico para o capital industrial, a política do período pode ser vista como o que Lipietz chamou de fordismo periférico.

5.1.2 Modernização e crescimento associado: o caso do sistema bancário

Se o momento desenvolvimentista anterior ao golpe consegue entregar ao país um avanço da indústria, ainda que à custa de um aumento dos índices de inflação, o mesmo não pode ser dito em relação ao setor bancário e financeiro. Conforme aponta Macarini,[428] havia no início da década de 1960 "um perfil nitidamente insatisfatório do prisma das necessidades exigidas para a retomada do desenvolvimento".

Do ponto de vista interno, a reforma encetada através da Lei n. 4.595/64 visou dar musculatura ao setor financeiro, dando

428 MACARINI, José Pedro. *A política bancária do regime militar*: O projeto de conglomerado (1967-1973). Texto para Discussão. IE/UNICAMP, Campinas, nº 124, jan. 2007, p. 5.

a ele o protagonismo para a saída da crise econômica vivida entre 1962-1963.[429] Fugindo do modelo europeu de bancos mistos, a reforma do sistema bancário de 1964 buscou a especialização das funções financeiras, vista nos Estados Unidos. Tentando dar mais dinamismo ao setor e principalmente inserir o sistema bancário brasileiro dentro do circuito internacional, o modelo brasileiro internaliza as funções de investimento e banco comercial.

Os resultados pretendidos pela reforma eram: diminuir as taxas de juros, diversificar os mecanismos de financiamento e mobilização de poupança financeira. Neste cenário, os bancos de investimento possuíam o papel privilegiado de ser a "alavanca financeira da acumulação de capital, pilar do futuro mercado de capitais (enquanto seu agente 'atacadista') e veículo da benfazeja internacionalização financeira".[430]

A reforma bancária realizada em 1964 deve ser então analisada sob os desígnios de uma reorientação econômica pretendida pelos golpistas. Com Otávio Bulhões à frente do Ministério da Fazenda e Roberto Campos no Planejamento, o Plano de Ação Econômica do Governo (PAEG) tinha como objetivos – ao menos em sua retórica – debelar a inflação e diminuir a presença do Estado na economia. Entre as normas editadas entre 1964 e 1967, destacam-se aqui duas que em maior ou menor medida acompanham este quadro: a reforma bancária (L. 4.595/64) e a lei do Serviço Federal de Habitação (SFH, L. 4.380/64).

As políticas de contensão inflacionária iniciadas em 1964 criam um quadro econômico recessivo, que segundo Francisco

---

429 MACARINI, José Pedro. *A política bancária do regime militar*: O projeto de conglomerado (1967-1973). Texto para Discussão. IE/UNICAMP, Campinas, nº 124, jan. 2007, p. 5.

430 MACARINI, José Pedro. *A política bancária do regime militar*: O projeto de conglomerado (1967-1973). Texto para Discussão. IE/UNICAMP, Campinas, nº 124, jan. 2007, p. 5.

de Oliveira,[431] irá perdurar até 1967, ameaçando a sobrevida da ditadura. Há ainda uma mudança progressiva na demanda internacional por matéria-prima, que atingirá seu pico em 1973.

Assim, por questões internas e externas, o regime de exceção muda sua orientação econômica a partir de 1969, com início do governo Médici. Acompanhada de um endurecimento da repressão, a nova política econômica do governo irá se aproximar de um nacionalismo autoritário[432] sem, contudo, abandonar o desenvolvimentismo internacionalista descrito por Bielschowski.

O Programa Estratégico de Desenvolvimento (PED), inaugurado por Costa e Silva em 1968, terá como foco o eixo agrícola-industrial como motor dinâmico para a retomada do desenvolvimento.[433] É nesta conjuntura que Emílio G. Médici assume a presidência em 1969: criar condições para um crescimento anual na cassa dos 10% ao ano, para que até 2000 o país alcançasse o seu objetivo de *Brasil Grande Potência.*

Durante o chamado milagre econômico, o país toma medidas de crescimento de curto prazo, alimentando o *animal spirit* do empresariado brasileiro. À custa de um afrouxamento das políticas recessivas, volta-se a investir na indústria. A busca de crédito barato no exterior aliada a um conjunto grande de subsídios aos setores agrícola e industrial irá garantir a expansão tanto da agricultura

431 OLIVEIRA, Francisco. *Crítica à Razão Dualista/O Ornitorrinco*. São Paulo: Boitempo, 2003.

432 MACARINI, José Pedro. "A política econômica do governo Médici: 1970-1973". *Nova Economia*, Belo Horizonte, vol. 15, nº 3, setembro-dezembro de 2005, p. 57.

433 MACARINI, José Pedro. "A política econômica do governo Médici: 1970-1973". *Nova Economia*, Belo Horizonte, vol. 15, nº 3, setembro-dezembro de 2005, p. 57 e 58.

para exportação quanto de grandes setores da indústria, ao ponto de faltar matéria-prima a vários ramos do setor fabril em 1973.[434]

O abandono da política de combate à inflação e um *revival* desenvolvimentista coberto de uma retórica nacionalista[435] trará consigo consequências ao setor financeiro. No caso aqui estudado, os reflexos da mudança desta política serão sentidos no mercado imobiliário. Menos pelo sistema financeiro em si e mais pela postura do governo, o modelo concentrador visto no sistema bancário será a pedra de toque no processo de financeirização econômica, do qual o sistema habitacional está incluído.

De resto, o projeto pensado após o golpe e tomado durante os anos do PAEG foi progressivamente descartado a partir de Costa e Silva. Fugindo do projeto Campos-Bulhões, adotado até então, a inflexão heterodoxa adotada a partir de 1967 criará conglomerados financeiros que não só fugirão do modelo de 1964, como abrirá caminho para um intenso processo de acumulação financeira. As crescentes exigências de capital mínimo para atividade bancária e outras mudanças na política do setor auxiliam a intensificação da concentração do setor, inviabilizando a ideia de um sistema financeiro operado por instituições especializadas.[436] Não só, a economia brasileira entrará em um processo de financeirização

---

434 (em razão também de um aumento da demanda externa. Ver: MACARINI, José Pedro. "A política econômica do governo Médici: 1970-1973". *Nova Economia*, Belo Horizonte, vol. 15, nº 3, setembro-dezembro de 2005, p. 78).

435 Sabe-se que durante o período do "milagre" o discurso nacionalista tomou o imaginário do país. Porém, por mais que as políticas de defesa da indústria nacional e a propaganda do Brasil Gigante (traduzida no "Ame-o ou Deixe-o"), o modelo de expansão do capital nacional financiado a empréstimos internacionais colocará o país de joelhos ao capital estrangeiro a partir da década de 1980.

436 MACARINI, José Pedro. *A política bancária do regime militar*: O projeto de conglomerado (1967-1973). Texto para Discussão. IE/UNICAMP, Campinas, nº 124, jan. 2007, p. 10.

crescente. Conforme aponta Macarini,[437] a participação no PIB dos haveres financeiros não-monetários[438] sai de 1,6% em 1964 para 13,5% em 1970, chegando a 23,7% em 1974.

A convivência de uma política heterodoxa na economia real e um aumento da financeirização e da concentração bancária são explicáveis através da manutenção de níveis de inflação acima dos 10% ao ano, a permissividade da regulação financeira com operações de curto prazo e também um tabelamento baixista dos juros vividos a partir do governo Médici.[439]

Ou seja, enquanto afagava o setor bancário com a viabilização de ações cartoriais e meramente especulativas de curto prazo[440] – que pela sua natureza incentivavam a concentração do sistema – o regime concedia um sem-número de isenções fiscais e outras formas de benesses à indústria e ao setor agrícola,[441] garantindo a expansão da

---

437 MACARINI, José Pedro. *A política bancária do regime militar*: O projeto de conglomerado (1967-1973). Texto para Discussão. IE/UNICAMP, Campinas, nº 124, jan. 2007, p. 13.

438 Haveres que não possuem liquidez imediata, tais como títulos da dívida pública e depósitos a prazo.

439 Tabelamento que foi garantido em razão do aumento da oferta de crédito, repasses de recursos externos, operações de crédito lastreadas em liberação de compulsórios (notadamente para exportação de manufaturados), juros livres nas operações de crédito pessoal e a introdução do *open market* (mercado de títulos da dívida operado pelo BACEN, o que possibilitou aos bancos privados ganhos com recursos retidos por até dois meses – especialmente do recolhimento do Fundo de Garantia por Tempo do Serviço [FGTS], Instituto Nacional de Previdência Social [INPS] e com o Imposto sobre Operações Financeiras [IOF]). MACARINI, José Pedro. *A política bancária do regime militar*: O projeto de conglomerado (1967-1973). Texto para Discussão. IE/UNICAMP, Campinas, nº 124, jan. 2007, p. 11.

440 MACARINI, José Pedro. *A política bancária do regime militar*: O projeto de conglomerado (1967-1973). Texto para Discussão. IE/UNICAMP, Campinas, nº 124, jan. 2007, p. 26.

441 MACARINI, José Pedro. "A política econômica do governo Médici: 1970-1973". *Nova Economia*, Belo Horizonte, vol. 15, nº 3, setembro-dezembro de 2005, pp. 61 e ss.

produção. Em uma lógica imediatista – Delfim Netto publica artigo no Jornal do Brasil em 20 de março de 1970 intitulado "*Deem-me o ano, e não se preocupem com décadas*"[442] – a política econômica do período demonstra o completo abandono do planejamento integral em prol de um sucesso imediato, um *milagre* econômico.

A crescente participação do setor financeiro na economia é então parte da política econômica do regime militar a partir de 1967, ganhando ainda mais destaque a partir de 1969. Neste contexto está inserida a discussão sobre o setor da habitação. O BNH, criado às portas do regime de exceção para financiar a expansão do setor da construção civil, só será de fato relevante do ponto de vista econômico a partir de 1967, quando começa a compor entre suas fontes de recursos os valores provenientes do FGTS.[443]

Conforme apontou José Pedro Macarini,[444] as expectativas iniciais da reforma do sistema bancário eram de criar um setor financeiro dinâmico, privado, integrado ao setor industrial e especializado. Após a guinada de 1969, confirma-se um modelo privado, porém concentrado e afastado das políticas de financiamento de longo prazo. Dentre as operações de tiro curto, alega Bolaffi,[445] estavam as ligadas ao financiamento imobiliário. No sistema estabelecido pelo SFH, as Sociedades de Crédito Imobiliário – sempre

---

442 Revista Econômica do Jornal do Brasil de 20 de março de 1970, página 3 (p. 47 no site). Disponível em: https://news.google.com/newspapers?nid=0qX-8s2k1IRwC&dat=19700320&printsec=frontpage&hl=pt-BR. Acessado em: 08.06.2022.

443 ROYER, Luciana de Oliveira. *Financeirização da Política Habitacional*: Limites e Perspectivas. São Paulo: Annablume, 2014, p. 36; MARICATO, Erminia. *Política Habitacional no Regime Militar*: do Milagre Brasileiro à Crise Econômica. Petrópolis: Vozes, 1987, p. 30.

444 MACARINI, José Pedro. *A política bancária do regime militar*: O projeto de conglomerado (1967-1973). Texto para Discussão. IE/UNICAMP, Campinas, nº 124, jan. 2007, p. 26.

445 BOLAFFI, Gabriel. *Aspectos Sócio-Econômicos do Plano Nacional de Habitação*. São Paulo: FAU-USP, 1972, p. 140. (Tese de Doutorado).

ligadas a um banco privado – se incumbiam da cobrança das prestações devidas ao BNH. Além de ganharem com a retenção de parte dos juros, os bancos privados conservavam os recursos financeiros provenientes das prestações recebidas durante um ano.

Porém, o giro de capitais provenientes da gestão das parcelas do financiamento habitacional não foi o maior ponto de interação entre a política habitacional do período e o sistema financeiro. Como dito, as ações de curto prazo e sem planejamento foram a tônica de toda a política econômica do período, se estendendo também ao setor da habitação.

5.1.3 O Sistema Financeiro da Habitação

Erminia Maricato[446] é categórica ao dizer que o sucesso do Sistema Financeiro de Habitação no Brasil entre 1968 até 1980 "se deveu exatamente ao fato de ignorar os setores de menores rendimentos da população e tratar a habitação como uma mercadoria a ser produzida e comercializada em moldes estritamente capitalistas".

O SFH foi projetado inicialmente para atender o público menos favorecido. Em outra medida, o SBPE – Sistema Brasileiro de Poupança e Empréstimo – é organizado para financiar os imóveis às classes mais altas. Contando com recursos da poupança, da Caixa Econômica Federal e do Banco do Brasil, o SBPE também terá um papel importante na verticalização paulistana. Porém, o uso do FGTS para a estruturação do SFH dá um caráter peculiar a este, razão pela qual o aprofundamos a seguir.

O quadro anterior à conformação do sistema, como aponta Santos[447] era dos mais graves. A intensa urbanização pela qual o

---

446 MARICATO, Erminia. *Política Habitacional no Regime Militar*: do Milagre Brasileiro à Crise Econômica. Petrópolis: Vozes, 1987, p. 29.

447 SANTOS, Cláudio Hamilton M. *Políticas Federais de Habitação no Brasil: 1964/1998*. Texto para Discussão nº 654, IPEA, Brasília, julho de 1999, p. 10.

país passava criou uma um crescimento explosivo da demanda por moradias e em um contexto de baixo investimento (inflação acelerada, taxas de juros fixas e leis de congelamento de aluguéis), o que se viu é um déficit habitacional[448] de cerca de oito milhões de habitações.

E como visto, a introdução do Sistema Financeiro de Habitação se dá no bojo do golpe de Estado de 1964. Com um discurso pró-mercado e inserido no contexto de financeirização das leis editadas ainda no ano do golpe, o SFH deveria ser parte deste complexo. Porém, possivelmente para dar solução à equação política do golpe, o BNH é entregue ao campo lacerdista, cuja inspiração do ponto de vista habitacional era as ações da Aliança Para o Progresso. As medidas iniciadas antes do golpe pela Aliança no setor da moradia se focavam no combate à favelização, que se repetirá no primeiro ano de ação do BNH.[449]

Conforme aponta Luciana Royer,[450] em 1965, cerca de um ano após a sua fundação, a presidência do BNH é substituída. Deposto o grupo lacerdista que encabeçava a presidência do banco através da professora Sandra Cavalcanti, assume pessoal alinhado ao grupo Bulhões-Campos, responsável pela modernização da legislação financeira do país em 1964 e totalmente comprometido com o avanço da financeirização da economia.

---

448 Sabe-se que o conceito de déficit habitacional é polêmico. Como apontou BOLAFFI (1972, p. 137), o conceito é no mínimo duvidoso, dado que assumir um "déficit habitacional" demandaria adotar critérios extraeconômicos, de caráter social ou assistencial e não uma mera provisão de habitações, do ponto de vista econômico-estatístico.

449 ROYER, Luciana de Oliveira. *Financeirização da Política Habitacional*: Limites e Perspectivas. São Paulo: Annablume, 2014, p. 53; MARICATO, Erminia. *Política Habitacional no Regime Militar*: do Milagre Brasileiro à Crise Econômica. Petrópolis: Vozes, 1987, p. 53.

450 ROYER, Luciana de Oliveira. *Financeirização da Política Habitacional*: Limites e Perspectivas. São Paulo: Annablume, 2014, p. 36; MARICATO, Erminia. *Política Habitacional no Regime Militar*: do Milagre Brasileiro à Crise Econômica. Petrópolis: Vozes, 1987, p. 53.

A alteração do grupo que controlava o BNH terá reflexos imediatos na política de financiamento, que entre 1964 e 1965 estava focada na erradicação de favelas através do modelo da COHAB: em 17 meses, 19 projetos foram criados em todo país. Sob a batuta da equipe ligada aos Ministérios da Fazenda e do Planejamento, aceleram-se as medidas para a adoção de modelo semelhante ao norte-americano, de *savings and loans*.

É neste escopo que a concepção financista do banco se torna hegemônica, sendo acompanhada da edição da Lei n. 4.864/65, que traz uma série de estímulos ao setor da construção civil, como isenções de impostos aos insumos da construção e materiais de acabamento. Somada a nova lei de mercado de capitais, n. 4.728/65 – que irá viabilizar as correções monetárias trimestrais via ORTN para prestações, contratos e empréstimos, depósitos e letras imobiliárias,[451] objetiva-se dar mais dinamismo ao setor.

O que se observa aqui é uma tropicalização de algumas das medidas propostas por Herbert Hoover enquanto Secretário de Comércio. Do ponto de vista da oferta, o regime militar vai orientar os agentes privados a garantirem mais crédito ao setor imobiliário ao mesmo tempo em que visa auxiliar o fornecimento de matéria-prima para a construção civil.

Porém, do ponto de vista da demanda, em um quadro de arrocho salarial, persiste o problema: não há poupança interna em níveis suficientes para garantir o funcionamento do SFH. Os recursos iniciais destinados ao sistema se demonstram insuficientes e será apenas com a criação do FGTS através da L. 5.107/66, que haverá disposição de recursos para ativar a busca por novos imóveis.

---

451 ROYER, Luciana de Oliveira. *Financeirização da Política Habitacional*: Limites e Perspectivas. São Paulo: Annablume, 2014, p. 36; MARICATO, Erminia. *Política Habitacional no Regime Militar*: do Milagre Brasileiro à Crise Econômica. Petrópolis: Vozes, 1987, pp. 53/54.

Assim, com a introdução de uma poupança forçada, retirando recursos do trabalhador para financiar o sistema, o SFH financista decola. E conforme aponta Gabriel Bolaffi,[452] junto com a decolagem do sistema vem junto sua elitização. Perceptível pelo próprio desempenho do setor da construção civil, vê-se em 1971 uma queda significativa das emissões de licenças construtivas para construções de três pavimentos, sendo que as construções com 10 ou mais pavimentos experimentam um aumento de 93,1% no número de licenças expedidas, com um aumento da área total da ordem de 72,2%.

Os números do SFH parecem convergir com o cenário apresentado por Maricato, Royer[453] e Bolaffi:[454] a financeirização do SFH está inserida na progressiva mercantilização da política habitacional do período. Não só, ao utilizar o sistema e o BNH como forma de transferência de excedentes a determinados setores da economia mais do que como instrumento de acesso à moradia de baixa renda, o regime irá inviabilizar o próprio banco e o sistema inteiro na década de 1980.[455]

Como demonstra Gabriel Bolaffi,[456] por trás da ideologia da habitação popular que era vendida pelo regime estavam outros interesses. Conforme o autor já havia proposto em 1972, a

452 BOLAFFI, Gabriel. *Aspectos Sócio-Econômicos do Plano Nacional de Habitação*. São Paulo: FAU-USP, 1972, p. 113. (Tese de Doutorado).

453 ROYER, Luciana de Oliveira. *Financeirização da Política Habitacional*: Limites e Perspectivas. São Paulo: Annablume, 2014, p. 36; MARICATO, Erminia. *Política Habitacional no Regime Militar*: do Milagre Brasileiro à Crise Econômica. Petrópolis: Vozes, 1987.

454 BOLAFFI, Gabriel. *Aspectos Sócio-Econômicos do Plano Nacional de Habitação*. São Paulo: FAU-USP, 1972. (Tese de Doutorado).

455 BOLAFFI, Gabriel; CHERKEZIAN, Henry. "BNH: Bode Expiatório". *Novos Estudos CEBRAP*, nº 13, outubro de 1985, p. 46.

456 BOLAFFI, Gabriel. "Habitação e Urbanismo: o problema e o falso problema". *In*: MARICATO, Erminia. *A Produção Capitalista da Casa (e da Cidade)*. 2ª ed. São Paulo: Alfa-Omega, 1982, pp. 38-40.

dinamização do setor da construção civil não buscava a solução do problema das moradias de baixa renda ou mesmo dar ignição ao motor do crescimento econômico.

No caso da recuperação econômica da recessão vivida entre 1964 e 1967, o motor será a indústria. Como aponta Macarini,[457] a política de expansão do setor agrícola exportador foi um dos fatores que irá impulsionar a demanda da indústria, que juntamente com o setor da infraestrutura, garante o milagre econômico. Nesta linha, Bolaffi[458] indica que ao abandonar as camadas mais pobres, o Plano Nacional de Habitação propugnado pela ditadura abandona a perspectiva de se valer do setor da construção civil como propulsor do crescimento. Em que pese garantir margens menores de crescimento, o uso do setor de moradias populares em um país com tamanha demanda reprimida, se garantiria menores índices de crescimento, certamente o faria de forma mais perene e distribuiria mais renda.

Porém, a opção por projetos destinados às classes médias servirá muito mais aos interesses do mercado imobiliário do que necessariamente à demanda real da sociedade brasileira. Conforme apontaram Bolaffi e Cherkezian,[459] a opção pelos setores médios e altos provocará um estoque de imóveis vazios para as classes médias, enquanto pululavam as filas de espera nas COHABs brasileiras. Não só, ao transferir a titularidade da política habitacional ao setor privado – que através dos iniciadores decidiam onde e o

457 MACARINI, José Pedro. "A política econômica do governo Médici: 1970-1973". *Nova Economia*, Belo Horizonte, vol. 15, nº 3, setembro-dezembro de 2005.

458 BOLAFFI, Gabriel. *Aspectos Sócio-Econômicos do Plano Nacional de Habitação*. São Paulo: FAU-USP, 1972, pp. 140 e ss. (Tese de Doutorado).

459 BOLAFFI, Gabriel; CHERKEZIAN, Henry. "BNH: Bode Expiatório". *Novos Estudos CEBRAP*, nº 13, outubro de 1985, p. 51.

que construir[460] – o que se viu foi um *boom* imobiliário de casas de veraneio em Cabo Frio ou no Guarujá.[461]

Do ponto de vista de sua estrutura, o SFH operou da seguinte forma: captando recursos das relações de produção – o FGTS chegou a compor 74% das fontes de recursos do BNH em 1968[462] – o BNH financiava os iniciadores (incorporadores, construtores e afins) para que estes definissem o local e tipo de empreendimento. Uma vez definido, os mutuários recorriam ao sistema financeiro para financiar seus imóveis.

O que se vê então é uma drenagem de excedente da classe trabalhadora para que a iniciativa privada financie a expansão do mercado imobiliário. Como apontou Bolaffi,[463] o nível de comprometimento do sistema com a iniciativa privada era tamanho que as prefeituras interessadas em desenvolver planos urbanísticos para seus municípios só estariam qualificadas a receber recursos do SERFHAU para tal feita se o plano fosse elaborado por empresas privadas.

É por isso que enquanto Bolaffi indica que o modelo é um fracasso para solucionar a questão da moradia popular, Erminia Maricato aponta como o SFH foi um sucesso. O problema aqui é o ponto de vista: para garantir moradia às classes trabalhadoras, o modelo é um fracasso. Já para proprietários de terrenos, agentes da construção civil e demais membros do mercado imobiliário – além do pequeno setor da classe média nacional – o SFH será um sucesso.

---

460 BOLAFFI, Gabriel. *Aspectos Sócio-Econômicos do Plano Nacional de Habitação*. São Paulo: FAU-USP, 1972, p. 142. (Tese de Doutorado).

461 BOLAFFI, Gabriel; CHERKEZIAN, Henry. "BNH: Bode Expiatório". *Novos Estudos CEBRAP*, nº 13, outubro de 1985, p. 47.

462 BOLAFFI, Gabriel. *Aspectos Sócio-Econômicos do Plano Nacional de Habitação*. São Paulo: FAU-USP, 1972, p. 141. (Tese de Doutorado).

463 BOLAFFI, Gabriel. *Aspectos Sócio-Econômicos do Plano Nacional de Habitação*. São Paulo: FAU-USP, 1972, pp. 13 e 140. (Tese de Doutorado).

Do ponto de vista urbano, o modelo altamente privatista repassa aos iniciadores a tarefa de definir as localidades dos empreendimentos. Assim, enquanto para as classes mais baixas os imóveis serão construídos cada vez mais nas franjas da mancha urbana edificável, para os setores mais ricos o expediente será o contrário. Como disse Bolaffi,[464] o que se fez foi "o equivalente a uma metrópole que decida confiar a condução de seu trânsito urbano aos moradores de cada quarteirão".

Por isso enquanto se repetiam aos montes casos como o descrito por Bolaffi:[465] para garantir a maior rentabilidade possível, os iniciadores escolhiam terrenos não só em áreas periféricas, mas também sem condições de utilização para a construção. Locais sujeitos a alagamentos frequentes – como o descrito pelo autor – pululavam na construção de moradias populares. Não só, como o próprio BNH relatou, em 1970, "os recursos utilizados pelo Sistema só foram suficientes para atender 24% da demanda populacional" (urbana).[466]

Em outra medida, a desobrigação do sistema em privilegiar a construção de imóveis e a aquisição de residências para famílias que não possuíam imóvel algum deu margem à explosão de construções de prédios em localidades onde as residências rapidamente se tornaram de veraneio.

E este quadro não foi diferente em São Paulo. Como será visto agora, a cidade se verticalizou sobremaneira no período. Como se poder ver abaixo, entre 1967 e 1972 há uma explosão da verticalização da cidade que jamais se repetiu. O pico de novos

---

464 BOLAFFI, Gabriel. *Aspectos Sócio-Econômicos do Plano Nacional de Habitação*. São Paulo: FAU-USP, 1972, p. 143. (Tese de Doutorado).

465 BOLAFFI, Gabriel. *Aspectos Sócio-Econômicos do Plano Nacional de Habitação*. São Paulo: FAU-USP, 1972, pp. 40 e ss. (Tese de Doutorado).

466 BOLAFFI, Gabriel. *Aspectos Sócio-Econômicos do Plano Nacional de Habitação*. São Paulo: FAU-USP, 1972, p. 139. (Tese de Doutorado).

empreendimentos com elevador ocorre em 1972, como visto no gráfico 8. E é neste ano que é promulgada a Lei de Zoneamento da cidade de São Paulo.

Gráfico 8 - Curva de verticalização da cidade de São Paulo (imóveis com elevadores)

Fonte: Somekh e Gagliotti[467]

O gráfico leva em conta os empreendimentos com elevador da cidade. Com base no registro do Controle de Uso de Imóveis (CONTRU) – órgão da Prefeitura de São Paulo responsável pela fiscalização e registro dos elevadores – a pesquisa relata o processo de verticalização que a cidade passou. Sabe-se que o método leva em conta todos os prédios que possuem o meio de transporte, o que significa que nestes dados estão incluídos os imóveis comerciais e eventualmente até industriais. Porém, como a própria professora Nadia Somekh[468] já verificou anteriormente, a ampla maioria destes empreendimentos eram residenciais.

De qualquer forma, dado que o escopo desta pesquisa é a norma de zoneamento de 1972, tal informação não é fundamental

---

467 SOMEKH, Nadia; GAGLIOTTI, Guilherme. "Metrópole e verticalização em São Paulo: exclusão e dispersão". *Anais dos encontros nacionais da ANPUR*, Recife, vol. 15, 2013, p. 3.

468 SOMEKH, Nadia. *A (Des)Verticalização de São Paulo*. São Paulo: FAU-USP, 1987. (Dissertação de Mestrado).

para a análise aqui proposta: quais são os marcos macroeconômicos e macrojurídicos no qual a LGZ está inserida. É o que se verá agora.

CAPÍTULO VI

ZONEAMENTO NO SUBFORDISMO: O CASO DE SÃO PAULO

> *O Estado pelo "poder de policia" deve impedir que um cidadão use da sua propriedade com prejuizo da do vizinho, concretizando assim a conhecida maxima: "Sit utere tuo ut alienum non laedas" - usa o que é teu, mas de forma a não fazer mal aos outros. O "zoning" portanto, não é uma restricção, é uma garantia, um princípio fundamental para a salvaguarda dos direitos dos proprietarios urbanos.*
>
> (...)
>
> *Em cidades onde não ha "zoning" o cidadão que, à custa de sacrifícios muitas vezes, edifica a sua residencia, não sabe qual será o seu vizinho, si outra residencia como a sua, que não a desvalorize portanto, ou uma garagem barulhenta, um armazem,*

> *um predio altissimo de apartamentos, por exemplo, com um muro de oitão de divisa, que roube do seu modesto lar a luz, o ar, o valor. Nada mais detestavel sob todos os pontos de vista, do que, numa avenida de palacetes senhoriaes, bombas de gazolina e engraxadores de automoveis; as esquinas, que são justamente os pontos de melhor perspectiva, manchadas de armazens, vendas e emporios; garagens alternando com escolas; fabricas e oficinas entremettidas com residencias e mais disparates. O zoning põe ordem nesse cháos. É o grande defensor da esthetica urbana e estabilizadordos valores urbanos.*
>
> Luiz Ignácio Romeiro de Anhaia Mello

São Paulo de 1970 certamente está entre o modelo prototípico de uma cidade do fordismo periférico. Não por menos, Alain Lipietz em seu artigo de 1985 (traduzido para o português em 1989) cita a cidade nominalmente como destino da internacionalização da produção no sistema de taylorização primitiva, característica do fordismo periférico.

Francisco de Oliveira também parece concordar que a cidade está inserida neste grande circuito de expansão do fordismo internacional. Sua crítica ao dualismo que o pensamento desenvolvimentista apresentou na América Latina está imbricada neste quadro. Como se viu, o autor parte da premissa que o subdesenvolvimento de uns se dá para o desenvolvimento de outros. É assim condição para a reprodução do modo de produção capitalista em escala mundial que existam os subdesenvolvidos.

Ambos também discorrem sobre as consequências urbanas do fordismo periférico. A urbanização (ou metropolização como aponta Lipietz) atende ao próprio modelo periférico. Assim, o que se verifica é uma cidade marcadamente desigual, com uma pequena área urbanizada sob os dogmas fordistas e outra, degradada – no caso brasileiro – favelizada.

Este é o quadro crescente da área metropolitana da cidade. Como indicam Nabil Bonduki e Raquel Rolnik,[469] a reprodução da periferia da grande São Paulo é o expediente de reprodução da força de trabalho: ao final da década de 1960, o milagre econômico produziu um quadro de crescimento econômico concentrador de riqueza. Em um quadro de arrocho salarial e de transferência de recursos do trabalhador à iniciativa privada para que esta decida como deve ser produzido o espaço urbano, o que se viu é a explosão da periferia. O antigo subúrbio é substituído pela periferia, como descrito por José de Souza Martins:[470]

> O subúrbio é a negação da periferia. É, aliás, por excelência, o espaço de ascensão social, diferente da periferia, que é o espaço do confinamento nos estreitos limites da falta de alternativas de vida. A concepção de subúrbio entra em crise com os novos problemas sociais, a nova pobreza e a nova concepção autoritária do urbano que se difundem a partir do golpe de Estado de 1964.

Este é o quadro da São Paulo subfordista: metropolizada, talhada pela desigualdade econômica e espacial, refém da opção política de uma falta de planejamento e de um sistema de

---

469 BONDUKI, Nabil; ROLNIK, Raquel. "Periferia da Grande São Paulo. Reprodução do Espaço como Expediente de Reprodução da Força de Trabalho". *In*: MARICATO, Erminia (Coord.). *A Produção Capitalista da Casa (e da Cidade)*. 2ª ed. São Paulo: Alfa-Omega, 1982, p. 117.

470 MARTINS, José de Souza. *A Aparição do Demônio na Fábrica*: origens sociais do Eu dividido no subúrbio operário. São Paulo: Editora 34, 2008, p. 51.

financiamento habitacional que aumentará ainda mais sua mancha urbana, tornando-a ainda mais elitista.

Sabe-se que apesar dos problemas urbanos da cidade não serem novidade, o período iniciado em 1967 é especialmente relevante para a produção espacial de São Paulo. Como se viu no gráfico elaborado por Somekh e Galgliotti, a retomada da verticalização da cidade a partir de 1967 faz com que em 1969 o número de novos empreendimentos inaugurados com elevador ultrapasse o recorde histórico anterior, de 1965. Seguindo em alta, o número de inaugurações de novos edifícios com elevadores chega a 700, recorde que na tabela apresentada, não foi quebrado até 2011.

Porém, a questão da urbanização paulistana é há muito problemática. Não por menos, já em 1925 a Administração local cria a Seção de Cadastro de Urbanismo, com a incumbência de "elaborar o plano geral, organizar o cadastro, fixar e fiscalizar alinhamentos e nivelamentos, e tratar de todas as questões referentes ao problema do Urbanismo".[471] A industrialização iniciada pouco tempo antes já obrigada o poder público a tomar providências no sentido de tentar organizar o espaço urbano.

Desta feita, cumpre fazer um breve recorrido histórico em torno das medidas que a Administração paulistana adotou para tentar regular o uso e a ocupação do solo.

6.1 Experiências prévias

Em seu "Problemas de Urbanismo", de 1929, Anhaia Mello traça a necessidade urgente de São Paulo adotar normativa de zoneamento urbano. Seu discurso, transcrito acima e citado por

---

471 FELDMAN, Sarah. *Planejamento e Zoneamento, São Paulo 1947-1972*. São Paulo: Edusp, 2005, p. 41.

Nery Jr[472] a partir de seu livro, absorve em uma só medida a base jurídica, o viés da salubridade pública e a visão tecnocrática de um método isento para organizar o espaço urbano.

De fato, a discussão em São Paulo sobre a limitação do uso a determinadas regiões do espaço urbano remonta o final do século XIX. Conforme aponta Nery Jr.,[473] dentre outras medidas, o Código de Posturas de 1886 adota a proibição da construção de casas populares operárias "no perímetro do comércio" da cidade. Conforme o próprio autor aponta, as elites locais atuavam no sentido de privilegiar seus espaços, garantindo que as áreas centrais do comércio paulistano estivessem sempre elegantes e dentro dos padrões de higiene burgueses.[474]

Tal modelo segue sendo adotado em São Paulo na segunda década do século XX. Com base nas discussões de Victor da Silva Freire, começa-se a questionar os padrões *haussmanianos* que a cidade havia adotado. Em parte, pela superação do modelo adotado por Haussmann e em parte em função da inaplicabilidade do projeto parisiense em uma topografia como a de São Paulo, as discussões de Freire levam à contratação de Joseph-Antoine Bouvard, que elaborará um novo plano para a cidade.

Conforme apontam Luiz Ackel e Cândido Malta Campos,[475] o projeto de planejamento segue eurocêntrico, porém, inspirado nas

---

472 NERY Jr. José Marinho. *Um Século de Política para Poucos*: o Zoneamento Paulistano 1886-1986. São Paulo: FAUUSP, 2002, pp. 43/44. (Tese de Doutorado).

473 NERY Jr. José Marinho. *Um Século de Política para Poucos*: o Zoneamento Paulistano 1886-1986. São Paulo: FAUUSP, 2002, p. 62. (Tese de Doutorado).

474 NERY Jr. José Marinho. *Um Século de Política para Poucos*: o Zoneamento Paulistano 1886-1986. São Paulo: FAUUSP, 2002, p. 62. (Tese de Doutorado).

475 ACKEL, Luiz; CAMPOS, Candido Malta. "Freire e Bouvard: a Cidade Europeia". *In*: SOMEKH, Nadia; CAMPOS, Candido Malta (Coord.). *A Cidade que Não Pode Parar*: Planos Urbanísticos de São Paulo no Século XX. São Paulo: Editora Mackenzie, 2008, pp. 37 e ss.

ideias de Camilo Sitte, a qual era necessário fugir da padronização imposta à cidade industrial e recuperar o caráter artístico do meio urbano, presente nas cidades medievais.

Figura 16 - Imagens de divulgação sobre a necessidade de zoneamento em São Paulo e sua versão original de Evansville, Indiana (EUA)

Fonte: Feldman.[476]

Se a limitação de uso de determinada região da cidade foi imposta já no século XIX, as discussões sobre zoneamento compreensivo serão de fato adotadas a partir da década de 1920. Sob as ações de Anhaia Mello, a Sociedade de Amigos da Cidade (SAC) promove a divulgação das ideias sobre o planejamento urbano, incluído o zoneamento. Para Mello, caberia à sociedade civil a propaganda sobre a organização do espaço urbano.

476 FELDMAN, Sarah. *Planejamento e Zoneamento, São Paulo 1947-1972*. São Paulo: Edusp, 2005, p. 115.

Conforme aponta Sarah Feldman,[477] a discussão sobre o planejamento urbano proposta por Anhaia Mello – da qual a de zoneamento está inserida – é absorvida pelo modelo norte-americano de *urban planning*. Sua crença no modelo norte-americano era tal, que indiretamente Mello propunha que a liberdade garantida às administrações municipais naquele país era o que conferiria sucesso ao desenvolvimento urbano norte-americano. Anhaia Mello em 1928 chega a afirmar que a cidade "não é um governo, mas um diretório comercial e de negócios dos interesses públicos locais".[478]

Na linha norte-americana, Mello acompanha a promulgação da *Standard City Planning Enabling Act* (SCPEA) pelo Secretário do Comércio Herbert Hoover. Descontextualizado do proposto por Hoover, Anhaia Mello acompanha as prescrições de Hoover, que indicava a formação das comissões municipais de planejamento como independentes do quadro administrativo do município, conferindo em tese mais liberdade de ação à comissão planejadora.[479]

Anhaia Mello terá sua discussão parcialmente inviabilizada em razão de sua proposta. Seu entendimento sobre planejamento urbano – que diminuía o papel do poder público em detrimento de agentes privados – será descartado, especialmente após Prestes Maia encomendar seu Plano de Avenidas à Administração.[480]

Será após Mello absorver o modelo de planejamento realizado por técnicos da Administração que suas ideias serão progressivamente

477 FELDMAN, Sarah. *Planejamento e Zoneamento, São Paulo 1947-1972*. São Paulo: Edusp, 2005, pp. 57/58.

478 FELDMAN, Sarah. *Planejamento e Zoneamento, São Paulo 1947-1972*. São Paulo: Edusp, 2005, p. 58.

479 FELDMAN, Sarah. *Planejamento e Zoneamento, São Paulo 1947-1972*. São Paulo: Edusp, 2005, p. 63.

480 FELDMAN, Sarah. *Planejamento e Zoneamento, São Paulo 1947-1972*. São Paulo: Edusp, 2005, p. 70.

adotadas pela Prefeitura.[481] Cumpre ressaltar que o realinhamento de Anhaia Mello está inserido no próprio pensamento norte-americano da década de 1940, que internaliza o planejamento junto ao poder político. Mais ainda, do que se viu até aqui o processo de internalização do planejamento urbano (do qual a norma de zoneamento está inserida) é parte da organização fordista da produção espacial. Conforme visto, Mello acompanha a produção da SCPEA, que na década de 1920 advogava uma participação privada nas comissões de planejamento urbano.

Conforme o *New Deal* é disseminado, a linha adotada por Hoover enquanto Secretário de Comércio – um fordismo liderado pelo setor privado – é substituída pela planificação central, que a NRPB (National Resources Planning Board) simboliza. Neste novo cenário, a política de Washington para garantir recursos às administrações locais, como demonstrou HANCHETT,[482] estará focada na liberação de recursos via estruturação pública local de organismos públicos de planejamento.

Se Anhaia Mello termina por defender um modelo para São Paulo que idealiza a técnica urbana como "pura", suas ações trazem resultado. Neste processo, dentro e fora da Administração se espraia a discussão sobre a implantação de uma Lei de Zoneamento. Conforme aponta Rolnik,[483] após a promulgação do Código de Obras Arthur Saboya em 1929 (Lei n. 3.427/29) institui-se uma Comissão de Estudos de Zoneamento, encarregada de um plano de conjunto para a cidade.

---

481 FELDMAN, Sarah. *Planejamento e Zoneamento, São Paulo 1947-1972*. São Paulo: Edusp, 2005, p. 72.

482 HANCHETT, Thomas W. "Federal incentives and the growth of local planning, 1941-1948". *Journal of the American Planning Association*, vol. 60, nº 2, 1994, pp. 197 e ss. ISSN: 01944363.

483 ROLNIK, Raquel. *A Cidade e a Lei*. 3ª ed. São Paulo: Studio Nobel, 2007, p. 191.

O novo Código de Obras consolida uma série de normativas que haviam sido promulgadas pela Administração. Enquanto compilado, o Código Arthur Saboya termina por organizar e incorporar ao seu texto uma série de zoneamentos parciais que já estavam promulgados.[484]

Apesar de não inovar na discussão sobre zoneamento, a discussão sobre uso do solo termina por se sedimentar no município. Mantendo o macrozoneamento da cidade em quatro perímetros (Central, Urbano, Suburbano e Rural) e conservando regras de alturas já estabelecidas pelo município, o Código Arthur Saboya estabelecerá limites máximos para as construções no perímetro Central, garantindo a altura do edifício Martinelli como referência.[485]

Em 1931 o agora Prefeito Anhaia Mello edita o Ato 127/31. Em sua exposição de motivos, o Ato indicava a instituição do *zoning* no município de São Paulo, ao qual irá chamar de "diferencial de especialização". O objetivo do Ato, também inscrito na exposição de motivos era clara: evitar que a especulação sobre a valorização dos imóveis provoque uma mudança rápida e prematura do caráter dos distritos, em detrimento da propriedade particular e da estética urbana.[486] Nos termos da exposição do Ato:

> **Considerando** que, no exercício do seu poder de polícia, o Município deve impedir que o cidadão use da sua propriedade de maneira incommoda ou nociva aos visinhos e prejudicial aos valores urbanos;

---

484 ROLNIK, Raquel. "Para além da lei: legislação urbanística e cidadania (São Paulo 1886-1936)". *In*: SOUZA, Maria Adélia A; LINS Sonia C.; SANTOS, Maria do Pilar C.; SANTOS, Murilo da Costa. (Coord.). *Metrópole e Globalização – Conhecendo a cidade de São Paulo*. São Paulo: CEDESP, 1999, p. 10.

485 NERY Jr. José Marinho. *Um Século de Política para Poucos*: o Zoneamento Paulistano 1886-1986. São Paulo: FAUUSP, 2002, p. 72. (Tese de Doutorado).

486 NERY Jr. José Marinho. "O zoneamento como instrumento de segregação em São Paulo". *Cadernos Metrópole*, nº 13, 2005, p. 184.

> **Considerando** que o desenvolvimento regular de um systema de vias de communicação e de serviços de utilidade pública só póde se processar si conhecidas previamente as necessidades e características dos diversos districtos urbanos;
>
> **Considerando** mais que é preciso proteger os capitaes invertidos em immoveis urbanos, evitando a intromissão de edifícios impróprios ou de usos impróprios de edifícios em determinadas situações;
>
> **Considerando** afinal que só a adopção de um regulamento differencial de especialização (zoning) para os diversos districtos póde impedir que a especulação sobre a valorização dos immoveis provoque a mudança rápida e prematura do caracter dos districtos, em detrimento da propriedade particular e da esthetica urbana, decreta: (...).

Não apenas há uma discussão sobre a manutenção da "estética urbana" e da defesa da propriedade, como a introdução do zoneamento é acompanhada da discussão sobre um planejamento urbano. Mais ainda, o Ato é explícito ao defender o que as normas de zoneamento se preocupam desde Frankfurt: proteger os capitais invertidos em imóveis urbanos.

Conforme aponta o autor, uma das motivações políticas que deu força ao surgimento do Ato 127/31 foi a situação vivida nos Jardim América e Jardim Europa: os sucessivos descumprimentos das cláusulas limitadoras impostas nos contratos de compra e venda dos imóveis da região incomodavam os vizinhos, que viam em cada novo negócio imobiliário a possibilidade de descaracterização dos bairros. Desta forma, a edição do Ato indicava então a adoção de parâmetros de uso e ocupação do solo aos dois bairros, atendendo aos desígnios de seus moradores – a elite paulistana. Posteriormente, tais regramentos serão absorvidos pelo artigo 40 do Código Arthur Saboya.

No mais, o Ato de Anhaia Mello determina a criação de Comissão para a elaboração de um regulamento diferencial de especialização (uma Lei de Zoneamento) que nunca será concluída. A descontinuidade do projeto foi inclusive criticada por Prestes Maia, que em 1936 publica artigo no Boletim da Sociedade de Amigos da Cidade (SAC) intitulado "O Zoneamento Urbano", cobrando providências para a adoção de um zoneamento geral da cidade.[487]

A partir deste momento, a discussão sobre planejamento da cidade e especificamente a questão do zoneamento ganharão destaque. Ao longo da década de 1950, como demonstra Nery Jr,[488] uma série de normas é promulgada, regulamentando "condições de zoneamento" em bairros como o Ipiranga, o Pacaembu e o Paraíso.

Ao final da década de 1950, com a chegada de Adhemar de Barros à Prefeitura, edita-se a primeira norma que define zoneamentos parciais para grande parte do município. É também a primeira norma a causar conflito político entre partes da elite paulistana. Ao impor um coeficiente de aproveitamento máximo não superior a seis vezes à área do lote para edifícios comerciais e quatro para habitações (incluído aí hotéis), a Administração termina por opor de um lado o Instituto dos Arquitetos do Brasil (IAB), a SAC e de outro os proprietários de terrenos e empresários da construção civil.[489]

Apelidada de "Lei Anhaia" por ter sido o engenheiro e ex--prefeito de São Paulo seu mentor, a Lei n. 5.261/57 será vista em alguma medida como vitória dos segmentos de luta por moradia. E por se apresentar contra a *máquina de crescimento* descrita por Molotch, ela será sistematicamente fraudada e combatida.[490]

487 NERY Jr. José Marinho. "O zoneamento como instrumento de segregação em São Paulo". *Cadernos Metrópole*, nº 13, 2005, p. 185.

488 NERY Jr. José Marinho. *Um Século de Política para Poucos*: o Zoneamento Paulistano 1886-1986. São Paulo: FAUUSP, 2002, pp. 85/86. (Tese de Doutorado).

489 NERY Jr. José Marinho. *Um Século de Política para Poucos*: o Zoneamento Paulistano 1886-1986. São Paulo: FAUUSP, 2002, p. 90. (Tese de Doutorado).

490 NERY Jr. José Marinho. *Um Século de Política para Poucos*: o Zoneamento Paulistano 1886-1986. São Paulo: FAUUSP, 2002, pp. 91 e 97. (Tese de Doutorado).

Enquanto isso, outra demanda antiga é enfrentada pela Administração Municipal. Em 1958 é editado o Decreto n. 3.982, que regulamentou a Lei n. 4.805/55, a qual dispunha sobre ruídos urbanos, localização e funcionamento das indústrias incômodas, nocivas e perigosas. Dividindo o território do Município em quatro zonas (estritamente residencial, predominantemente residencial, mista, e fabril ou industrial. Acusa Nery Jr.[491] que a demora na regulamentação da norma de 1955 se deu em razão da franca oposição da Federação das Indústrias do Estado de São Paulo (FIESP) e o Centro das Indústrias do Estado de São Paulo (CIESP).

Como dito, a fraude sistemática à norma de 1957 se deu em grande medida por limitar o potencial construtivo de toda cidade. Enfrentando a indústria da construção civil e todo o setor imobiliário da cidade, a norma será burlada em favor do maior acúmulo possível de capital.

Dentro desta perspectiva, já na ditadura militar, edita-se na Administração Faria Lima a Lei n. 6.877/66. Do ponto de vista do zoneamento, a lei revoga a disposição de 1957, garantindo um coeficiente de aproveitamento máximo seis – em qualquer uso – em toda cidade, respeitado algumas exceções, como as áreas nobres do Jardim América e Pacaembu, por exemplo.

Conforme aponta Nery Jr.,[492] das 194 normas de zoneamento parciais adotadas até a década de 1960 na cidade, 139 foram destinadas para estabelecer regras de uso e ocupação do solo para áreas residenciais. Destas, a maioria foi aplicada nas áreas de alta renda – regiões Sul e Oeste de São Paulo. Quanto às áreas comerciais, as normas de regulação de uso e ocupação do solo trataram

---

491 NERY Jr. José Marinho. *Um Século de Política para Poucos*: o Zoneamento Paulistano 1886-1986. São Paulo: FAUUSP, 2002, p. 99. (Tese de Doutorado).

492 NERY Jr. José Marinho. *Um Século de Política para Poucos*: o Zoneamento Paulistano 1886-1986. São Paulo: FAUUSP, 2002, p. 104. (Tese de Doutorado).

do mesmo espectro econômico – as áreas mais nobres. O Brás, por exemplo, que foi por décadas o mais importante centro comercial da cidade (em volume), não foi atingido por nenhuma norma de zoneamento. Já o zoneamento industrial, como foi visto, foi tratado apenas em 1955, sendo sua regulação efetiva dada apenas em 1958, com o Decreto n. 3.982/58.

Sabe-se que ao longo da história de São Paulo a discussão sobre o zoneamento foi intensa, especialmente a partir das proposições de Anhaia Mello na década de 1920.[493] Apesar de lacunosa, a síntese proposta aqui tem o escopo apenas de informar que a discussão sobre a adoção de um zoneamento não é nova e nem descolada do proposto por economias centrais, pelo contrário.

De qualquer forma, neste brevíssimo espaço, tratamos de apresentar que o modelo paulistano obedeceu à lógica pré-zoneamento descrita no capítulo anterior. Especialmente nos Estados Unidos, o caráter de zoneamento parcial foi sempre em um viés de proteção às camadas mais ricas, característica conservada nas Leis de Zoneamento.

A discussão norte-americana, como foi apontada, sai de uma esfera local (como exemplificado em Nova York) e passa a ser absorvida como uma política nacional. A partir da década de 1920 e especialmente a partir das décadas de 1940-1950, o que se vê é a profusão do binômio planejamento urbano/zoneamento.

---

493 Alguns momentos importantes da discussão paulistana sobre uso e ocupação do solo foram suprimidos nesta pesquisa, como o relatório de Robert Moses, a criação do PUB – Plano Urbanístico Básico ou os estudos da SAGMACS – Sociedade para Análises Gráficas e Mecanográficas Aplicadas aos Complexos Sociais. Apontam-se aqui as pesquisas de Sarah Feldman (Planejamento e Zoneamento: São Paulo 1947 a 1972); Nadia Somekh e Candido Malta Campos (A Cidade que Não Pode Parar: Planos Urbanísticos da Cidade de São Paulo no Século XX), e; José Marinho Nery Jr. (Um Século de Política para Poucos: o Zoneamento Paulistano 1886-1986). Nestas obras é possível acompanhar toda a discussão sobre planejamento e zoneamento da cidade de São Paulo.

Em São Paulo este debate surge – em que pese de forma rasa – mais ou menos no mesmo período verificado nos Estados Unidos. Porém, como se verá agora, será apenas na década de 1970 que a cidade ganhará um modelo alinhado à lógica plano/zoneamento.

6.2 O quadro pós-SFH e SBPE

Viu-se que a discussão sobre o zoneamento surge já na década de 1920 na cidade de São Paulo. Optando por um modelo de zoneamento parcial, a cidade vai desde então tratando de alterar as condições de uso do solo, índices de aproveitamento e altura de acordo com determinados bairros e interesses. A cidade chega então à segunda metade da década de 1960 com uma legislação de aproveitamento que permite que se construa no lote edifício de até seis vezes seu tamanho. Há restrições para a instalação de fábricas e em alguns bairros, dos centros comerciais.

E como visto, o modelo repete o quadro histórico: a legislação de controle ao uso do solo para fins residenciais e comerciais protege as áreas mais nobres, deixando as áreas menos favorecidas sem uma regulamentação adequada. No máximo, o que se vê é uma liberação para sua verticalização.

Através do mapa abaixo elaborado por Somekh[494] e publicado por Feldman[495] se vê que o processo de verticalização do período 1967-1971 vai se concentrando na região Oeste e Norte. Na amostragem de Nadia Somekh o que se percebe é que a verticalização vai chegando à área nobre da cidade – o eixo Oeste, preocupando os proprietários dos imóveis da região. Como se viu, a possibilidade de utilizar um coeficiente máximo de construção

---

494 SOMEKH, Nadia. *A (Des)Verticalização de São Paulo*. São Paulo: FAU-USP, 1987. (Dissertação de Mestrado).

495 FELDMAN, Sarah. *Planejamento e Zoneamento, São Paulo 1947-1972*. São Paulo: Edusp, 2005, p. 272.

de até seis vezes o tamanho do lote criava novas oportunidades para o setor da construção civil.

Figura 17 - Localização do crescimento vertical no Município de São Paulo, 1967-1971

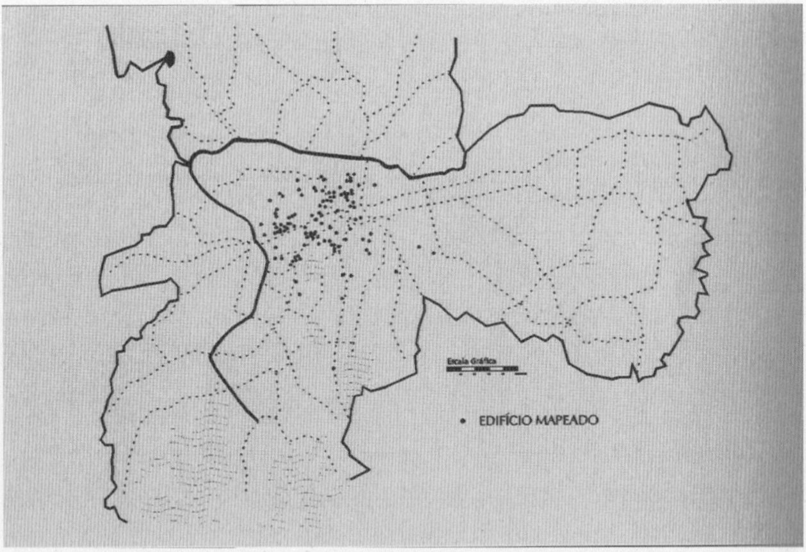

Fonte: Feldman,[496] a partir do estudo de Somekh[497]

De qualquer forma, a cidade ainda não conta com um instrumento de zoneamento geral, que cuide de todo o território municipal, tratando ao menos das três dimensões clássicas do zoneamento: uso, altura e densidade.

Já foi demonstrado aqui os efeitos da organização do SFH. A captura de renda do trabalhador, criando uma poupança forçada para injeção de capital na indústria da construção civil faz a

496 FELDMAN, Sarah. *Planejamento e Zoneamento, São Paulo 1947-1972*. São Paulo: Edusp, 2005, p. 272.

497 SOMEKH, Nadia. *A (Des)Verticalização de São Paulo*. São Paulo: FAU-USP, 1987. (Dissertação de Mestrado).

construção de imóveis disparar. Como aponta Somekh[498] e Somekh e Gagliotti,[499] o efeito do SFH pós-FGTS:

> determinou um impulso significativo aos empreendimentos imobiliários que se caracterizavam pela lentidão tanto na obtenção dos recursos quanto na execução da obra. A esta intervenção do Estado corresponde uma ascensão acentuada da curva da evolução do crescimento vertical, em São Paulo e em muitas cidades brasileiras.

De outra medida, o SBPE também terá forte impacto na verticalização da cidade. Como centro dinâmico da economia nacional, São Paulo concentra parcela significativa dos capitalistas do período, o Sistema Brasileiro de Poupança e Empréstimo cuidará de financiar os imóveis de maior valor, agindo nas áreas mais nobres da cidade.[500]

Desta forma, o que se verifica na cidade é uma verticalização que atinge tanto as áreas mais ricas quanto as periféricas. Enquanto bairros como a Vila Mariana experimentarão edificações residenciais voltadas às classes mais favorecidas, outras áreas como a região da Avenida Paulista perceberão novos empreendimentos comerciais.[501]

Esta é a conjuntura a qual levará Figueiredo Ferraz a dizer que São Paulo precisa parar. A liberação do potencial construtivo a boa parte da cidade aliada a uma facilitação sem precedentes ao crédito

---

498 SOMEKH, Nadia. *A (Des)Verticalização de São Paulo*. São Paulo: FAU-USP, 1987. (Dissertação de Mestrado).

499 SOMEKH, Nadia; GAGLIOTTI, Guilherme. "Metrópole e verticalização em São Paulo: exclusão e dispersão". *Anais dos encontros nacionais da ANPUR*, Recife, vol. 15, 2013, pp. 4/5.

500 NERY Jr. José Marinho. *Um Século de Política para Poucos*: o Zoneamento Paulistano 1886-1986. São Paulo: FAUUSP, 2002, pp. 119/120. (Tese de Doutorado).

501 SOMEKH, Nadia. *A (Des)Verticalização de São Paulo*. São Paulo: FAU-USP, 1987. (Dissertação de Mestrado).

imobiliário – aos compradores e aos iniciadores – fará com que a cidade viva o que Nadia Somekh chamou de *verticalização do milagre*.[502]

Somando ao aumento da população da cidade, que em 1970 já ultrapassava os 5,5 milhões de habitantes, o quadro de congestionamento humano – e veicular – se deteriorava rapidamente. A opção pelo rodoviarismo iniciada com o Plano de Avenidas Prestes Maia e aprofundado nas gestões Faria Lima e Paulo Maluf já trazia consequências ao adensamento desproporcional de determinadas regiões da cidade. Não só, a permissividade com a verticalização também incomoda os setores mais ricos da sociedade, que veem a possibilidade de desvalorização de seus imóveis em face do surgimento de empreendimentos de menor valor.[503] Enquanto determinadas áreas (notadamente nos eixos Sul e Oeste) possuem normas restritivas à verticalização, outras estão à mercê da produção do espaço urbano como mera reprodução econômica.

Neste cenário, a Administração de Figueiredo Ferraz elabora sob a supervisão de Benjamin Adiron Ribeiro projeto de uma Lei Geral de Zoneamento (LGZ). Seu principal objetivo é organizar o uso e ocupação do solo de forma plena, evitando o aprofundamento dos problemas apresentados à cidade e, no médio prazo, organizar a produção social do espaço urbano paulistano.

O que deve se ter em conta é que assim como no caso norte-americano pós-Hoover, a discussão do zoneamento de São Paulo está inserida no debate do planejamento urbano. Se Edward Bassett em Nova York introduziu a ideia de que o zoneamento

---

502 SOMEKH, Nadia. *A Cidade Vertical e o Urbanismo Modernizador*. São Paulo: EDUSP, 1997, p. 25.

503 CAMPOS, Candido Malta. "PDDI, PMDI e Lei de Zoneamento: a questão imobiliária". *In*: SOMEKH, Nadia; CAMPOS, Candido Malta (Coord.). *A Cidade que Não Pode Parar*: Planos Urbanísticos de São Paulo no Século XX. 2ª ed. São Paulo: Mackenzie, 2008, p. 132.

urbano deveria ser acompanhado de um *comprehensive plan*[504] e Hebert Hoover levou esta proposição a um nível federal, será na Administração de Figueiredo Ferraz que o formato será transposto para São Paulo.

Desta feita, a LGZ é formulada no bojo de um novo planejamento para a cidade, sendo inclusive aprovada após a Lei n. 7.688/71, o Plano Diretor de Desenvolvimento Integrado (PDDI). O plano expunha que para o controle do desenvolvimento urbano o mais importante mecanismo seria o zoneamento.[505] Limitando o coeficiente de aproveitamento do lote para um máximo de quatro vezes seu tamanho, o PDDI se estrutura a partir de estudos anteriores, tais como o Plano Urbanístico Básico (PUB) de 1969 e os estudos da SAGMACS – Sociedade para Análises Gráficas e Mecanográficas Aplicadas aos Complexos Sociais, de 1957.

Tanto o PUB quanto nos estudos da SAGMACS é marcante o caráter pró-transporte público e de superação do modelo rodoviarista iniciado com Prestes Maia.[506] Neste escopo, o PDDI observava que o adensamento futuro estaria condicionado à presença do transporte público de massas, especialmente o metrô, dado que a própria Companhia do Metropolitano desde 1968 observava o fenômeno de rápido adensamento populacional ao longo da construção da linha Norte-Sul.

---

504 Como se sabe hoje, a discussão sobre o zoneamento de Frankfurt, inspiradora de Nova York, também estava inserida em um conjunto mais amplo de ações, que Satoshi Baba chamou de *política de terras de Franz Adickes*.

505 CAMPOS, Candido Malta. "PDDI, PMDI e Lei de Zoneamento: a questão imobiliária". *In*: SOMEKH, Nadia; CAMPOS, Candido Malta (Coord.). *A Cidade que Não Pode Parar*: Planos Urbanísticos de São Paulo no Século XX. 2ª ed. São Paulo: Mackenzie, 2008, pp. 124/125.

506 SOMEKH, Nadia; CAMPOS, Candido Malta (Coord.). *A Cidade que Não Pode Parar*: Planos Urbanísticos de São Paulo no Século XX. São Paulo: Mackenzie, 2008, p. 112.

Conforme aponta Sarah Feldman,[507] a formulação e aprovação do PDDI não fugiram às práticas antidemocráticas vistas no período: das críticas registradas na Câmara dos Vereadores de São Paulo, a autora aponta a falta de justificativa na adoção de índices, imprecisão de mapeamentos, falta de dados sobre litígios de terra e de equipamentos públicos como alguns dos itens que tornam a feitura do plano no mínimo questionável.

Do outro lado, aparecem como pontos de suporte ao PDDI declarações como um plano eivado de "nobres intenções" e "interesse público". A baixa densidade da defesa do projeto de lei se deve ao contexto político dos anos 1970. Como ressalta a autora, a Câmara era uma mera avalista do Prefeito, em 30 de dezembro de 1971 é aprovado o Plano Direito de Desenvolvimento Integrado.

Neste escopo, o novo plano adota a necessidade de adoção de uma legislação específica de zoneamento, confiando ao instrumento o desenvolvimento urbano de São Paulo. O PDDI inclui oito tipos básicos de zonas com seus respectivos coeficientes máximos de aproveitamento. Ainda, indica 15 categorias de uso.[508] O curioso é que o referido plano é apresentado com mapeamento incompleto, tendo ficado conhecido como "plano sem mapa", por suas descrições genéricas e imprecisas.

Em outra medida, acompanhando os estudos municipais, o governo do estado de São Paulo através do GEGRAN – Grupo Executivo da Grande São Paulo – assume a tarefa de pensar um plano metropolitano, consubstanciado no Plano Metropolitano de Desenvolvimento Integrado – PMDI. Focando-se em questões como

---

507 FELDMAN, Sarah. *Planejamento e Zoneamento, São Paulo 1947-1972*. São Paulo: Edusp, 2005, p. 252.

508 CAMPOS, Candido Malta. "PDDI, PMDI e Lei de Zoneamento: a questão imobiliária". *In*: SOMEKH, Nadia; CAMPOS, Candido Malta (Coord.). *A Cidade que Não Pode Parar*: Planos Urbanísticos de São Paulo no Século XX. 2ª ed. São Paulo: Mackenzie, 2008, p. 125.

fornecimento de água, rede ferroviária, saneamento e controle da poluição,[509] o plano metropolitano tem caráter genérico e busca dar coesão às ações de infraestrutura na região da grande São Paulo.

6.3 A Lei de Zoneamento de 1972

Imediatamente após a aprovação do PDDI é criada através da Lei n. 7.694/72 a Coordenação Geral de Planejamento – COGEP e a Comissão de Zoneamento.[510] É neste espaço que a norma de zoneamento será gestada. Desenvolvida por Benjamin Adiron Ribeiro, a LGZ é aprovada menos de um ano após o PDDI.

Ribeiro, formado pela Universidade Mackenzie e com passagem pelos Estados Unidos – onde toma contato com o planejamento e o modelo de zoneamento euclideano – recebe a incumbência de Figueiredo Ferraz de coordenar o projeto. Como aponta Feldman,[511] o coordenador possuía vasto conhecimento com o instrumento, com publicações sobre zoneamento que datam de 1958. Não só, já na gestão Faria Lima compunha o corpo de técnicos da Prefeitura que tratavam do planejamento urbano.

Desta medida, a Lei Geral de Zoneamento de São Paulo, aprovada sob n. 7.805/72, é promulgada. Nos mesmos moldes da lei do PDDI, o PL 147/72 é apresentado a toque de caixa, escorado pelo decurso de prazo. E da mesma forma como o plano diretor, o que se verá é a discussão rasa, com vários registros da

---

509 CAMPOS, Candido Malta. "PDDI, PMDI e Lei de Zoneamento: a questão imobiliária". *In*: SOMEKH, Nadia; CAMPOS, Candido Malta (Coord.). *A Cidade que Não Pode* Parar: Planos Urbanísticos de São Paulo no Século XX. 2ª ed. São Paulo: Mackenzie, 2008, p. 122.

510 A Comissão de Zoneamento da cidade de São Paulo só será instalada efetivamente após a edição da LGZ, confinando à COGEP toda a tarefa de tratar da Lei de Zoneamento.

511 FELDMAN, Sarah. *Planejamento e Zoneamento, São Paulo 1947-1972*. São Paulo: Edusp, 2005, pp. 263/264.

falta de diálogo do Poder Executivo com o Poder Legislativo. Nas entrelinhas, consta a disposição da Administração de não deixar o plano de zoneamento ser corrompido por forças do mercado.[512] Na prática, o que se verificou foi a realização do propósito da Lei de Zoneamento: equalização de interesses.

A lei foi dividida em quatro capítulos: o primeiro, com seus objetivos e definições; o segundo trata do parcelamento do solo; o terceiro versa sobre o uso e ocupação do solo; e o quarto, trata das disposições gerais. Conforme aponta o artigo 1º:

> Art. 1º Esta lei dispõe sobre a divisão do território do Município em zonas de uso e regula o parcelamento, uso e ocupação do solo, tendo em vista os seguintes objetivos:
>
> I – Assegurar a reserva dos espaços necessários, em localizações adequadas, destinados ao desenvolvimento das diferentes atividades urbanas;
>
> II – Assegurar a concentração equilibrada de atividades e de pessoas no território do Município, mediante controle do uso e do aproveitamento do solo;
>
> III – Estimular e orientar o desenvolvimento urbano.

Como aponta Nery Jr.,[513] a lei de 1972 abandona o discurso adotado no Ato 127/31 de Anhaia Mello e que conforma o processo histórico de zoneamento: a defesa do investimento de capitais na produção imobiliária de ações de vizinhos que terminem por desvalorizar a propriedade de outrem. Sob as vestes de um discurso técnico, vende-se em 1972 a neutralidade de "concentração equilibrada de atividades e de pessoas no território do Município" ou "assegurar

512 RIBEIRO, Benjamin Adiron. *Entrevista concedida ao site Vitruvius*. 2015. Disponível em: http://www.vitruvius.com.br/revistas/read/entrevista/16.062/5523?page=5. Acessado em: 08.06.2022.

513 NERY Jr. José Marinho. *Um Século de Política para Poucos*: o Zoneamento Paulistano 1886-1986. São Paulo: FAUUSP, 2002, p. 113. (Tese de Doutorado).

a reserva dos espaços necessários, em localizações adequadas, destinados ao desenvolvimento das diversas atividades urbanas".

A vestal tecnocrática aparece inclusive na exposição de motivos da LGZ: "objetiva, antes de tudo, estabelecer equilíbrio entre as diferentes funções urbanas – habitação, trabalho, lazer e circulação". Como indica Campos,[514] o texto parece introduzir o pagamento de uma dívida com a Carta de Atenas.[515] Porém, como se viu, a lei não traz a separação de funções em caráter absoluto, marca do urbanismo modernista (apenas a Z1 é zona exclusivamente residencial e a Z7 exclusivamente industrial).

Como aponta Feldman,[516] a LGZ não é fim nem começo: a Lei de Zoneamento traduz muito do que já estava sendo encaminhado pelas leis esparsas desde a década de 1950. Adotando a perspectiva de que a lei contém um modelo de cidade a ser perseguido e de que é transformadora da lógica de ocupação do espaço urbano,[517] a lei de 1972 não traz, como indicou Figueiredo Ferraz, "nenhum atentado contra as tendências de desenvolvimento do espaço urbano que se confirmaram na cidade".[518]

---

514 CAMPOS, Candido Malta. "PDDI, PMDI e Lei de Zoneamento: a questão imobiliária". *In*: SOMEKH, Nadia; CAMPOS, Candido Malta (Coord.). *A Cidade que Não Pode Parar*: Planos Urbanísticos de São Paulo no Século XX. 2ª ed. São Paulo: Mackenzie, 2008, p. 126.

515 A Carta de Atenas é o documento final resultante do IV Congresso Internacional de Arquitetura Moderna (CIAM). O evento, sediado em Atenas em 1933, apresenta um documento final escrito por Le Corbusier. A Carta apresenta as necessidades humanas a serem satisfeitas pelo urbanismo moderno, tais como a circulação, habitação, trabalho e lazer.

516 FELDMAN, Sarah. *Planejamento e Zoneamento, São Paulo 1947-1972*. São Paulo: Edusp, 2005, p. 263.

517 FELDMAN, Sarah. *Planejamento e Zoneamento, São Paulo 1947-1972*. São Paulo: Edusp, 2005, p. 265.

518 FELDMAN, Sarah. *Planejamento e Zoneamento, São Paulo 1947-1972*. São Paulo: Edusp, 2005, p. 267.

Adotando oito zonas de uso com várias categorias distintas, a LGZ obedece ao organizado no PDDI, com algumas modificações em relação as categorias, que se somam 17. Conforme lembra Campos,[519] a ideia de "orientar sem forçar" significou na prática a cristalização de um modelo que conciliasse os valores de uso das propriedades das áreas mais nobres da cidade enquanto viabilizava o adensamento em regiões como a Rua da Consolação e a Avenida Paulista, que haviam sido recentemente alargadas para expansão imobiliária.

De outra monta, mantêm-se o zoneamento unifamiliar para as áreas mais nobres da cidade, criando um quadro onde existem dois tipos de zonas: uma, organizada pela nomenclatura Z1, que admite unicamente moradias isoladas (mansões) e outra, que pode admitir outras formas de ocupação.[520] Não só, ao preservar as práticas de zoneamento esparso que haviam se consolidado na cidade, o que se fez foi privilegiar o eixo sudoeste e a área central, no modelo descrito por Nery Jr. de defender os interesses dos mais ricos. Em contrapartida, como apontou Campos,[521] a Zona Leste da cidade foi zoneada sob conceitos arbitrários de "bolsões", "faixas"e "pólos". Isso porque ao se inspirar no PUB e no PDDI, a LGZ levou em conta a infraestrutura do metrô, que não se concretizou.

---

519 CAMPOS, Candido Malta. "PDDI, PMDI e Lei de Zoneamento: a questão imobiliária". *In*: SOMEKH, Nadia; CAMPOS, Candido Malta (Coord.). *A Cidade que Não Pode Parar*: Planos Urbanísticos de São Paulo no Século XX. 2ª ed. São Paulo: Mackenzie, 2008, p. 126.

520 FELDMAN, Sarah. *Planejamento e Zoneamento, São Paulo 1947-1972*. São Paulo: Edusp, 2005, p. 271.

521 CAMPOS, Candido Malta. "PDDI, PMDI e Lei de Zoneamento: a questão imobiliária". *In*: SOMEKH, Nadia; CAMPOS, Candido Malta (Coord). *A Cidade que Não Pode Parar*: Planos Urbanísticos de São Paulo no Século XX. 2ª ed. São Paulo: Mackenzie, 2008, p. 132.

Tabela 4 - Quadro de zonas e categorias de uso da Lei n. 7.805/72

Quadro n. 2, anexo à lei n. 7305/1972 - Características das Zonas de Uso - Quadro referido nos artigos 9 ao 19.

ZONAS DE USO	CATEGORIAS DE USO PERMITIDAS		CARACTERÍSTICAS DE DIMENSIONAMENTO, OCUPAÇÃO E APROVEITAMENTO DO LOTE						
	Conformes	Sujeitas a Controle Especial	Frente Mínima (m)	Área Mínima (m²)	Recuo de Frente Mínimo(m)	Recuo Lateral Mínimo(m)	Recuo de Fundo Mínimo(m)	Taxa de ocupação Máxima	Coef. de Aprov. Máximo
Z1	R1	E1	10	250	5	1,5 apenas de um lado	5	0,5	1.0
Z2	H1, R3, C1, I1, S1, E1	C2, S2, E2, E3, E4	10	250	5	1,5 apenas de um lado	5	0,5	1.0
Z3	R1, R2, R3, C1, I1, S1, E1, C2, S2	S3, E2, E3, E4	10	250	5	1,5 apenas de um lado	5	0,5	2.0
Z4	R1, R2, R3, C1, C2, I1, S1, S2, E1, E2	C3, I2, E1	10	250	5	---	5	0,7	3.0
Z5	R1, R2, R3, C1, C2, I1, S1, S2, E1, E2	E3, E4	10	250	----	----	3, somente acima do 2º pavto	0,8	3.5
Z6	C1, C2, C3, I1, I2, S3	R1, R2,R3, S1, S2, E1, E2, E3, E4	20	1000	10	2,0 de ambos os lados	10	0,7	1.5
Z7	I1, I2, I3, C3, S3	C1, C2, S1, S2, E1, E2, E3, E4	50	5000	10	5,0 de ambos os lados	10	0,5	1.0
Z8	(a)	(a)	(a)	(a)	(a)	(a)	(a)	(a)	(a)

(a) Regulamentação no Quadro n. 5, da Lei 7305/1972.

Fonte: Feldman.[522]

Toma-se então um caráter rigoroso para o adensamento do solo em determinadas regiões da cidade. Como dito, o então prefeito Figueiredo Ferraz advogava que a cidade precisava parar. Para ele, sem um zoneamento adequado a cidade estaria à mercê da especulação imobiliária que os loteadores clandestinos promoviam ao ocupar os vazios urbanos da cidade.[523]

---

522 FELDMAN, Sarah. *Planejamento e Zoneamento, São Paulo 1947-1972*. São Paulo: Edusp, 2005, p. 272.

523 CAMPOS, Candido Malta. "PDDI, PMDI e Lei de Zoneamento: a questão imobiliária". *In*: SOMEKH, Nadia; CAMPOS, Candido Malta (Coord.). *A Cidade que Não Pode Parar*: Planos Urbanísticos de São Paulo no Século XX. 2ª ed. São Paulo: Mackenzie, 2008, p. 129.

Tabela 5 - Zonas, tipos de uso e coeficiente máximo permitido

ZONA	TIPO DE USO	COEFICIENTE MÁXIMO
Z1	Uso estritamente residencial, de densidade demográfica baixa	1.0
Z2	Uso predominantemente residencial, de densidade demográfica baixa	1.0
Z3	Uso predominantemente residencial, de densidade demográfica média	2.5
Z4	Uso misto, de densidade demográfica média alta	3.0
Z5	Uso misto, de densidade demográfica alta	3.5
Z6	Uso predominantemente industrial	1.5
Z7	Uso estritamente industrial	1.0
Z8	Usos especiais	n/a

Elaboração própria a partir de dados de Feldman[524]

Como se pode ver abaixo (figura 17), em determinada parte da cidade (o eixo sudoeste – mais rico e mais adensado) o coeficiente máximo de aproveitamento foi reduzido de 6 para 4. Em contrapartida, nas áreas fora do centro expandido – especialmente no eixo leste – adotou-se a possibilidade de adensar em um coeficiente máximo de três vezes a área do lote.

524 FELDMAN, Sarah. *Planejamento e Zoneamento, São Paulo 1947-1972*. São Paulo: Edusp, 2005, p. 271.

Figura 18 - Mapa simplificado do zoneamento da LGZ de 1972

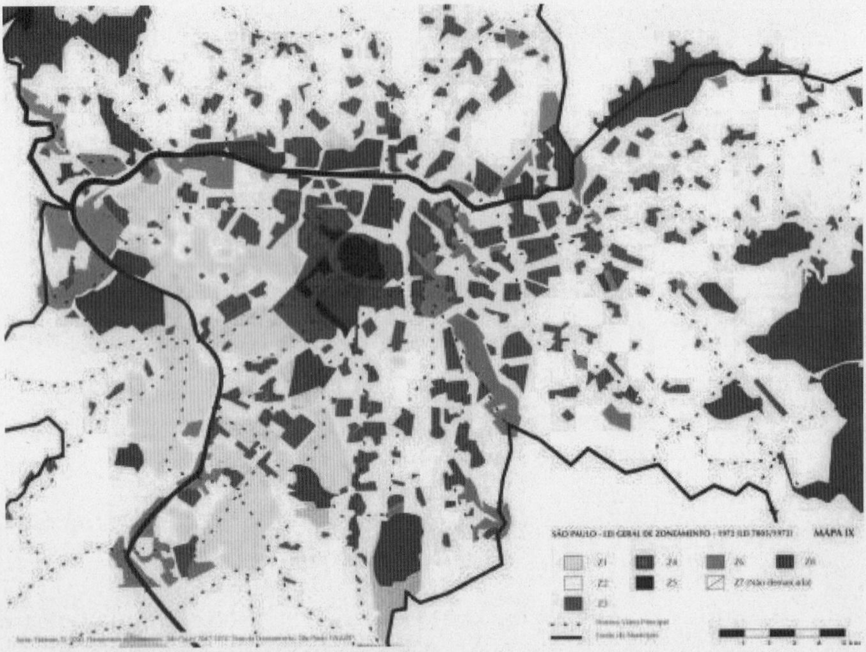

Fonte: Sarah Feldman[525]

Para lidar com esta restrição (que será sistematicamente revista a partir de 1973), a LGZ já contava com a possibilidade de aumentar o coeficiente de aproveitamento desde que fosse diminuída a densidade do empreendimento. Conhecido como "fórmula de Adiron", o método permitia um aumento do coeficiente em função da redução da taxa de ocupação, e o limite máximo de quatro só seria admitido nas Z3, Z4 e Z5.[526] Tais zonas correspondiam a apenas 11,5% da área urbana da cidade em 1972.[527] Desta feita, o

525 FELDMAN, Sarah. *Planejamento e Zoneamento, São Paulo 1947-1972*. São Paulo: Edusp, 2005, p. 269.

526 FELDMAN, Sarah. *Planejamento e Zoneamento, São Paulo 1947-1972*. São Paulo: Edusp, 2005, p. 273.

527 SOMEKH, Nadia; CAMPOS, Candido Malta (Coord.). *A Cidade que Não Pode Parar*: Planos Urbanísticos de São Paulo no Século XX. São Paulo:

que se fez foi acomodar os interesses daqueles que ganhavam com a verticalização que havia explodido no período anterior. Uma vez desarmada a tensão dos proprietários das áreas nobres, tratou a lei de seguir garantindo os interesses do setor da construção.

Esta medida, como acusa Feldman[528] "estimula um padrão de ocupação do lote pautado na liberação máxima de edificação ao nível do solo, que só se viabiliza em terrenos de certo porte". Não só, está em consonância com a tendência da produção do setor formal da construção civil de grandes empreendimentos verticais nos anos 1960. Citando Somekh[529] a autora lembra que este fato pode tanto indicar a construção de grandes edifícios quanto grandes apartamentos especificamente construídos para as classes altas.

Não só. A lei traz também um padrão único de parcelamento do solo: frente mínima de 10 metros e lote mínimo de 250 m². À exceção de Z7 e Z8 (industrial exclusivo e especiais), todas as zonas têm como lote padrão o referido. Conforme aponta Feldman,[530] esta padronização ignora os dados levantados pelo PUB em 1967: enquanto as residências isoladas em lotes grandes ocupam 7,3% da área urbana, os edifícios de apartamentos ocupam 1%, sendo 0.8% correspondentes a prédios com mais de quatro andares e 0,2% com menos de quatro pavimentos. 91,7% da área urbana é ocupada por residências semi-isoladas, geminadas ou isoladas em lotes muito reduzidos. Neste quadro, o que se verifica é que o terreno médio dos chamados grandes lotes tem 511 m², com média

---

Mackenzie, 1987, p. 150.

528 FELDMAN, Sarah. *Planejamento e Zoneamento, São Paulo 1947-1972*. São Paulo: Edusp, 2005, p. 274.

529 SOMEKH, Nadia; CAMPOS, Candido Malta (Coord.). *A Cidade que Não Pode Parar*: Planos Urbanísticos de São Paulo no Século XX. São Paulo: Mackenzie, 1987, p. 120.

530 FELDMAN, Sarah. *Planejamento e Zoneamento, São Paulo 1947-1972*. São Paulo: Edusp, 2005, p. 273.

de 239 m² de área construída. Nas residências padrão a metragem é 211 m² e 81 m² respectivamente.

Tal cenário – diz a autora – além de acusar a negação dos padrões existentes e impor um padrão elitizado de parcelamento, estimula o remembramento de lotes, prática excludente e perniciosa. Isso porque a cada remembramento o que se vê é a mudança do padrão da propriedade do solo, expulsando os antigos moradores de suas antigas localidades.[531]

Uma das demonstrações de mediação que a LGZ trouxe se ilustra pelos dizeres do próprio Ribeiro. Segundo o formulador da lei, o contato com instituições como o SECOVI/SP – Sindicato das Empresas de Compra, Venda, Locação e Administração de Imóveis do Estado de São Paulo e do SINDUSCON/SP – Sindicato da Indústria da Construção Civil e Grandes Estruturas do estado de São Paulo foi constante e aberto. Como diz Ribeiro em entrevista de 2015,

> O Secovi era gente boa, viu? Continua a ser, até hoje. Curiosamente, muitos dos caras que estão hoje no Secovi são os mesmos que já estavam em 72, inclusive o Romeu Chap Chap, grande amigo, sempre gostei do Romeu Chap Chap; porque ele foi contemporâneo nosso no Mackenzie. E esse pessoal acompanhou e participou intensamente dos debates ocorridos durante a preparação da Lei de Zoneamento. A gente tem que dar crédito a esse pessoal. Porque eles estavam interessados, coorporativamente interessados, no máximo de vantagens que pudessem tirar para o setor de construção civil. Mas participaram honestamente, lealmente, dos debates, desde que se começou a debater o Plano Diretor de 71 e depois a Lei de Zoneamento de 72. O pessoal do Secovi foi dos que mais participaram, e de forma produtiva. Isto

531 FELDMAN, Sarah. *Planejamento e Zoneamento, São Paulo 1947-1972*. São Paulo: Edusp, 2005, p. 274.

> é, traziam sugestões que muitas vezes eu levava em conta, pois eram sugestões de pessoas com muita experiência nessa área, que não deviam ser ignoradas.[532]

Vale lembrar o comentário da professora Sarah Feldman. Citando Erminia Maricato,[533] ela lembra que após a criação do BNH o SECOVI se torna o maior defensor dos interesses dos grandes empresários do setor da construção civil. Mais do que isso, como Maricato aponta, o que há é uma atuação intensa do Sindicato para desvirtuar o caráter inicial propugnado pelo BNH, levando o SFH a se focar cada vez mais nos setores mais ricos da população.

Não só, enquanto há o privilégio do debate feito às escuras, ao melhor estilo do estado de exceção, outras entidades tinham sua participação sonegada. Foi o caso do Instituto de Engenharia, onde um membro questiona o desconhecimento do projeto de lei até seu envio à Câmara, bem como as definições das zonas dentro do espaço urbano e dos critérios técnicos de sua adoção.[534]

A preservação do adensamento da Zona Sul e de parte da Zona Norte se deu por questões ambientais: a meta era evitar a ocupação dos mananciais, para que o abastecimento de água não fosse afetado. De qualquer forma, o que se vê é a manutenção dos interesses de determinados grupos da cidade, que se sentiam ameaçados com a verticalização recorde vivida no período.

Existem ainda outros dados sobre a norma que merecem algum destaque.

---

532 RIBEIRO, Benjamin Adiron. *Entrevista concedida ao site Vitruvius*. 2015. Disponível em: http://www.vitruvius.com.br/revistas/read/entrevista/16.062/5523?page=5. Acessado em: 08.06.2022.

533 MARICATO, Erminia. *Política Habitacional no Regime Militar*: do Milagre Brasileiro à Crise Econômica. Petrópolis: Vozes, 1987, p. 83.

534 FELDMAN, Sarah. *Planejamento e Zoneamento, São Paulo 1947-1972*. São Paulo: Edusp, 2005, p. 275.

A Z2, como se vê no mapa, conforma boa parte do território municipal na lei de 1972. Dentro desta zona – caracterizada como predominantemente residencial de baixa densidade – há a possibilidade de se adotar a categoria R3: conjuntos residenciais formados por um ou mais blocos verticais que contêm espaços comunitários e de lazer coletivos (tais como áreas verdes, quadras, *playgrounds*, salões de festa etc.).[535] Como indica Candido Malta Campos, esta é a única forma de se verticalizar em Z2 onde se pode valer da "fórmula de Adiron".

O que é importante neste caso é que o objetivo talvez tenha sido combater a falta de áreas públicas verdes e de lazer na cidade. Porém, como Campos[536] mesmo cita, este modelo incentivou a cultura do isolamento por parte das classes médias e altas da cidade. Após a edição da lei de 1972 surgem grandes conjuntos neste estilo, que povoarão o imaginário de parte considerável das classes médias e altas da cidade.

Todavia, dado que a escassez de grandes terrenos do gênero impossibilitou a proliferação destes empreendimentos, o que se viu foi a adoção deste princípio em escala reduzida: "o surgimento de um 'paliteiro' de edifícios visualmente díspares – embora volumetricamente semelhantes – em quarteirões fragmentados por muros, garagens e desníveis".[537]

---

535 CAMPOS, Candido Malta. "PDDI, PMDI e Lei de Zoneamento: a questão imobiliária". *In*: SOMEKH, Nadia; CAMPOS, Candido Malta (Coord.). *A Cidade que Não Pode Parar*: Planos Urbanísticos de São Paulo no Século XX. 2ª ed. São Paulo: Mackenzie, 2008, p. 130.

536 CAMPOS, Candido Malta. "PDDI, PMDI e Lei de Zoneamento: a questão imobiliária". *In*: SOMEKH, Nadia; CAMPOS, Candido Malta (Coord.). *A Cidade que Não Pode Parar*: Planos Urbanísticos de São Paulo no Século XX. 2ª ed. São Paulo: Mackenzie, 2008, p. 130.

537 CAMPOS, Candido Malta. "PDDI, PMDI e Lei de Zoneamento: a questão imobiliária". *In*: SOMEKH, Nadia; CAMPOS, Candido Malta (Coord.). *A Cidade que Não Pode Parar*: Planos Urbanísticos de São Paulo no Século XX. 2ª ed. São Paulo: Mackenzie, 2008, p. 130.

Há um paralelo do caso paulistano com o vivido pela suburbanização dos Estados Unidos – muito intensificado a partir das décadas de 1940 e 1950. Naquele país, o zoneamento está incluído nos instrumentos de manutenção de bairros e comunidades com baixíssima densidade, unifamiliares, que são muitas vezes apontadas por um comportamento isolacionista, segregador e desconectado do meio social.

No caso paulistano (e talvez brasileiro), o subfordismo não conseguiu criar subúrbios, mas não deixou de praticar seu modelo isolacionista de auto (e alto) consumo: os edifícios lazer-completo pululam por toda São Paulo do final do século XX e início do XXI, fazendo com que bairros inteiros sejam muros contínuos de empreendimentos que diminuem a sociabilidade e isolam ainda mais as classes médias e altas.

Do ponto de vista político, como já foi dito aqui, o desgaste criado pela adoção do zoneamento entre o Prefeito Figueiredo Ferraz e o governador estadual Laudo Natel faz com que o primeiro perca seu cargo. Em seu lugar é indicado Miguel Colassuono.

Conforme aponta Campos,[538] a sua queda é explicada em parte pela introdução de controles mais rigorosos de usos e coeficientes. Ao dizer que "São Paulo precisa parar", Ferraz se torna naturalmente adversário do mercado imobiliário e de setores da construção civil, que se opunham ao seu nome.

E se o zoneamento sobrevive à demissão de seu criador, a lei que o adotou verá mudanças significativas. Já em 1973, será introduzida ideia previamente descartada pela LGZ: os corredores comerciais. Em 1979, a fórmula de Adiron é modificada, tornando mais fácil a adoção do coeficiente de aproveitamento 4 em Z3, Z4 e Z5. Já em

---

538 CAMPOS, Candido Malta. "PDDI, PMDI e Lei de Zoneamento: a questão imobiliária". *In*: SOMEKH, Nadia; CAMPOS, Candido Malta (Coord.). *A Cidade que Não Pode Parar*: Planos Urbanísticos de São Paulo no Século XX. 2ª ed. São Paulo: Mackenzie, 2008.

1981, adotam-se mais 11 zonas (da Z9 à Z19), além de sete tipos diferentes de corredores comerciais, cinco tipos de zona rural.[539]

Ao longo do tempo o que se percebe é um afrouxamento do que foi inicialmente adotado por Figueiredo Ferraz. Enquanto alguns autores indicam um aperfeiçoamento da norma, outros apresentam as mudanças como uma capitulação ao mercado imobiliário. De qualquer forma, o ímpeto de frear o crescimento da cidade através da norma de zoneamento é modificado. Não só, a crise dos anos 1980 também afetará o mercado da construção e de terrenos, impactando na quantidade e forma de construção de novos edifícios.

Contudo, a norma promulgada em 1972 agiu como o que se viu desde a primeira Lei de Zoneamento, de 1891 em Frankfurt. A norma buscou equalizar interesses, na linha que se viu em Frankfurt e em alguma medida, Nova York.

O rebaixamento dos coeficientes de aproveitamento máximo, caindo de seis vezes a área do lote para quatro é um dos indicativos de que a verticalização do milagre, como disse Somekh, atrapalhava os interesses dos proprietários de imóveis nas áreas mais nobres da cidade. Contudo, a liberação para a verticalização de áreas que antes não possuíam tal autorização, como o eixo Leste, bem como a fórmula de Adiron serão tentativas de mediação com o setor da construção civil.

Uma vez tecidas as considerações sobre a LGZ, cumpre-se agora compreendê-la dentro do quadro nacional desenhado a partir de 1964.

---

539 CAMPOS, Candido Malta. "PDDI, PMDI e Lei de Zoneamento: a questão imobiliária". *In*: SOMEKH, Nadia; CAMPOS, Candido Malta (Coord.). *A Cidade que Não Pode Parar*: Planos Urbanísticos de São Paulo no Século XX. 2ª ed. São Paulo: Mackenzie, 2008, pp. 130/131.

6.4 A cidade legal e a cidade real no fordismo periférico: considerações sobre o excedente e a LGZ

Dentre as críticas mais comuns à forma como o zoneamento foi adotado está a denúncia da falta de diálogo entre a sociedade civil e a Administração para o desenho das zonas no território do Município. Como aponta Rolnik,[540] ao que parece, a vestal tecnocrática do zoneamento não conseguiu dar ao instrumento o poder de solucionar as tensões entre aquilo que foi legislado e planejado e o que de fato ocorreu no território do Município a partir daí. Do legislado à sua concretização há uma cidade, real, que escapa às vontades do planejador.

Ao iniciar a problematização sobre as relações entre a LGZ de 1972 e o contexto macrojurídico ao qual ela pode estar inserida, cumpre fazer algumas anotações.

Enquanto no caso frankfurtiano e em alguma medida no nova-iorquino a Lei de Zoneamento vem em um momento em que a discussão sobre salubridade do espaço urbano toma todos os âmbitos, em São Paulo de 1972 esta questão não é primordial à apresentação da lei. Os problemas sanitários, como se sabe, estavam longe de serem equacionados dentro da cidade. Porém, às portas do último quartel do século XX, outras legislações já haviam enfrentado o problema, ao menos formalmente. Os recuos das construções, a regulação de cortiços e outras medidas do tipo já haviam sido incluídas em legislações prévias. Assim, como apontou Sarah Feldman, Raquel Rolnik e Nadia Somekh, a LGZ é vista como um instrumento de planejamento urbano. Ao menos formalmente.

540 ROLNIK, Raquel. "Regulação Urbanística no Brasil Conquistas e Desafios de Um Modelo em Construção". *Anais do Seminário Internacional: Gestão da Terra Urbana e Habitação de Interesse Social*, PUCCAMP, 2000, p. 4.

Ainda que apresentado de forma sucinta foi possível notar que o quadro evolutivo do zoneamento da cidade obedece aos parâmetros anteriores: o zoneamento parcial surgirá tanto em relação à determinados bairros ou regiões quanto à determinadas funções. Do ponto de vista temporal, por exemplo, a Europa de Napoleão já apresentava restrições às atividades fabris poluidoras. No caso paulistano, um regulamento completo de uso do lote para fins industriais só aparecerá na década de 1950 – a indústria começa a se firmar na cidade na década de 1910. O lapso temporal entre um e outro possivelmente tem relação com a presença da atividade industrial: a norma aparece conforme a necessidade de evitar que a proliferação de fábricas prejudique a saúde de determinada parcela da população.

Em alguma medida, como se viu, o mesmo vale para o zoneamento geral. Seja no final do século XIX ou do século XX, o surgimento da norma está relacionado ao que se indicou como sendo a mediação de interesses de determinados grupos.

E por isso, sob este aspecto, São Paulo não difere das demais cidades analisadas neste trabalho. A preocupação com o capital imobiliário investido – pelas famílias ou empresas – é o motor do instrumento. Questões como a salubridade pública, localização de atividades nocivas ou de equipamentos públicos são itens relevantes. Porém, como a objetividade do preâmbulo do Ato 127/31 denuncia, o mote do zoneamento é mesmo preservar os capitais invertidos no setor imobiliário. Conforme a necessidade se expandiu, também se expandiu o espaço zoneado da cidade, até 1972, quando uma lei geral será produzida.

No caso da Lei n. 7.805/72 o modelo de proteção dos interesses classistas é visto na adoção de uma forte proteção ao adensamento do eixo Sul e do eixo Oeste, que já sofria os impactos da política do BNH. O setor Sul, já protegido antes da lei de 1972, vê nela a garantia de arrimo de seus interesses: parte da Z1 – de residências unifamiliares – é introduzida nesta área.

Do ponto de vista da cidade como máquina de crescimento, a adoção do zoneamento se dá em momento peculiar. Em face da corrida pela verticalização, parte significativa da elite se vê ameaçada pela perda de "qualidade de vida" (leia-se, riqueza e bem-estar) como colocado por Molotch. Assim, há uma quebra do pacto pelo crescimento urbano, visto no período imediatamente anterior: frações de classe se organizam para proteger seus interesses, haja vista a adoção de um padrão único de aproveitamento do lote – classificado como elitizado por Feldman.[541]

Em outra medida, a simplificação do coeficiente de aproveitamento traduz o sentimento de classe: em meio ao caos de uma máquina de crescimento sem maquinista, adota-se a premissa de se frear todo o potencial construtivo da cidade, negociando espaços caso a caso. Os prêmios de consolação seriam os espaços vazios fora do eixo Sudoeste, que agora poderiam ser em alguma medida adensados, dentro dos bolsões genéricos propostos pelo PDDI.

Os vencedores (momentâneos) na promulgação da LGZ são os proprietários. Não só pela garantia de seu valor de uso, mas também pela valorização do potencial de troca, especialmente dos terrenos que estariam disponíveis para a verticalização. A proibição da verticalização indiscriminada em regiões mais nobres da cidade faz a verticalização se espraiar, causando uma sobrevalorização dos preços fundiários.[542]

Isso não significa que o mercado imobiliário não tenha levado seu quinhão. A participação aberta do SECOVI mostra que se a retórica da Prefeitura era a de um projeto técnico, sem influência de setores externos, a prática foi outra. Assim como o observado

---

541 FELDMAN, Sarah. *Planejamento e Zoneamento, São Paulo 1947-1972*. São Paulo: Edusp, 2005, p. 274.

542 SOMEKH, Nadia; GAGLIOTTI, Guilherme. "Metrópole e verticalização em São Paulo: exclusão e dispersão". *Anais dos encontros nacionais da ANPUR*, Recife, vol. 15, 2013, p. 5.

em Nova York e Frankfurt, o processo de zoneamento de São Paulo estava inserido em um contexto mais amplo, de reorganização da produção espacial. Logo, por mais que a LGZ tenha garantido os interesses de frações da classe dominante, ela não deixou de expressar as vontades de outros setores desta mesma classe. Mais ainda, uma vez insatisfeitos, tais setores operaram abertamente – com sucesso – para retirar o agente político que atrapalhava seus interesses.

A máquina de crescimento será repactuada a partir da LGZ, ao custo de seu criador. Sua mutilação – benéfica ou não – exemplifica como os interesses pelo crescimento da cidade de São Paulo serão pactuados desde então.

São Paulo vista enquanto produto das relações de produção deve ser contextualizada dentro do fordismo periférico descrito por Lipietz. A extração de renda das classes trabalhadoras via FGTS para financiar conjuntos imobiliários que em grande medida alcançam apenas as classes mais altas é cristalizada na norma de zoneamento.

Em um quadro de regulação fordista periférica, o pacto salarial – além de comprimido – se dá em processos produtivos de menor rentabilidade e produtividade. Isso garante não apenas mais transferência de mais-valia para o setor empresário, mas limita a própria produção do espaço urbano: não havendo recursos para financiar uma suburbanização para muitos das classes trabalhadoras, que se criem enclaves edificados e murados para poucos.

Dado que a moradia é parte do custo da reprodução da força de trabalho, os termos de sua produção são definidos em grande medida pela quantidade de excedente que é destinado aos salários. Em um cenário como o visto na ditadura militar, de alta compressão, impõe limitações de gastos naturais, precarizando a moradia daqueles que não foram beneficiados pelo ciclo fordista.

No fordismo de Hoover a política salarial era mediada pela expansão do crédito. No caso brasileiro, o fordismo periférico impinge ao sistema de financiamento imobiliário recursos excedentários sequestrados das classes trabalhadoras. Porém, dado o nível de depressão salarial e a baixa participação relativa dos trabalhadores incluídos de fato no fordismo da periferia, o resultado é a transferência dos recursos retirados via FGTS para um pequeno setor desta classe.

Aqui, a Lei de Zoneamento paulistana cumpre o papel não apenas de preservar localmente os interesses de frações das classes mais altas que podem perder riqueza com a verticalização desenfreada. É também meio para viabilizar os interesses do setor da construção civil.

O problema central nos parece mesmo como o capitalismo industrial opera no país durante o período. O milagre econômico não ocorre sem o inchaço de regiões metropolitanas como São Paulo. Como o modelo internacionalista de inversão de capitais adotado na ditadura garante uma expansão limitada do modelo industrial – tanto do ponto de vista das indústrias quanto dos salários – o que ocorre é que o excedente de mão de obra trabalha fornecendo serviços de baixíssimo valor agregado aos que fincaram seu pé na quadra industrial do subfordismo.

E esta condição periférica ao qual o Brasil chafurda, tão bem descrita por Oliveira, Lipietz e Milton Santos, condiciona as relações locais, como visto em São Paulo.

Com um setor da construção em expansão, mas impossibilitado pelo quadro acima de condicionar a *growth machine*, ele media com as frações de classe as condições de produção capitalista do espaço urbano. Enquanto no fordismo norte-americano as mediações intraclasse – da qual o zoneamento é instrumento – constroem uma fuga para o subúrbio, no caso paulistano o que há é uma sedimentação de enclaves das classes altas. A Lei de Zoneamento é um mediador das tensões onde os proprietários condicionam a organização do espaço.

Exatamente por isso não há de se falar em um antagonismo entre a cidade legal e a cidade real. Apesar de criar efeito político desejável para explicitar a desigualdade que nos conforma em castas, cumpre observar a lição de Francisco de Oliveira no caso paulistano: a cidade legal é a cidade real. Através da Lei de Zoneamento é possível observar a conformação do processo de circulação de capital e da produção da própria cidade. Em outros termos, o zoneamento apenas traduz em norma os desígnios de determinadas classes em relação a outras.

A suposta tecnicidade, que Mancuso já havia denunciado desde o modelo frankfurtiano e que também esteve presente em toda a discussão da federalização do zoneamento norte-americano, serve apenas para operar a política de segregação. Os ganhos de qualidade de vida – que como denunciou Molotch se vendem para todos, mas se realizam para poucos – são verificáveis no caso paulistano apenas aos que conseguiram conservar seus interesses imobiliários ou que de alguma forma entraram no "paliteiro" que evidenciou Candido Malta Campos.

É por isso que não é de estranhar, ao contrário do que se diz, de que o momento em que pululam os planos diretores e o planejamento tecnocrático é o momento em que explode a periferia das grandes cidades. Como disse José de Souza Martins, a ditadura e seu modelo concentrador-excludente brinda os centros urbanos com o sepultamento do subúrbio industrial e o nascimento da periferia como regra.

E não haveria como ser diferente: no quadro descrito pelo BNH e SBPE o que há é a criação de um colchão de recursos para atender a necessidade de habitação dos privilegiados – inclusive para um eventual segundo imóvel (uma casa de veraneio ou mesmo uma fonte para extrair ainda mais excedente do trabalho através do aluguel). Há também, como apontou Gabriel Bolaffi, a fraude sistêmica ao modelo da ditadura, sempre em busca de repassar ganhos ainda maiores para os proprietários de terrenos e iniciadores. No fordismo da periferia, com uma demanda reprimida por moradia nos centros urbanos inchados e precários, a mais-valia imobiliária acompanha o ritmo de drenagem de recursos dos trabalhadores em direção ao topo da pirâmide.

Assim, em São Paulo o que se tem é uma Lei de Zoneamento que operacionaliza a transferência de recursos excedentários em ao menos dois níveis.

Do ponto de vista espacial-local, o congelamento de áreas nobres valoriza em termos de uso e de troca os imóveis localizados em Z1, por exemplo. Ainda, como foi visto, ao espraiar a verticalização, o zoneamento propiciou a valorização de lotes em outras áreas da cidade, intensificando inclusive o mercado de terras. Somando a isso o caráter uniformizante do lote, cria-se um terreno fértil para a gentrificação. O mesmo que se viu, inclusive, em outros locais analisados aqui.

Em outro nível, a Lei de Zoneamento traduz quase um keynesianismo espacial às avessas. Dado que é periférico, o modo de regulação estabelecido no período é incapaz de articular em algum nível um planejamento centralizador que leve em conta a reprodução do capitalismo no espaço e considere a necessidade de mediar os impactos negativos pela commoditização da cidade. Tudo o que se consegue é a SERFHAU, que está na órbita do processo do SFH, ao menos no caso paulistano.

Sarah Feldman chama a atenção para o fato de que em meados da década de 1920, o governo federal norte-americano já editava normas de padronização para o planejamento urbano (*Standard City Planning Enabling Act - SCPEA*). Em outra medida, o SERFHAU – Serviço Federal de Habitação e Urbanismo – é criado apenas em 1964.[543]

Como vimos, a SCPEA é posterior à SZEA, que fez o mesmo com o zoneamento: criou padrões nacionais para o uso e ocupação

543 FELDMAN, Sarah. *Planejamento e Zoneamento, São Paulo 1947-1972*. São Paulo: Edusp, 2005, p. 73.

do solo. Mais do que isso, a organização normativa da produção do espaço urbano em nível nacional nos EUA se dá em um contexto de federalização da produção e consumo da moradia. O movimento *Better Homes in America*, apadrinhado por Hoover, a adoção de normas técnicas para padronizar os materiais de construção e novas regras para as hipotecas estão no bojo da ação federal.

Olhando sob a perspectiva macrojurídica, não é de se estranhar a distância entre a SERFHAU e as políticas de Hoover na Secretaria de Comércio. Em ambos os casos, o que se vê é a consignação de Brenner – o keynesianismo espacial. Porém, levando em conta o modelo subserviente que aprofunda a condição periférica do Brasil adotado na ditadura, nosso keynesianismo espacial se insere nesta condição periférica. A centralização do planejamento é insuficiente porque o modelo assim prediz.

Ao que nos parece então, a Lei de Zoneamento paulistana surge em 1972 em razão da necessidade das frações de classe que comandam o destino da cidade. Exatamente como nos outros casos analisados, a LGZ vem mediar as tensões intraclasse: proprietários e construtores.

A data corresponde também à articulação nacional de uma política de indução ao mercado imobiliário. Se a política iniciada pela ditadura é incompleta e beneficia apenas o circuito da construção civil, ela tem relação com o próprio modelo adotado pelo governo central. O keynesianismo espacial militar se apoia em um modelo de crescente financeirização econômica, com grande concentração do mercado financeiro e que tem no sistema de financiamento habitacional uma das fontes de transferência de excedente para o setor.

Alimentado pelo resultado do trabalho, o keynesianismo espacial atua sobre o espaço sem medir suas consequências. Esta situação não se verificou nem nos *roaring twenties*, que na sua pulsão por crédito desregulado deu ao mundo o *crash* de 1929. No caso brasileiro, a periferia econômica nos impede de uma colisão como essa, porém, o condicionamento de satélite às economias centrais faz emergir o caos urbano iniciado no período estudado.

Por tudo, mesmo em nosso subfordismo, a Lei de Zoneamento cumpre um papel em nível macro. Ao seu modo, a LGZ tentou refrear o ímpeto verticalizante da cidade, denunciado por seu formulador. De qualquer forma, o zoneamento desempenhou um papel relevante na distribuição espacial do excedente econômico. Pela circunstância nacional, foi parte do circuito de captura de recursos dos trabalhadores para destinar às construtoras, proprietários de terrenos e os poucos afortunados que entraram no SFH. No caso brasileiro, o ajuste espacial recebe aportes sem escalas do produto do trabalho assalariado.

No mais, como dito, a lei irá então ser em alguma medida uma forma de repactuação para a produção do espaço paulistano. Substituído Ferraz, as tensões passam a ser mediadas a partir dela. Como se fosse uma demarcação política, a LGZ deverá então acomodar os outros interesses menos satisfeitos com sua formulação, tais como a construção e o setor imobiliário.

CONCLUSÃO

Quando iniciada esta pesquisa, fui advertido por um sábio professor que o tamanho da empreitada era grande. De fato, articular uma norma em níveis tão distintos e sendo obrigado a compará-la com realidades tão diferentes foi uma tarefa inglória. Por isso, o que se apresenta agora são notas de uma conclusão que seguirá sendo formulada e reformulada.

Porém, apesar de esta conclusão ser um processo do qual este texto é apenas o início, compete apresentar aqui o que de fato se verificou nas páginas desta tese. Cumpre lembrar que tomamos como pressupostos as condições apresentadas na primeira parte deste trabalho, que não retornaremos aqui. Ainda, o objetivo é se focar no que foi efetivamente articulado nas análises da Alemanha, Estados Unidos e Brasil.

A primeira consideração possível diz respeito à articulação da Lei de Zoneamento em um feixe de medidas mais amplo. Tanto em Frankfurt como em São Paulo isto é plenamente verificável. Em Frankfurt, a Lei de Zoneamento é inserida no que se chamou de políticas de terras de Franz Adickes. Está também inserida em um processo em nível regional, à medida que a Lei de Alinhamento de 1875 da Prússia irá estabelecer padrões construtivos para todas as suas cidades.

Em São Paulo, a Lei de Zoneamento, além da resultante de uma discussão que se arrastava por décadas, é incluída na feitura de um plano diretor. Com todas as críticas possíveis a um e outro caso, o fato é que a Lei de Zoneamento está dentro de uma discussão mais ampla, que versa sobre a organização da produção do espaço urbano.

Em todos os casos há também como ponto central da discussão a questão da moradia popular, ou melhor, a precarização da moradia das classes trabalhadoras em uma situação de exploração desmedida do trabalho. A diferença entre a Frankfurt de 1891, Nova York de 1916 e São Paulo de 72 diz respeito às fontes primárias desta precarização. No caso alemão a industrialização. No nova-iorquino tanto a indústria como o influxo de imigrantes. No paulistano, o crescimento urbano e o sistema de crédito inserido em uma histórica demanda reprimida por moradia.

Outra conhecida assertiva que se confirma neste caso é que a Lei de Zoneamento é um instrumento de segregação de classe. No caso americano se confirmou também o viés racista. No caso brasileiro e alemão, a pesquisa não atingiu este nível.

Todavia, o que se confirma é que a LGZ atuou diretamente para preservar os interesses das áreas nobres em detrimento do resto da população. Não só, algumas medidas como a padronização do lote e a existência de uma única zona monofuncional – que se destinou a preservar os imóveis nobres da cidade – são conhecidas ferramentas de exclusão social. Talvez a diferença tenha sido no método: enquanto a organização frankfurtiana tenha conferido ao zoneamento um caráter abertamente excludente, no caso paulistano ele foi mais sutil, ou cínico.

Em todos os casos se confirma que a norma de zoneamento opera também em favor dos proprietários de terrenos. De formas diversas, os três casos possuem farta referência ao aumento do valor da terra. O caso emblemático é Nova York, onde a norma de 1916 foi condição para a sobrevalorização imobiliária em níveis estratosféricos. Porém, em Frankfurt ou São Paulo, a definição de padrões de aproveitamento imbui ao proprietário de terras valorização de seu patrimônio.

Outra coisa que é possível observar é a relação da norma de zoneamento com a pactuação da máquina de crescimento. As relações intraclasse capitalistas são afinadas do ponto de vista do espaço local através da norma de zoneamento. Ela possivelmente não é o único instrumento a realizar esta tarefa, mas certamente compõe o conjunto de meios pelo qual as elites organizam como a cidade vai crescer. Se Molotch propôs que a razão da aliança de certos grupos em uma localidade é o crescimento, ele é mediado através da Lei de Zoneamento.

Não só, a Lei de Zoneamento dá parâmetros para a injeção de recursos – privados ou oriundos do fundo público – para a produção social da cidade. Como visto, o BNH pós-FGTS é uma das principais fontes de verticalização de São Paulo. No caso novaiorquino, viu-se que a Lei de Zoneamento garantiu a produção dos maiores arranha-céus do mundo. E em Frankfurt, mais de 20 anos antes, foi a Lei de Zoneamento que garantiu a continuidade da expansão do perímetro urbano, com doses cavalares de injeção de recursos do fundo público – excedente capturado inclusive da classe trabalhadora – para a compra de terrenos.

Em alguma medida, a discussão de Molotch reflete a proposição de ajuste espacial de Harvey. Aqui, a norma de zoneamento cumpre a função acima descrita: dá critérios para a produção do espaço urbano. É importante lembrar que no caso norte-americano o zoneamento está imbricado na discussão sobre a suburbanização. No fordismo dos EUA, são as normas de zoneamento que garantem os subúrbios de baixa densidade habitacional, propiciando as condições para a reprodução do capitalismo no meio urbano. Assim, o *way of life* dos trinta anos dourados cria um modelo de zoneamento que abarque suas necessidades: em um padrão de consumo como o norte-americano – que inclui bens de consumo duráveis em grande escala – as casas suburbanas são condições para a manutenção deste padrão. Assim, a norma é produzida como forma de garantir este quadro.

Já no subfordismo paulistano a norma de zoneamento nos parece frear o ímpeto da máquina de crescimento local. Como visto, no caso da LGZ ela surge em um contexto de repactuação dos termos de produção da cidade. Beneficiados por um regime de exceção, frações da elite alinham os novos termos para que o espaço urbano de São Paulo seja construído.

Esta relação está imbricada no keynesianismo espacial. No caso alemão viu-se que há uma discussão pré-cambriana da centralização governamental das políticas e práticas estatais para a produção do espaço urbano pós-Weimar. E se faz a ressalva de que o termo é emprestado em função do conjunto de práticas e não pela concepção teórica de organização do Estado keynesiano, obviamente impossível de se realizar.

Já no modelo norte-americano o keynesianismo espacial age de tal forma que mesmo antes de Roosevelt, a progressiva centralização de políticas nacionais para a construção de moradias (e por conseguinte, a produção da cidade) irá desaguar em normas federais que criam parâmetros únicos para a instrumentalização de políticas de planejamento e uso e ocupação do solo em nível municipal. A SZEA é a inserção da vontade do poder central no Estado fordista em âmbito municipal. Como se viu, este quadro não altera o instrumento como mediador das tensões locais. Porém, soma ao zoneamento mais um interesse ao feixe pré-existente. Assim, as políticas organizadas dentro do poder central estarão também na conta da organização de interesses que é a Lei de Zoneamento.

Após o *New Deal* e mais notadamente ao final da Segunda Guerra Mundial, o keynesianismo espacial estadunidense ganha contornos dramáticos e como já foi dito aqui, a Lei de Zoneamento se conforma localmente às necessidades do Estado fordista e seu modo de regulação da produção espacial.

Já no caso brasileiro, o keynesianismo espacial é produto de seu modo de regulação – o fordismo periférico. A industrialização associada (que Lipietz chama de taylorização primitiva), a subordinação no plano econômico internacional a um fornecedor de commodities e de produtos industrializados de segunda linha, a extração de excedente para as economias centrais, um pátio industrial que apesar de participar da segunda revolução industrial é insuficiente para abraçar a maioria da população, a desarticulação dos sindicatos e um quadro salarial deprimido são as marcas do subfordismo nacional.

Neste diapasão, a organização de políticas e ações do poder central sobre o espaço que condicionem os poderes locais é limitada e precária. Limitada em face da disponibilidade de recursos e precária em relação às formas que atingem os diversos grupos sociais nas cidades. E como exemplo está a política de financiamento habitacional e sua consequência sobre o espaço urbano brasileiro. No caso de São Paulo, o que se verificou foi a transferência de recursos da base da pirâmide financeira para o seu topo: o FGTS capturado do excedente econômico produzido pelo trabalhador auxiliou a produção de imóveis para as classes mais altas. A contrapartida do sistema – a criação de planos via SERFHAU – foi forjada sob o manto da submissão estatal ao capital privado: até os planos de desenvolvimento urbano deveriam ser criados por escritórios particulares.

Neste quadro onde o incentivo à produção imobiliária não abarca nenhuma norma local de contensão aos mecanismos binários de mercado, o que resta às elites locais é radicalizar na defesa de seu patrimônio. Assim, a norma de zoneamento de uma metrópole como São Paulo opera em dissonância com as proposições do governo central.

Por tudo o que foi visto, resta responder a indagação feita muito antes de esta tese começar a ser escrita. Por que só em 1972 a cidade São Paulo terá uma Lei Geral de Zoneamento?

A resposta parece passar pelas considerações feitas acima: o engendrar de vários fatores, dentre os quais se destacam as políticas federais que produzem efeitos – diretos e indiretos – sobre a produção do espaço urbano da cidade, em um quadro de incompletude das ações do Estado keynesiano sobre o espaço geraram as condições para que frações de classe operem para criar um instrumento de defesa de seus interesses. Assim, trata-se de questão externa à dinâmica paulistana, que quebra o anteriormente acordado entre os grupos de interesse e os obriga a sedimentar uma norma para definição de parâmetros para a produção e acumulação de capital através da construção do meio urbano.

Ainda que mereça uma análise apartada, nos parece que um determinado estágio de desenvolvimento das forças produtivas sobre o espaço urbano é necessário para que a Lei de Zoneamento geral seja adotada. Na medida em que as relações de produção se tornam mais complexas surge a necessidade de organizar a produção do espaço, conferindo previsibilidade à reprodução do modo de produção no espaço urbano.

Este quadro parece ser observado também em Frankfurt e Nova York, com a diferença de que não há uma política do Estado central que possa ser responsabilizada. Nestes casos, o que nos parece é que as condições externas de produção espacial – a circulação de capital no processo industrial – que enseja o surgimento de norma como a estudada aqui.

Não só, a norma de zoneamento de São Paulo confirma o que foi verificado anteriormente: ela não apenas participa dos processos de transferência de excedente econômico no espaço em que regula como também está inserida nas relações macrojurídicas estabelecidas pelas políticas do governo central. Tais políticas não sensibilizam a norma apenas quando tratam diretamente do uso do espaço, como uma definição constitucional sobre uso do espaço urbano ou uma política pública como a vista por Herbert Hoover enquanto Secretário de Comércio. De políticas salariais às políticas de crédito; do uso do fundo público ou de novas políticas tributárias: o Estado keynesiano tende a influir sempre na produção da norma, sendo a Lei de Zoneamento parte integrante deste processo.

A questão final que esta tese encerra diz respeito à necessidade de buscar formas para compreender as dinâmicas socioeconômicas que conformam a ordenação jurídica da produção do Estado.

Verificaram-se aqui vários pontos de congruência entre as leis de zoneamento das três cidades estudadas. O capitalismo industrial estabelece situações mais ou menos convergentes ao redor do globo. Porém, como se observou ao final desta tese, as peculiaridades do caso brasileiro fazem com que os modelos importados sofram limitações. Mesmo a ideia de Lipietz, que este trabalho usou como suporte, apresenta generalizações, impossíveis de serem superadas. Não por menos, se os termos foram emprestados de uma escola estrangeira, a chave para compreender as dinâmicas sociais que conformaram São Paulo em 1972 é nacional. Sem as observações de Francisco de Oliveira, a generalização se imporia e enfraqueceria a explicação.

A lição de que São Paulo está inserida no modelo antidualista proposto por Oliveira explica em grande medida o zoneamento paulistano e a que se presta a lei. É condição neste modelo periférico que o padrão de reprodução social e produção da cidade que existam duas faces de uma mesma cidade. A periferia favelizada atende às necessidades da parca classe média e alta de um capitalismo periférico. Na industrialização desigual e combinada que o professor descreve há espaço para entender como a cidade se organiza. Não há duas cidades. A Lei de Zoneamento não se presta a uma delas. O que há é uma lei que é produto das relações sociais desenvolvidas neste quadro periférico e que regula toda a cidade, sendo a permissividade promíscua com tantas áreas excluídas uma condição para a manutenção de um sistema que extrai excedente quase que um rito de espoliação. De maneira certeira, Francisco de

Oliveira desenha o que se teima em não ver: há um único sistema, que inclui o centro e a periferia, seja no mundo, seja na cidade.

Finalmente, se esta lição já é bem conhecida por muitos dos pesquisadores que estudam o fenômeno urbano no Brasil, ela é silente dentro do estudo jurídico da regulação urbana. Nosso Direito ignora solenemente o passo atrás que deve ser dado para compreender as origens e destinos da norma jurídica. Esperamos, sinceramente, que esta tese possa ser uma contribuição a esta discussão.

REFERÊNCIAS BIBLIOGRÁFICAS

ACKEL, Luiz; CAMPOS, Candido Malta. "Freire e Bouvard: a Cidade Europeia". *In*: SOMEKH, Nadia; CAMPOS, Candido Malta (Coord.). *A Cidade que Não Pode Parar*: Planos Urbanísticos de São Paulo no Século XX. São Paulo: Editora Mackenzie, 2008.

AGLIETTA, Michel. *A Theory of Capitalist Regulation. The US Experience.* Nova York: Verso, 2015.

ALTMAN, Karen E. "Consuming Ideology: The Better Homes in America Campaign". *Critical Studies in Mass Communication*, nº 7, 1990.

ALTSCHULER, Glenn; BLUMIN, Stuart M. *The GI Bill. A New Deal for Veterans*. Oxford: Oxford University Press, 2009.

ASCHER, Charles S. *Better Cities*. Washington: National Resources Planning Board, 1943.

BABA, Satoshi. "Urban Land Policy in Frankfurt am Main at the Turn of the Twentieth Century: A Case Study of a German 'Social City'" . CIRJE Discussion Papers, fevereiro, 2014. Disponível em: http://www.cirje.e.u-tokyo.ac.jp/research/dp/2014/2014cf919.pdf. Acessado em: 08.06.2022.

BANDEIRA DE MELLO, Celso Antônio. *Curso de Direito Administrativo*. 31ª ed. São Paulo: Malheiros, 2014.

BASSETT, Edward Murray. *Zoning*. Nova York: National Municipal League, 1922.

______. "Fundamentals of American Zoning with Special Reference to the Vital Importance of Court Review". *Planning Problems of Town, City and Region*. Baltimore: The Norman Remington Company, 1925.

______. *Zoning*: the Laws, Administration and Court Decisions During the First Twenty Years. Nova York: Russel Sage Foundation, 1936. Disponível em: http://hdl.handle.net/2027/mdp.39015006757069.

BASTIAN, Eduardo. "O PAEG e o Plano Trienal: Uma Análise Comparativa de Suas Políticas de Estabilização de Curto Prazo". *Estudos Econômicos*, São Paulo, vol. 43, nº 1, jan./mar. 2013.

BAUER, Catherine. *Modern Housing*. Boston: Houghton Mifflin Co, 1934. Disponível em: https://archive.org/details/ModernHousing.

BAUMEISTER, Reihard. *Stadterweiterungen in Technischer, Baupolizeilicher und Wirtschaftlicher Beziehung*, 1876. *Apud* KOESTER, Frank. *Modern City Planning andMaintenance*. Nova York: McBride, Nastand Company, 1914. Disponível em: http://urbanplanning.library.cornell.edu/DOCS/baumeist.htm.

BENEVOLO, Leonardo. *História da Arquitetura Moderna*. 4ª ed. São Paulo: Perspectiva, 2012.

BERCOVICI, Gilberto. *Desigualdades Regionais, Estado e Constituição*. São Paulo: Max Limonad, 2003.

______. "Estado e marxismo no debate social-democrata dos anos 1920-1930". *In*: ALVES, Alaôr Caffé (Coord.). *Direito, Sociedade e Economia*. Barueri: Manole, 2005.

______. *Constituição Econômica e Desenvolvimento. Uma leitura a partir da Constituição de 1988*. São Paulo: Malheiros, 2005.

______. "Política Econômica e Direito Econômico". *Revista da Faculdade de Direito da Universidade de São Paulo*, vol. 105, 2010.

BERCOVICI, Gilberto; MASSONETTO, Luís Fernando. "Limites da Regulação: Esboço para Uma Crítica Metodológica do 'Novo Direito Público da Economia'". *Revista de Direito Pública da Economia*, vol. 7, nº 25, 2009.

BIANCHI, Alvaro. "O Conceito de Estado em Max Weber". *Lua Nova*, São Paulo, 2014.

BIELSCHOWSKY, Ricardo (Coord.). *Cinquenta anos de pensamento na CEPAL*. Rio de Janeiro: Record: CEPAL, 2000.

______. *Pensamento econômico brasileiro 1930 - 1964*: o ciclo ideológico do desenvolvimentismo. 4ª ed. Rio de Janeiro: Contraponto, 2004.

BLACKBOURN, David. *The Long Nineteenth Century. A History of Germany, 1780-1918*. Oxford: Oxford University Press, 1998.

BOLAFFI, Gabriel. *Aspectos Sócio-Econômicos do Plano Nacional de Habitação*. São Paulo: FAU-USP, 1972. (Tese de Doutorado).

______. "Habitação e Urbanismo: o problema e o falso problema". *In*: MARICATO, Erminia. *A Produção Capitalista da Casa (e da Cidade)*. 2ª ed. São Paulo: Alfa-Omega, 1982.

BOLAFFI, Gabriel; CHERKEZIAN, Henry. "BNH: Bode Expiatório". *Novos Estudos CEBRAP*, nº 13, outubro de 1985.

BONDUKI, Nabil; ROLNIK, Raquel. "Periferia da Grande São Paulo. Reprodução do Espaço como Expediente de Reprodução da Força de Trabalho". *In*: MARICATO, Erminia (Coord.). *A Produção Capitalista da Casa (e da Cidade)*. 2ª ed. São Paulo: Alfa-Omega, 1982.

BOYER, Robert. *Teoria da Regulação*: uma Análise Crítica. São Paulo: Nobel, 1990.

______. *Teoria da Regulação*: Os Fundamentos. São Paulo: Estação Liberdade, 2009.

BRAUDEL, Fernand. *Civilização Material, Economia e Capitalismo, Séculos XV – XVIII. vol. 1*: As Estruturas do Cotidiano. 1ª ed. São Paulo: Martins Fontes, 2005.

______. *Civilização Material, Economia e Capitalismo, Séculos XV – XVIII. vol. 2*: O Jogo das Trocas. 2ª ed. São Paulo: Martins Fontes, 2009.

BRENNER, Neil. *New State Spaces*: Urban Governance and the Rescaling of Statehood. Oxford: Oxford University Press, 2004.

BRENNER, Neil; JESSOP, Bob; JONES, Martin; MACLEOD, Gordon. *State/Space*: A Reader. Oxford: Blackwell Publishers, 2003.

BROOKS, Richard R. W. "Covenants & Conventions". *Northwestern University Law School working paper*, 2002. Disponível em: http://www.ipr.northwestern.edu/publications/docs/workingpapers/2002/IPR-WP-02-03.pdf.

BÜHLER, Ottmar. "Texto da Constituición Alemana de 1919 y Comentario Sistemático de sus Perceptos". *La Constituición de Weimar (texto de la*

Constituición alemana de 11 de agosto de 1919). 3ª ed. 1929. Coleção Classicos Del Pensamiento, Eloy García (dir.). Tecnos: Madrid, 2010.

CALABI, Donatella. *História do Urbanismo Europeu*. São Paulo: Perspectiva, 2012.

CAMPOS, Candido Malta. *Cidades Brasileiras*: Seu Controle ou o Caos. 3ª ed. São Paulo: Studio Nobel, 1999.

______. "PDDI, PMDI e Lei de Zoneamento: a questão imobiliária". *In*: SOMEKH, Nadia; CAMPOS, Candido Malta (Coord.). *A Cidade que Não Pode Parar*: Planos Urbanísticos de São Paulo no Século XX. 2ª ed. São Paulo: Mackenzie, 2008.

CAMPOS, Roberto. "Planejamento do desenvolvimento econômico de países subdesenvolvidos". *Digesto Econômico*, São Paulo, abril de 1952.

CAPPEL, Andrew. "A Walk Along Willow: Patterns of Land Use Coordination in Pre-Zoning New Haven (1870-1926)". *Yale Law Journal*, 1992.

CARSWELL, Andrew T. *The Encyclopedia of Housing*. Nova York: SAGE Publications, 2012.

CAVALCANTI, Themístocles Brandão. *Tratado de Direito Administrativo*. 1ª ed. Tomo V. Rio de Janeiro: Freitas Bastos, 1943.

COMPARATO, Fábio Konder. "O Indispensável Direito Econômico". *Revista dos Tribunais*, nº 353, março 1965.

CORREIA, Fernando Alves. *Manual de Direito do Urbanismo*. 3ª ed. Coimbra: Edições Almedina, 2006.

DAUNTON, Martin J. *Housing the Workers, 1850-1914*: a comparative perspective. Londres: Bloomsbury Academic, 2015.

DIVENTI, Theresa R. "Fannie Mae and Freddie Mac: Past, Present, and Future". *Cityscape*, vol. 11, nº 3, 2009.

DOAN, Mason C. *American Housing Production, 1880-2000*: A Concise History. Lanham: University Press of America, 1997.

DOWNS, Jim. *Sick From Freedom*: African-American Illness and Suffering During the Civil War and Reconstruction. Nova York: Oxford University Press, 2012.

EDITORS, Chicago Law Review. "Ernst Freund. Pioneer of Administrative Law". *University of Chicago Law Review*, vol. 29: Iss. 4, Article 12, 1962.

EARLE, Carville. *The American Way*: A Geographical History of Crisis and Recovery. Lanham: Rowman & Littlefield Publishers, 2003.

EHRENFEUCHT, Renia. "Precursors to Planning: Regulating the Streets of Los Angeles, California". c 1880–1920. *Journal of Planning History*, 2012.

FELDMAN, Sarah. *Planejamento e Zoneamento, São Paulo 1947-1972*. São Paulo: Edusp, 2005.

FERREIRA, Eduardo Paz. *Direito da Economia*. 1ª ed. reimpressão de 2008. Lisboa: Associação Acadêmica da Faculdade de Direito de Lisboa, 2008.

FLORIDA, Richard; JONAS, Andrew. "U.S. Urban Policy: The Postwar State And Capitalist Regulation". *Antipode*, vol. 23, nº 4, 1991.

FIELD, Alexander. *Housing and Mortgage Markets in Historical Perspective*. Chicago: University of Chicago Press, 2014.

FIFE, Robert. *The German Empires Between Two Wars*: A Study of the Political and Social Development of the Nation Between 1871 and 1914. Nova York: Macmillan, 1916. Disponível em: https://archive.org/details/germanempirebetw00fiferich.

FISCHEL, William. "An Economic History of Zoning and a Cure for Its Exclusionary Effects". *Urban Studies*, 2004.

_____. *Zoning Rules! The Economics of Land Use Regulation*. Cambridge: Lincoln Institute of Land Policy, e-pub (e-book), 2015.

FISCHLER, Raphaël. *Toward a genealogy of planning*: zoning and the Welfare State, Planning Perspectives, 13:4, 1998. DOI: 10.1080/026654398364400.

FISHBACK, Price V.; FLORES-LAGUNES, Alfonso; HORRACE, William; KANTOR, Shawn E.; TREBER, Jaret. "The Influence Of The Home Owners' Loan Corporation On Housing Markets During The 1930s". *National Bureau Of Economic Research Working Paper*, nº 15824, 2010.

______. "The Metropolitan Dimension of Early Zoning: Revisiting the 1916 New York City Ordinance". *Journal of the American Planning Association*, 64:2, 1998.

FREITAS, Luis Fernando Alcoba de. *O Excedente Econômico*. Porto Alegre: Universidade Federal do Rio Grande do Sul, Faculdade de Ciências Econômicas, 2006. (Dissertação de Mestrado em Economia).

FREUND, Ernst. *Police Power.* Chicago: Calaghan & Company, 1904.

______. "Some Inadequately Discussed Problems of the Law of City Planning and Zoning". *Illinois Law Review*, 1929.

FRIEDMAN, Jack P.; HARRIS, Jack C.; LINDEMAN, J. Bruce. *Dictionary of Real Estate Terms*. 4ª ed. Nova York: Barron's Educational Series, 1997.

FURTADO, Celso. *Pequena Introdução ao Desenvolvimento*: enfoque interdisciplinar. São Paulo: Nacional, 1980.

GIFIS, Steven H. *Law Dictionary*. 4ª ed. Nova York: Barron's Educational Series, 1996.

GRAMSCI, Antonio. "Americanismo e Fordismo". *Cadernos do Cárcere*, vol. 4. Rio de Janeiro: Civilização Brasileira, 2001.

GRAU, Eros. *Elementos de Direito Econômico*. São Paulo: Revista dos Tribunais, 1981.

______. *A Ordem Econômica na Constituição de 1988*. 12ª ed. São Paulo: Malheiros, 2007.

HALL, Peter. *Cities of Tomorrow*: an Intellectual History of Urban Planning and Design Since 1880. 4ª ed. Oxford: Willey Blackwell, 2014.

HANCHETT, Thomas W. "Federal incentives and the growth of local planning, 1941-1948". *Journal of the American Planning Association*, vol. 60, nº 2, 1994. ISSN: 01944363.

HARVEY, David. *The Urbanization of Capital*: Studies in the History and Theory of Capitalist Urbanization. Oxford: Basil Blackwell, 1985.

______. *Consciousness and the Urban Experience*: Studies in the History and Theory of Capitalist Urbanization. Baltimore: The Johns Hopkins University Press, 1985.

______. "Globalization and the 'spatial fix'". *Geographische Revue*, 2, 2001.

______. *Spaces of Capital*: towards a critical geography. Nova York: Routledge, 2001.

______. "The political economy of the public space". *In*: LOW, Setha; SMITH, Neil (Coord.). *The Politics of Public Space*. Nova York: Routledge, 2005. Disponível em: http://davidharvey.org/articles/.

______. *Limits to Capital*. Nova York: Verso, nova edição ampliada pelo autor, 2006.

______. *A Produção Capitalista do Espaço*. 2ª ed. São Paulo: Annablume, 2006.

______. *A Condição Pós-Moderna*. 15ª ed. São Paulo: Loyola, 2006.

______. "Cities or urbanization?" *City*, vol. 1:1-2, 2007. DOI: 10.1080/13604819608900022.

______. "The right to the city". *New Left Review*, nº 53, setembro-outubro, 2008.

______. *O Enigma do Capital*. São Paulo: Boitempo, 2011.

HIRT, Sonia. "Form Follows Function? How America Zones". *Planning, Practice & Research*, vol. 28, nº 2, 2013.

HONHART, Michael. "Company Housing as Urban Planning in Germany, 1870-1940". *Central European History*, 1990. Disponível em: http://www.jstor.org/stable/4546165.

HORSFALL, T. C. *The Improvement of the Dwellings and Surroundings of the People. The Exemple of Germany*. Manchester: Manchester University Press, 1905. Disponível em: https://babel.hathitrust.org/cgi/pt?id=ien.35556036890044;view=1up;seq=5.

HUNT, E. K. *História do Pensamento Econômico*. Rio de Janeiro: Elsevier, 2005.

JACKSON, Kenneth T. *Crabgrass Frontier. The suburbanization of the United States*. Nova York: Oxford University Press, 1985.

JESSOP, Bob. *State Theory*. Cambridge: Polity Press, 1990.

______. "Regulation Theories in Retrospect and Prospect". *Economy and Society*, vol. 19, nº 2, 1990.

______. "The Regulation Approach". *The Journal of Political Philosophy*, vol 5, nº 3, 1997.

______. "Narrating the Future of the National Economy and the National State? Remarks On Remapping Regulation and Reinventing Governance". *In*: STEINMETZ, G. (Coord.). *State/Culture*: State Formation after the Cultural Turn. Ithaca: Cornell University Press, 2003.

JONES-CORREA, Michael. "The Origins and Diffusion of Racial Restrictive Covenants". *Political Science Quarterly*, vol. 115, nº 4, 2001. Disponível em: http://www.jstor.org/stable/2657609.

KANTOR, Harvey A. "Benjamin C. Marsh and the Fight over Population Congestion". *Journal of the American Institute of Planners*, 1974.

KELSEN, Hans. *Teoria Geral do Direito e do Estado*. São Paulo: Martins Fontes, 2005.

KNACK, Ruth; MECK, Stuart; STOLLMAN, Israel. "The Real Story Behind the Standard Planning and Zoning Acts of de 1920s". *Land Use Law*, fevereiro 1996.

KOCKA, Jurgen. "Capitalism and Bureaucracy in German Industrialization Before 1914". *Economic History Review*, Second Series, vol. 34, nº 3, 1981.

LEE, Roger; WILLIS, Jane (Coord.). *Geographies of Economies*. Londres: Routledge, 1997.

LEFEBVRE, Henri. *The Survival of Capitalism*. Nova York: St. Martin Press, 1976.

______. *O Direito à Cidade*. 5ª ed. São Paulo: Centauro, 2001.

LIMA, Ruy Cirne. *Princípios de Direito Administrativo*. 5ª ed. São Paulo: Revista dos Tribunais, 1982.

LIPIETZ, Alain. "Le fordisme périphérique étranglé par Le monétarisme central". *Revue D'analyse* Économique, vol. 60, nº 1, março, 1984.

______. "Fordismo, fordismo periférico e metropolização". *Ensaios FEE*, vol. 10, nº 2, 1989.

______. *Audácia*: Uma Alternativa para o Século XXI. São Paulo: Nobel, 1991.

LOGAN, John R.; MOLOTCH, Harvey L. *Urban Fortunes*: The Political Economy of Space. Berkley: University of California Press, 2007.

LOAN, Mason C. *American Housing Production, 1880-2000*: A Concise History. Washington: UPA, 1997.

MACARINI, José Pedro. "A política econômica do governo Médici: 1970-1973". *Nova Economia*, Belo Horizonte, vol. 15, nº 3, setembro-dezembro de 2005.

______. *A política bancária do regime militar*: O projeto de conglomerado (1967-1973). Texto para Discussão. IE/UNICAMP, Campinas, nº 124, jan. 2007.

MACGOVNEY, D. O. "Racial Residential Segregation by State Court Enforcement of Restrictive Agreements, Covenants or Conditions in Deeds is Unconstitutional". *California Law Review*, vol. 33, nº 5, 1945.

MANCUSO, Franco. *Las Experiencias del Zoning*. Barcelona: Gustavo Gili, 1980.

MANKIW, N. Gregory. *Introdução à Economia*. São Paulo: Cengage Learning, 2014.

MARICATO, Erminia. *Política Habitacional no Regime Militar*: do Milagre Brasileiro à Crise Econômica. Petrópolis: Vozes, 1987.

______. *A Produção Capitalista da Casa (e da Cidade)*. 2ª ed. São Paulo: Alfa-Omega, 1989.

MARTIN, Ron; SUNLEY, Peter. "The Post-Keneysian State and the Space Economy". *In*: LEE, Roger; WILLIS, Jane. *Geographies of Economies*. Londres: Routledge, 1997.

MARTINS, José de Souza. *A Aparição do Demônio na Fábrica*: origens sociais do Eu dividido no subúrbio operário. São Paulo: Editora 34, 2008.

MASSONETO, Luís Fernando. "Pontos Cegos da Regulação Urbanística: notas sobre uma regulação programática entre o Direito Econômico e o Direito Urbanístico". *Revista Forum de Direito Financeiro e Econômico*, vol. 4, nº 6, 2015.

MCMICHAEL, Stanley L.; BINGHAM, Robert F. *City Growth and Values*. Cleveland: The Stanley McMichael Publishing Organization, 1923.

MECK, Stuart. "Model planning and zoning enabling legislation: a short story". *In*: AICP. *Modernizing State Planning Statutes*: The Growing Smart Working Papers. vol. 1. Washington: APA Publications, 1996.

MEIRELLES, Hely Lopes. *Direito Administrativo Brasileiro*. 16ª ed. São Paulo: Revista dos Tribunais, 1991.

MELLONEY, W. B. "Better Homes in America". *Demonstration Week October*, 2012. Disponível em: http://www.gutenberg.org/cache/epub/7992/pg7992-images.html. Acessado em: 08.06.2022.

MOLOTCH, Harvey. "The City as a Growth Machine". *American Journal of Sociology*, vol. 82, nº 2, 1976.

MONCADA, Luís S. Cabral de. *Direito Económico*. 5ª ed. Coimbra: Coimbra, 2007.

MUMFORD, Lewis. *The Culture of Cities*. Orlando: Harcourt Brace Jovanovich Publishers, 1970.

MONTESQUIEU, Charles de Secondat, Baron de. *O Espírito das Leis*. 2ª ed. São Paulo: Martins Fontes, 2000.

MULLIN, John. "American Perceptions of German City Planning at the Turn of the Century". *Landscape Architecture & Regional Planning Faculty Publication* Series, 1976. Disponível em: http://scholarworks.umass.edu/larp_faculty_pubs/35. Acessado em: 08.06.2022.

MUNRO, William. "A Danger Spot in the Zoning Movement". *The Annals of the American Academy of Political and Social Science*, vol. 155. Part2: Zoning in the United States, 1931.

MYRDAL, Gunnar. *An American Dilemma*: The Negro Problem and Modern Democracy. Nova York: Harpers Brothers, 1944.

NERY JUNIOR, José Marinho. "Discursos de Anhaia Mello e de Prestes Maia sobre o Zoneamento: coerências e contradições entre postulados teóricos e políticas públicas no urbanismo paulistano". *Cadernos do V Seminário de História da Cidade e do Urbanismo*, Campinas, 1998.

______. *Um Século de Política para Poucos*: o Zoneamento Paulistano 1886-1986. São Paulo: FAUUSP, 2002. (Tese de Doutorado).

______. "O zoneamento como instrumento de segregação em São Paulo". *Cadernos Metrópole*, nº 13, 2005.

NICHOLAS, Tom; SCHERBINA, Anna. "Real Estate Prices During the Roaring Twenties and the Great Depression". *Real Estate Economics*, vol. 41, 2013. DOI: 10.1111/j.1540-6229.2012.00346.x.

OLIVEIRA, Francisco. *A Economia da Dependência Imperfeita*. 5ª ed. Rio de Janeiro: Graal, 1989.

______. *Crítica à Razão Dualista/O Ornitorrinco*. São Paulo: Boitempo, 2003.

PECK, Jamie. "Political Economies of Scale: Fast Policy, Interscalar Relations, and Neoliberal Workfare". *Economic Geography*, vol. 78, nº 3, 2002.

PLATT, Rutherford H. *Land use and society*: geography, law, and public policy. Washington DC: Island Press, 2004.

POWER, Garret. "Apartheid Baltimore Style: the Residential Segregation Ordinances of 1910-1913". *Maryland Law Review*, 1983.

______. "The Advent of Zoning". *Planning Perspectives*, 1989.

RADFORD, Gail. *Modern Housing for America*: Policy Struggles in the New Deal Era. Chicago: University of Chicago Press, 1996.

RADICE, Hugo. "The National Economy: a Keneysian Myth?" *Capital & Class*, nº 22, 1984.

RENNER, Karl. *The institutions of the private law and their social functions*. Londres: Routledge & K. Paul, 1949.

RIBEIRO, Benjamin Adiron. *Entrevista concedida ao site Vitruvius*. 2015. Disponível em: http://www.vitruvius.com.br/revistas/read/entrevista/16.062/5523?page=5.

RICHARDSON, Gary; SABLIK, Tim. "Banking Panics of the Gilded Age". *Federal Reserve History*, 2015. Disponível em: http://www.federalreservehistory.org/Events/DetailView/98. Acessado em: 06.08.2022.

RIIS, Jacob A. *How the Other Half Lives*. Nova York: Charles Scribner's Sons, 1890. Disponível em: http://elearn.uni-ofia.bg/pluginfile.php/170076/mod_resource/content/1/JacobRiis_hypertext.pdf. Acessado em: 06.08.2022.

RITTER, Gerhard A. *El Estado Social, su Origen y Desarrollo em uma Comparación Internacional*. Madrid: Ministerio de Trabajo y Seguridad Social, 1991.

ROLNIK, Raquel. "Para além da lei: legislação urbanística e cidadania (São Paulo 1886-1936)". *In*: SOUZA, Maria Adélia A; LINS Sonia C.; SANTOS, Maria do Pilar C.; SANTOS, Murilo da Costa (Coord.). *Metrópole e Globalização – Conhecendo a cidade de São Paulo*. São Paulo: CEDESP, 1999.

______. "Regulação Urbanística no Brasil Conquistas e Desafios de Um Modelo em Construção". *Anais do Seminário Internacional: Gestão da Terra Urbana e Habitação de Interesse Social*, PUCCAMP, 2000.

______. *A Cidade e a Lei*. 3ª ed. São Paulo: Studio Nobel, 2007.

ROYER, Luciana de Oliveira. *Financeirização da Política Habitacional*: Limites e Perspectivas. São Paulo: Annablume, 2014.

______. "O FGTS e o mercado de títulos de base imobiliária: relações e tendências". *Cadernos da Metrópole*, São Paulo, vol. 18, nº 35, 2016.

RUTHERFORD, Donald. *Routledge Dictionary of Economics*. 2ª ed. Londres: Routledge, 2002.

SALGADO, Rodrigo O. *Constituição e Desenvolvimento*: o mercado interno na Constituição de 1988. São Paulo: USP, 2013. (Dissertação de Mestrado).

______. "Elementos Jus Econômicos do Direito Urbanístico". *Revista dos Tribunais São Paulo*, vol. 2, nº 5-6, maio-junho. São Paulo: Revista dos Tribunais, 2014.

SANTOS, Cláudio Hamilton M. *Políticas Federais de Habitação no Brasil*: 1964/1998. Texto para Discussão nº 654. Brasília: IPEA, 1999.

SANTOS, Milton. *A Urbanização Brasileira*. São Paulo: Huicitec, 1993.

______. *O Espaço Dividido*: Os Dois Circuitos da Economia Urbana. 2ª ed. São Paulo: Edusp, 2004.

SASSEN, Saskia. *The Global City*. Princeton: Princeton University Press, 1991.

SENNETT, Richard. *The Fall of the Public Man*. Londres: Penguin, 2002.

SILVER, Christopher. "Zoning in 20th-Century American Cities". *Oxford Research Encyclopedia of American History*, 2016. DOI: 10.1093/acrefore/9780199329175.013.209.

SIMONSEN, Roberto. *Evolução industrial do Brasil e outros estudos*. São Paulo: Companhia Editora Nacional, 1973.

______. *À margem da profissão*. São Paulo: Editora limitada, 1932.

SKIDMORE, Thomas. *Brasil*: de Getúlio a Castelo. 9ª ed. Rio de Janeiro: Paz e Terra, 1988.

______. *Brasil*: de Castelo a Tancredo. Rio de Janeiro: Paz e Terra, 1991.

SILVA, José Afonso da. *Direito Urbanístico Brasileiro*. 7ª ed. São Paulo: Malheiros, 2012.

SNOWDEN, Kenneth A. *The Anatomy of a Residential Mortgage Crisis*: A Look Back to the 1930s. 2009. Disponível em: https://sedonaweb.com/attach/schools/NCBEfaculty/attach/chapter-297.pdf.

SOMEKH, Nadia. *A (Des)Verticalização de São Paulo*. São Paulo: FAU-USP, 1987. (Dissertação de Mestrado).

______. *A Cidade Vertical e o Urbanismo Modernizador*: São Paulo, 1920-1939. São Paulo: FAU-USP, 1994. (Tese de Doutorado).

______. *A Cidade Vertical e o Urbanismo Modernizador*. São Paulo: EDUSP, 1997.

SOMEKH, Nadia; CAMPOS, Candido Malta (Coord). *A Cidade que Não Pode Parar*: Planos Urbanísticos de São Paulo no Século XX. São Paulo: Mackenzie, 2008.

SOMEKH, Nadia; GAGLIOTTI, Guilherme. "Metrópole e verticalização em São Paulo: exclusão e dispersão". *Anais dos encontros nacionais da ANPUR*, Recife, vol. 15, 2013.

SOUZA, Washington Peluso Albino de. *Lições de Direito Econômico*. Porto Alegre: Sergio Fabris Editor, 2002.

_______. *Teoria da Constituição Econômica*. Belo Horizonte: Del Rey, 2002.

STANISLAWSKI, Dan. "The Origin and Spread of the Grid-Pattern Town". *Geographical Review*, vol. 36, nº 1, 1946.

STOLLEIS, Michael. *Origins of the German Welfare State*: Social Policy in Germanyto 1945. Berlim: Springer-Verlag, 2013.

______. *History of Social Law in Germany*. Berlim: Springer-Verlag, 2014.

TARALLI, Cibele Haddad. *Ambiente construído e legislação o visível e o imprevisível*. São Paulo: FAUUSP, 1993. (Tese de Doutorado).

VEIGA, José Eli. "O 'fordismo' na acepção regulacionistas". *Revista de Economia Política*, vol. 17, nº 3, julho-set., 1997.

WARNER JUNIOR, Sam Bass. *Streetcar Suburbs*: The Process of Growth in Boston. 2ª ed. Cambridge: Harvard University Press, 1978.

WEBER, Max. *Ensaios de Sociologia*. 5ª ed. Rio de Janeiro: Zahar, 1982.

______. *Economia e Sociedade*. 4ª ed. Brasília: Editora UnB, 2004.

WHITE, Eugene N. "The Great American Real Estate Bubble of the 1920s: Causes and Consequences". *Working Paper: Rutgers University*, 2008. Disponível em: http://www.sv.uio.no/econ/english/research/news-and-events/events/guest-lectures-seminars/Thursday-seminar/2009/Thursday-spring09/white.pdf. Acessado em: 06.08.2022.

WICKER, Elmus. *Banking Panic at the Gilded Age*. Cambridge: Cambridge University Press, 2000.

WILLIAMS, Franz Bacus. *The Law of City Planning and Zoning*. Nova York: The Macmillan, 1922.

Lista de tabelas

Lista de gráficos

Lista de figuras (mapas e fotos)

Lista de siglas

BNH	Banco Nacional de Habitação
CIESP	Centro das Indústrias do Estado de São Paulo
COGEP	Coordenadoria Geral de Planejamento da cidade de São Paulo
CONTRU	Controle de Uso de Imóveis da cidade de São Paulo
DVA	Department of Veterans Affairs
EMURB	Empresa Municipal de Urbanização da cidade de São Paulo
Fannie Mae	Federal National Mortgage Association
FED	Federal Reserve
FHA	Federal Housing Authority
FIESP	Federação das Indústrias do Estado de São Paulo
Freddie Mac	Federal Home Loan Mortgage Corporation
GEGRAN	Grupo Executivo da Grande São Paulo

HOLC	Home Owner's Loan Corporation
IAB	Instituto dos Arquitetos do Brasil
LGZ	Lei Geral de Zoneamento da cidade de São Paulo
NIRA	National Industrial Recovery Act
NRPB	National Resources Planning Board
PAEG	Programa de Ação Econômica do Governo
PDDI	Plano Diretor de Desenvolvimento Integrado da cidade de São Paulo
PED	Programa Estratégico de Desenvolvimento
PMDI	Plano Metropolitano de Desenvolvimento Integrado
PUB	Plano Urbanístico Básico da cidade de São Paulo
PWA	Public Works Administration
SAC	Sociedade de Amigos da Cidade de São Paulo
SAGMACS	Sociedade para Análises Gráficas e Mecanográficas Aplicadas aos Complexos Sociais
SBPE	Sistema Brasileiro de Poupança e Empréstimo
SCPEA	Standard City Planning Enabling Act
SERFHAU	Serviço Federal de Habitação e Urbanismo
SFH	Sistema Financeiro da Habitação
SZEA	Standard Zoning Enabling Act
TVA	Tennessee Valley Authority
USDC	United States Department of Commerce
VAM	Veterans Affairs Mortgages
WPA	Works Project Administration
SECOVI/SP	Sindicato das Empresas de Compra, Venda, Locação e Administração de Imóveis do Estado de São Paulo
SINDUSCON/SP	Sindicato da Indústria da Construção Civil do Estado de São Paulo

NOTAS

NOTAS

NOTAS

A Editora Contracorrente se preocupa com todos os detalhes de suas obras! Aos curiosos, informamos que este livro foi impresso no mês de julho de 2022, em papel Pólen Natural 80g, pela Gráfica Copiart.